国家出版基金项目
NATIONAL PUBLICATION FOUNDATION

以新旧动能转换促高质量发展研究丛书

新旧动能转换下高质量发展研究

XINJIU DONGNENG ZHUANHUANXIA
GAOZHILIANG FAZHAN YANJIU

周志霞 著

企业管理出版社
ENTERPRISE MANAGEMENT PUBLISHING HOUSE

图书在版编目（CIP）数据

新旧动能转换下高质量发展研究/周志霞著.——北京：企业管理出版社，2021.8

（以新旧动能转换促高质量发展研究丛书）

ISBN 978-7-5164-2306-6

Ⅰ.①新… Ⅱ.①周… Ⅲ.①中国经济—经济结构调整—研究 Ⅳ.①F121

中国版本图书馆CIP数据核字（2020）第243744号

书　　名：	新旧动能转换下高质量发展研究
作　　者：	周志霞
选题策划：	周灵均
责任编辑：	陈　静　周灵均
书　　号：	ISBN 978-7-5164-2306-6
出版发行：	企业管理出版社
地　　址：	北京市海淀区紫竹院南路17号　邮编：100048
网　　址：	http://www.emph.cn
电　　话：	编辑部（010）68456991　发行部（010）68701073
电子信箱：	emph003@sina.cn
印　　刷：	北京环球画中画印刷有限公司
经　　销：	新华书店
规　　格：	710毫米×1000毫米　16开本　16.75印张　240千字
版　　次：	2021年8月第1版　2021年8月第1次印刷
定　　价：	89.00元

版权所有　翻印必究·印装有误　负责调换

前 言

当前,我国经济正从高速增长进入新常态下中高速增长态势,新动能新经济在中国蓬勃发展,成为经济提质增效的新兴力量。当前中国经济发展的一个突出表现就是新旧动能转换在不同地区呈现差异化。贯彻新发展理念,培育壮大新动能,促进新旧动能接续转换,是以习近平为核心的党中央做出的重大部署。我们必须深入贯彻新发展理念,以新旧动能转换为引领,积极调整发展方式,大力实施创新驱动发展战略,培育一系列新的经济增长点,寻找和挖掘经济增长的新动能。

山东省经济发展进入新常态后增速出现明显下降,新旧动能的转换推动着产业的转型升级,因此,实现产业结构的优化升级需要确保新旧动能的顺利转换。能否在三到五年内扭转动能衰退问题、形成新动能发展的良好格局,是山东省经济能否实现高质量发展的关键。2019年习近平总书记对山东省提出了"新目标、新定位、总航标、总遵循",要求山东省全面开创新时代现代化强省建设新局面。山东省新旧动能转换的中心任务是"发展四新、促进四化、实现四提",通过发展新技术、新产业、新业态、新模式,促进产业智慧化、智慧产业化、跨界融合化与品牌高端化,最终实现传统产业提质效、新兴产业提规模、跨界融合提潜能、品牌高端提价值。

对于处在新时代的经济而言,高质量发展是一个涉及多个层面、多个领域的综合复杂系统,涉及政治、经济、社会、文化、生态等方方面面。当前,制约山东省高质量发展的深层次矛盾仍然存在，部分领域体制机制没有突破，思想观念过于保守，结构调整任务艰巨，生态环境与经济发展矛盾加深，创新环境有待改善，开放发展有待加强，在今后的发展中，要始终以"创新、改革、开放"的新发展理念引领山东省新旧动能转换，助推山东省高质量开放发展。

  本书研究切入视角比较新颖，基于当前我国产业转型升级、经济高质量发展的紧迫需要，从产业转型升级、区域经济发展、新产业新业态新模式与新旧动能转换的关系维度，深入阐释新常态下挖掘拓展旧动能的新潜力与新空间、以创新驱动发展战略培育发展新动能的领域与路径，全面探析新旧动能转换下国家农业开放发展综合试验区及典型区域高质量发展的成功经验，挖掘推动城市高质量发展的产业领域与改革方向，并以山东新旧动能转换综合试验区为例，综合评价山东省各地区营商环境、生态环境及高质量发展水平，探讨山东省高质量发展的建设路径与对策建议。研究成果具有较强的系统性、创新性和学术价值，对于山东省加快实施新旧动能转换重大工程，推动全省质量变革、效率变革、动力变革，实现经济平稳健康高质量发展，乃至全国经济高质量发展，具有重要的现实意义。

周志霞

2021 年 6 月

目 录

第一章 新旧动能转换与区域经济发展 / 001

第一节 新动能新经济研究概述 / 003
一、对"新经济"内涵的阐释 / 003
二、"新经济"发展的特征 / 004

第二节 新产业新业态新模式的发展 / 005
一、"互联网+"与产业融合 / 005
二、其他新型业态的发展 / 011

第三节 新旧动能转换与产业转型升级 / 013
一、中国新旧动能转换的历程 / 013
二、产业转型升级中新旧动能转换的规律 / 016
三、新旧动能转换下产业转型升级的发展路径 / 018

第二章 现代化经济体系、区域创新与高质量发展 / 021

第一节 现代化经济体系与经济高质量发展相关研究 / 023
一、关于现代化经济体系的研究 / 023

二、关于经济高质量发展的研究 / 024

三、新发展理念、高质量发展与现代化经济体系的辩证关系研究 / 025

第二节 以高质量发展为核心的现代化经济体系构建 / 026

一、构建现代化经济体系对高质量发展的意义 / 026

二、以高质量发展为核心的现代化经济体系 / 028

三、推进现代化经济体系实施的路径与保障 / 030

第三节 区域协同创新与经济高质量发展 / 031

一、区域创新生态系统的相关研究 / 031

二、山东省区域创新生态系统的协同分析 / 035

三、区域协同创新与山东省高质量发展 / 037

第三章 国家农业开放发展综合试验区高质量发展案例 / 041

第一节 国家农业开放发展综合试验区概况 / 043

一、国家农业开放发展综合试验区设立背景 / 043

二、国家农业开放发展综合试验区落地潍坊 / 045

第二节 国家农业开放发展综合试验区建设的基础优势 / 046

一、良好的区位优势和资源禀赋 / 046

二、坚实的农业产业化发展基础 / 047

三、持续不断的农业创新探索 / 048

四、成熟的农业改革推进机制 / 050

第三节 乡村振兴"潍坊模式"的积极探索 / 051

一、积极发展现代化特色农业 / 052

二、积极推进农业生态化建设 / 055

三、全面推进城乡统筹发展 / 057

第四节 国家农业开放发展综合试验区的建设内容 / 059

一、积极推进农业创新，助推国家农综区高质量发展 / 059

二、国家农业开放发展综合试验区高质量发展建设目标 / 065

三、国家农业开放发展综合试验区高质量发展建设重点 / 066

第四章 新旧动能转换下典型区域高质量发展案例 / 071

第一节 国家自主创新示范区潍坊高新区高质量发展案例 / 073

一、加强政策引导，全力打造优质发展环境 / 073

二、扎实推进开发区体制机制改革 / 074

三、聚焦高端产业，提升发展质量 / 075

四、突破"双招双引"，培育新生动能 / 076

五、强化自主创新，引领发展新动能 / 077

六、深化产城融合，优化营商环境 / 079

第二节 潍坊市创新创业共同体高质量发展案例 / 080

一、潍坊市创新创业共同体设立背景 / 080

二、潍坊市产业技术研究院的规划目标 / 081

三、潍坊市创新创业共同体高质量发展的建设重点 / 083

四、潍坊市产业技术研究院高质量发展的建设重点 / 086

五、潍坊市创新创业共同体高质量发展的建设措施 / 087

第三节 典型省份推进经济高质量发展案例 / 088

一、江苏省制造业高质量发展案例 / 088

二、福建省经济高质量发展案例 / 090

三、河南省经济高质量发展案例 / 091

第五章　新旧动能转换下潍坊市高质量发展探索 / 093

第一节　新旧动能转换下潍坊市高质量发展建设实践 / 095

一、大力推动工业转型升级，助推经济高质量发展 / 095

二、大力推动科技创新，助推经济高质量发展 / 097

三、全面推动金融改革，助推经济高质量发展 / 102

四、大力加强人才建设，助推经济高质量发展 / 103

第二节　新旧动能转换下潍坊市高质量发展存在的问题 / 107

一、工业结构偏重，转型升级任务艰巨 / 107

二、高质量开放发展的程度有待加深 / 108

三、科技创新有待进一步加强 / 110

四、高质量发展的金融支持有待加强 / 114

五、推动经济高质量发展的高级人才缺乏 / 115

六、推动经济高质量发展的思想观念有待进一步解放 / 116

七、推动经济高质量发展的营商环境有待进一步改善 / 116

第三节　新旧动能转换下潍坊市高质量发展的路径建议 / 117

一、潍坊市高质量发展的建设目标 / 117

二、推进潍坊市高质量发展的对策建议 / 119

第六章　新旧动能转换下高质量发展评价——以山东新旧动能转换综合试验区为例 / 123

第一节　山东省营商环境评价分析 / 125

一、优化营商环境与高质量发展 / 125

二、山东省营商环境评价 / 128

三、山东省营商环境存在的问题 / 131

四、优化提升山东省营商环境的建议 / 134

第二节 山东省生态环境评价 / 135

一、各地区污染物排放及产业结构评价 / 136

二、山东省环境成本效率评价 / 142

三、各地区经济与环境指标比较 / 150

第三节 山东省高质量发展水平综合评价 / 156

一、高质量发展水平综合评价指标体系构建 / 156

二、各地区高质量发展水平综合评价 / 159

三、典型区域高质量发展水平比较分析 / 167

第七章 新旧动能转换下山东省高质量发展路径 / 173

第一节 山东省高质量发展的方向与原则 / 175

一、山东省高质量发展的定位与方向 / 175

二、山东省高质量发展的基本原则 / 177

第二节 山东省高质量发展的建设路径 / 178

一、加快推进高质量发展的产业支持 / 179

二、加快推进高质量发展的人才支持 / 182

三、加快推进高质量发展的金融支持 / 183

四、加快推进高质量发展的科技支持 / 184

第三节 山东省高质量发展的环境保障 / 185

一、进一步解放思想,打造敢闯敢干的办事环境 / 185

二、深化放管服改革,打造高效便捷的政务环境 / 186

三、提高服务意识，打造周到细致的服务环境 / 187

四、强化创新驱动，打造创新创业环境 / 188

五、加强诚信体系建设，打造诚信发展环境 / 189

六、加快高品质城市建设，打造宜居宜业环境 / 190

参考文献 / 191

附录一　××市高质量发展环境调研问卷 / 215

附录二　××市营商环境问题调查问卷 / 227

附录三　潍坊市产业转型发展重点 / 235

附录四　潍坊市科技创新重点任务表 / 249

致　谢 / 255

第一章

新旧动能转换与区域经济发展

第一节　新动能新经济研究概述

一、对"新经济"内涵的阐释

贯彻新发展理念，培育壮大新动能，促进新旧动能接续转换，是以习近平为核心的党中央做出的重大部署[①]。2015年中央经济工作会议中提到，要"加快培育新的发展动能，改造提升传统比较优势，增强持续增长动力"；2015年10月，党的十八届五中全会上再次指出，要"推动新技术、新产业、新业态蓬勃发展"。2016年3月，《政府工作报告》中明确提出，要"加快新旧发展动能接续转换"。

宁吉喆研究认为，近年来，关于新技术、新产业、新业态、新模式以及新的发展动能的论述多次出现[②]。学术界对"新经济"的理解可归纳为以下几种观点。

其一，以刘树成、李实（2000）为代表的学者认为，"新经济"是由新技术革命带来的经济发展和增长的统称。该观点认为，"新经济"的"新"主要表现在技术方式的创新、市场运作的创新以及政府层面政策与制度的创新。

其二，以乌家培（2000）为代表的学者提出，"知识经济"与"新经济"二者可以合而为一。知识已经成为经济中的重要生产因素，其在经济发展中的作用越来越大。

---

① 杨明吉.JNHD公司私募股权业务发展战略研究[D].淄博：山东理工大学,2018.
② 宁吉喆.新产业新业态新模式统计探索与实践[M].北京：中国统计出版社,2017.

其三，部分学者认为，"新经济"等同于网络经济、数字经济或虚拟经济。随着互联网的兴起，信息产业成为经济的重要组成部分，其飞速发展带动了其他产业的转型与升级，当大量信息可以以电子化的方式存在时，旧的企业模式被改变，经济行为也会随之发生改变。

其四，以克莱因和诺德豪斯等为代表的经济学家认为，"新经济"是由一系列新经济部门构成的实体经济。这一新型"新经济部门"包括传统经济、知识经济和新经济三大部类，也有OECD专家认为，只在某些方面存在"新经济"。

二、"新经济"发展的特征

当前，电子商务、互联网金融、云计算、大数据应用、平台经济、分享经济等新业态蓬勃发展，我国经济也步入发展新常态。新常态下新动能新经济的特征主要表现为：其一，互联网成为"新经济"发展的核心基础设施。互联网的蓬勃发展与全面覆盖，使其成为支撑行业发展、经济发展和人民生活的重要设施。其二，大数据成为一种新的资源，基于大数据开发的新兴产业成为经济发展新的增长点。其三，跨界创新融合成为经济发展的新常态，知识、信息、数据等无形资产突破了传统生产要素在时间和空间上的限制，在新经济发展中发挥着越来越大的作用。其四，分享经济的分享特征日益明显，分享经济以更低成本和更高效率实现经济剩余资源的供需匹配，这种全新的商业模式正成为推动经济发展的新动能。其五，快速、高效、透明的竞争更加激烈，互联网化使企业处在高度透明的环境里，企业间竞争与国际竞争空前激烈。其六，新经济促进传统动能转换，新经济形势下我国实施的创新驱动发展战略及一系列发展规划，为培育新动能创造了必要的政策与制度条件，也将有效促进新动能的加快成长。

阿里研究院提出，"新经济"的价值主要体现在：促进传统要素的有效投入、自由流动与优化配置，加速国内消费潜力的释放，实现大数据下生产要素的升级，催生新的业态，促成 C2B 模式的全面转型等。由此，新经济的特征主要表现为："云、网、端"新信息基础设施的逐渐形成及与工业化、农业现代化的逐渐融合，大数据成为新生产要素并促使跨界创新融合源源不断，平台经济、分享经济与微经济紧密结合并构成我国新经济的基本形态，跨境经济重塑全球贸易格局并实现全球经济的普惠性增长，互联网驱动下 C2B 运作日趋主流并实现技术——经济范式的转变，互联网"协同治理"对全球经济带来的挑战及机遇等[1]。

第二节　新产业新业态新模式的发展

当前，世界正在进入以信息产业为主导的经济发展时期。以新一代信息通信技术与产业融合发展为主要特征的新一轮科技革命和产业变革[2]，正在全球范围内孕育兴起，给世界产业技术和分工格局调整带来革命性影响。在此背景下，我国经济发展正在发生根本性变化和转型，新动能新经济正在中国蓬勃发展，它不仅解放了旧的生产力，更主要的是创造了新的生产力。近些年来，新产业、新业态、新商业模式和新技术多点开花，促使新动能新经济迈入高速发展阶段[3]。

一、"互联网+"与产业融合

宁吉喆研究指出，"互联网+"是互联网技术推动经济社会发展的新形态，

---

[1] 宁吉喆.新产业新业态新模式统计探索与实践[M].北京：中国统计出版社，2017.
[2] 尹丽波.工业和信息化蓝皮书：世界信息技术产业发展报告（2016—2017）[M].北京：社会科学文献出版社，2017.
[3] 丁洁.突出"三化牵引"　实现"智能"转型[N].太原日报，2020-01-07.

在经济新常态下，互联网与传统产业的深度融合是大势所趋[①]。产业融合发展的现象已经贯穿于批发零售、交通运输、医疗卫生、对外贸易、金融、制造、农业、教育等社会经济各行各业，为经济持续发展提供了新引擎和新动力。

其一，"互联网+"加速向生产服务领域拓展，引发了产品个性化、制造服务化等产业变革。"互联网+"制造业不但会促进集成电路、自动控制、新一代通信技术等领域的发展，还将对工业互联网、高端装备制造、个性化制造、自动化等制造业领域起到巨大的推进作用[②]。

如图1-1所示，"互联网+"背景下的智能制造以网络营销为传播环节，实现传播互联网化；以电子商务为渠道环节，实现销售互联网化；以C2B及F2C为供应链环节，实现业务互联网化；以互联网思维重构为价值链环节，实现产业互联网化。在互联网的助推下，制造产业的发展实现了数据驱动、软件定义、平台支撑、服务增值与智能主导，最终推动了智能制造的兴起。

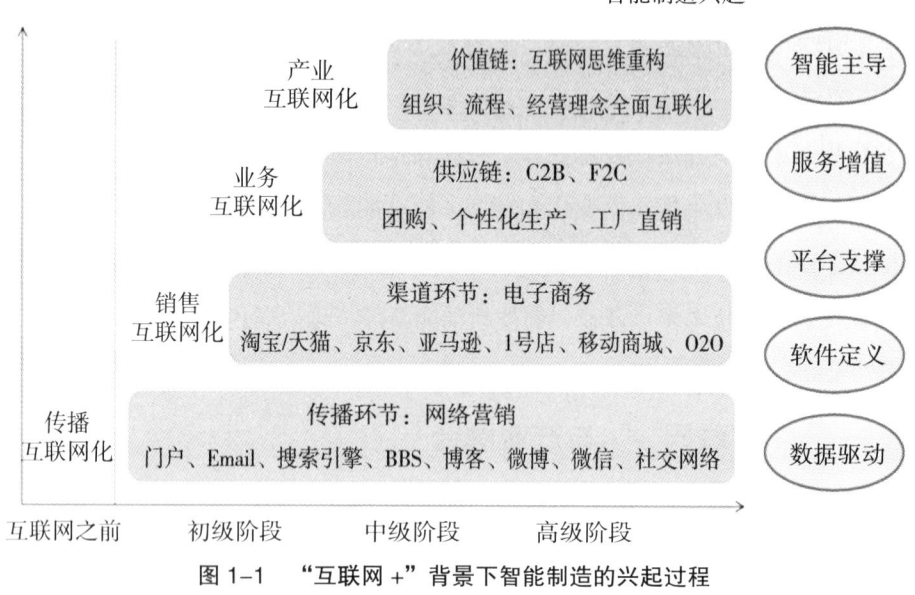

图1-1 "互联网+"背景下智能制造的兴起过程

---

① 宁吉喆.新产业新业态新模式统计探索与实践[M].北京：中国统计出版社,2017.
② 张颖洁.制造业成"互联网+主战场" 新一代信息技术加速渗透融合[N].通信信息报,2016-08-17.

根据中投顾问产业研究中心发布的《2016—2020年中国互联网＋制造业深度调研及投资前景预测报告》，2015年年底，中国工业企业中数据化设计工具普及率已经超过了61.1%。而国务院关于制造业和互联网融合发展的具体量化目标为：到2025年，力争实现制造业与互联网融合"双创"体系基本完备，融合发展新模式广泛普及，新型制造体系基本形成，制造业综合竞争实力大幅提升[①]。"互联网＋"与制造业的融合发展，使得企业研发创新的能力和效率得到极大提高，在未来几年，我国将迎来制造业智能发展的飞速发展时期。

其二，"互联网＋"促进了现代信息技术与农业的加快融合，"互联网＋"农业已成为农业转型发展的重要动力。当前，智慧农业正在得到日益广泛的推广，农业自动化水平快速提高，农村电子商务得到快速发展。2015年以来，商务部会同财政部推动阿里巴巴、京东、苏宁等大型电商和许多快递企业布局农村市场，大力推进"互联网＋"现代农业的发展，加大力度推动农业农村信息化发展。根据原农业部印发的《"十三五"全国农业农村信息化发展规划》，截至2020年，我国"互联网＋"现代农业建设取得明显成效[②]，农业物联网等信息技术应用比例达到17%。

根据中投顾问产业研究中心及前瞻产业研究院发布的数据资料（见图1-2），中国智慧农业潜在市场规模2018年达到了203.06亿元，2019年达到了231.02亿元，2020年达到了267.61亿元，2015—2020年智慧农业市场年均复合增长率达14.3%。目前，智慧农业技术已经应用到生产监测、温室植物种植、精准灌溉、农产品质量安全追溯等诸多领域，并形成了独特优势，"互联网＋"给农业带来了巨大的发展潜力，农业智慧化、信息化水平大幅提升。

---

① 杜雨萌.供给侧改革再加码 力促制造业与互联网融合发展[N].证券日报,2016-05-21.
② 中华人民共和国农业部."十三五"全国农业农村信息化发展规划[J].休闲农业与美丽乡村,2016,29（10）：6-14.

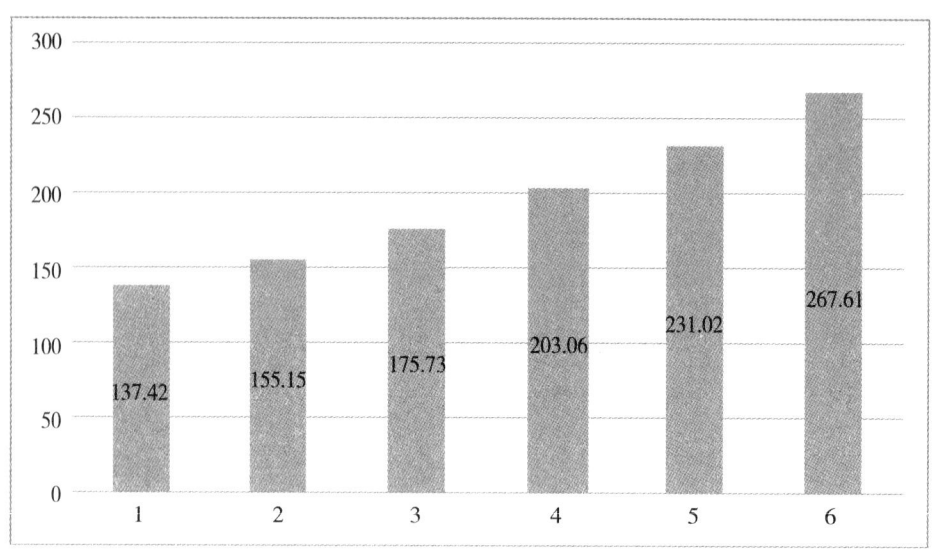

图1-2　2015—2020年中国智慧农业潜在市场规模（亿元）

其三，"互联网+"推动了批发零售业的发展，促成了国内电子商务产业的迅猛发展。根据前瞻产业研究院发布的《2016—2021年中国电子商务行业发展趋势与投资决策分析报告》，2019年，全国电子商务交易额达到34.81万亿元，比上年增长6.7%。其中，商品、服务类电子商务交易额为33.76万亿元，增长6.6%；合约类电子商务交易额为1.05万亿元，增长10.1%。根据中商产业研究院发布的数据，截至2020年12月，我国网络购物用户规模达7.82亿户，较2020年3月增长7215万户，占网民整体的79.1%；网上零售额从2016年的51 556亿元增长至2020年的117 601亿元，年均复合增长率达到22.89%，预计2021年网上销售额达到137 593亿元。

如图1-3所示，以电子商务企业巨头阿里巴巴为例，2019年"双十一"当天成交额就达到2684亿元，相比2018年同期的2135亿元，增长25.71%；而2009—2019年，"双十一"销售额的增幅高达536700%；2020年"双十一"当天，全网销售额为3329亿元，阿里天猫加淘宝的销售额达到1964.11亿元，占全网销售额的比重达到59%。

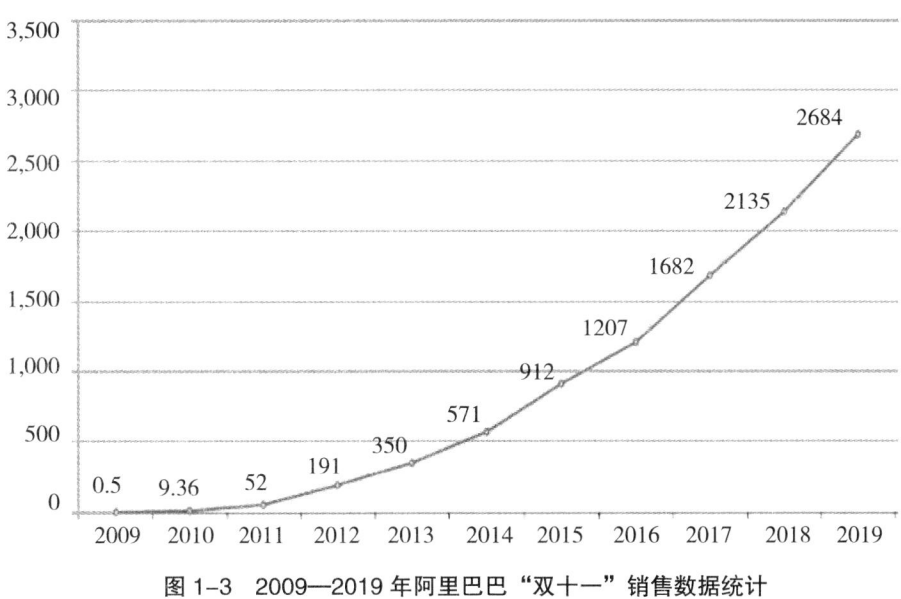

图 1-3 2009—2019 年阿里巴巴"双十一"销售数据统计

其四,"互联网+"促进了对外贸易的发展,是外贸稳增长促转型的新动力。跨境电子商务作为"互联网+外贸"的新型业态,近年来以 30% 左右的增长速度迅猛发展,相较于传统外贸的下行可谓是一枝独秀。据中商产业研究院发布的《2020 年中国跨境电商行业市场前景及投资研究报告》显示,2019 年,中国跨境电子商务零售进出口额达到 1862.1 亿元,是 2015 年的 5 倍,年均增速 49.5%;随着跨境电子商务综合试验区的增加,跨境电子商务市场规模将进一步扩大,到 2025 年或将达到 4880 亿元。另据海关统计,2020 年我国跨境电子商务进出口额达 1.69 万亿元,增长了 31.1%。其中,出口额达 1.12 万亿元,增长 40.1%;进口额达 0.57 万亿元,增长 16.5%。未来几年,跨境电子商务将成为我国重塑国际产业链、提升国际贸易优势的重要方式。

世界电子贸易平台(eWTP)以新的国际贸易规则赋能全球中小企业和消费者,实现了普惠发展,目前正在全球布局,已相继在中国、马来西亚、比利时、卢旺达等国家落户。如图 1-4 所示,eWTP 建立了跨境电商交易平台,目前已服务全球 20 亿消费者,帮助全球 1000 万家小微企业盈利发展,在全球创造了

1亿个就业机会;建立了跨境智能物流平台,形成了具备全球配送能力的跨境物流骨干网,实现了全球72小时送达的货通全球物流服务;建立了全球化支付平台,目前已为中小微企业、出口商以及全球买家提供信用担保服务,并帮助消费者使用本地支付方式购买全球商品。

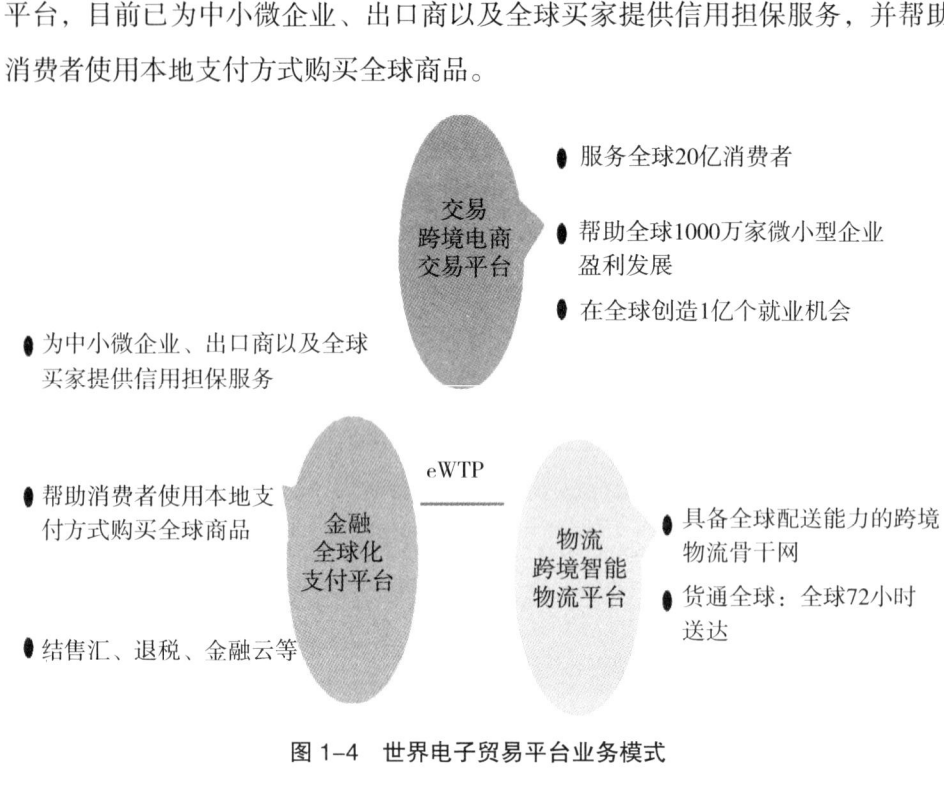

图1-4 世界电子贸易平台业务模式

其五,"互联网+"与金融业的深度融合,使得互联网金融得以迅猛发展。"互联网+"金融的基础设施和行业形态不断迈上新台阶,开启了普惠金融的时代。传统金融机构的互联网创新、电商化创新等"互联网+"金融业态,以及网络借贷平台(P2P模式)、网络投资平台(众筹模式)、第三方支付平台、手机理财App等非金融机构,共同构成了"互联网+"金融的运作模式。

根据艾瑞咨询发布的统计数据,2013年,中国互联网消费金融市场交易规模仅为60.0亿元[①],2014年交易规模则突破183.2亿元,增速超过200%。2015

---

① 孙冰,刘杨,谢玮,等.转战移动端:中国互联网站在"拐点"之上[J].中国经济周刊,2013(32):50-53.

年中国第三方互联网支付交易规模达到11.8万亿元，同比增速46.9%。淘宝网、阿里巴巴分别成为全球最大的网络零售电商和产业电商，支付宝、易付宝、汇付天下等移动端支付方式得到快速应用。支付宝在网络支付领域一家独大，依托淘宝和天猫两大平台连续多年占据40%以上的市场份额，已成为全球最大的网上支付平台。根据eNet研究院数据显示，2018年第三方支付TOP50名单中，支付宝排在第一位。

二、其他新型业态的发展

当前，我国经济发展中还涌现出平台经济、共享经济、"双创"经济、智慧物流、无人超市、共享单车等新业态、新模式。

其一，平台经济模式。随着信息网络技术的飞速发展和互联网的应用普及，平台经济模式迅猛发展，成为引领全球经济提质增效的新引擎。平台经济的发展具有高度的黏性特征，不仅创造了大量的就业机会，其开放平台的引领还助力企业提高了销售额，提升了企业竞争力。

其二，分享经济。在全球分享经济蓬勃发展的背景下，基于构建节约型社会以及可持续发展的理念，以资源分享和共享平台建设为核心，我国分享经济得到迅速发展，已经成为促进经济增长的重要推动力。

其三，"双创"经济。当前，我国"双创"经济发展呈现出良好的增长态势，已经成为我国推进供给侧结构性改革、推动新旧发展动能持续转换的重要方式。在我国"双创"政策环境不断优化的助力下，各省市区"双创"市场主体蓬勃发展，各种创业园区、科技孵化器、科创平台、科创企业蓬勃发展，释放出了新的、强大的经济内生动力。以浙江省为例，当前，浙江的"双创"经济发展迅猛，在浙江每天有超过5000户市场主体诞生，全省每万人市场主体拥有量达到1162户，位居全国榜首。

上海东华大学赵君丽（2015）研究指出，新技术、新模式、新业态和新产业之间是渐次递进并相互影响的（见图1-5）。云计算、物联网、CPS人机交互技术、3D打印等新技术的发展，促进了传统经营模式的转变，催生了新商业模式的大规模出现。而云制造技术与模式、智慧生产模式、O2O模式、C2C模式、跨界生产服务模式、3D制造等新模式的广泛应用，带动了企业创新能力的提升，帮助创新企业获得了更多的盈利，导致了相关领域新业态的产生。淘宝与京东、智能汽车与智能机床、打车软件与网络文学平台、手机制造与服务（App）、无线T恤设计比赛、3D打印的手机与住宅等新经营业态的规模化发展，最终导致了相关新产业的产生。如此循环往复、相互影响，使得新模式与新业态对相关传统产业形成了一定的冲击，一定程度上改变了传统产业的发展路径。

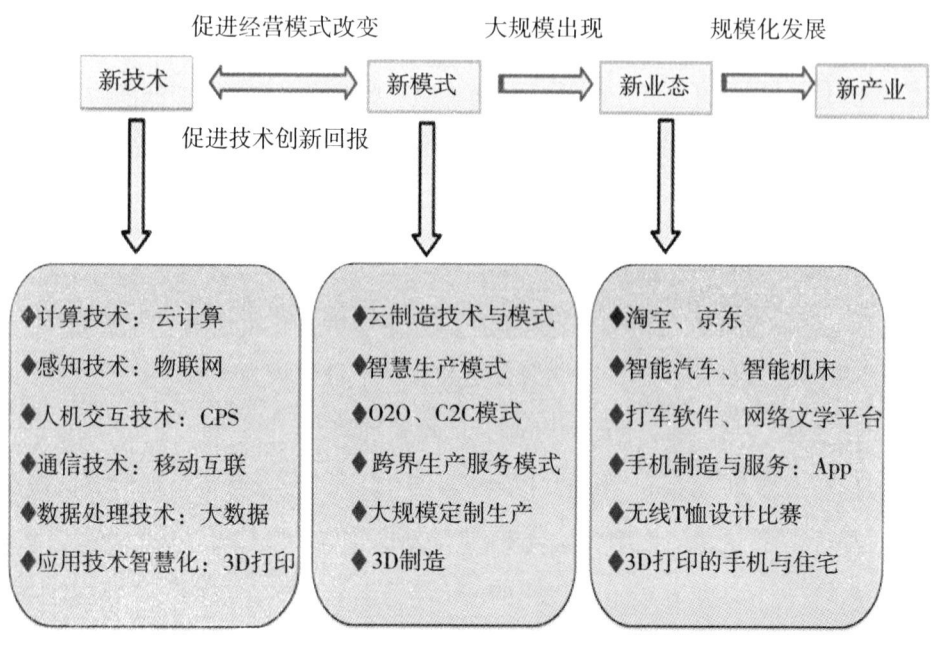

图1-5 新技术、新模式、新业态和新产业的相互关系

第三节　新旧动能转换与产业转型升级

如今，我国正值新一轮的新旧动能转换的关键时期，把握好过去新旧动能转换的历史经验，有利于更好地把握今后的新旧动能转换的方向。新旧动能转换下如何推动产业转型升级至关重要，需要认识到我国区域产业升级孕育着巨大的动能，一方面需要通过改革开放，释放产业新动能，另一方面需要挖掘旧动能的潜力，拓展发展新空间[1]。

一、中国新旧动能转换的历程

新旧动能在中国的转换是经济发展的客观规律，也具有其历史发展的必然性。伴随经济社会的发展，新旧动能会呈现出一定的迭代更替，在过去对经济发展具有重要助推力的新动能，随着比较优势的转换，也会逐步转换为旧动能。

我国新旧动能的转换进程大致可划分为两个阶段，即第二产业成为经济增长的新动能阶段和第三产业成为经济增长的新动能阶段。其历史演进过程如下。

（一）第一次新旧动能转换阶段

为了解决我国加工工业过快发展与能源、原材料工业发展不足之间的矛盾，自20世纪80年代末至21世纪初，第二产业成为我国经济增长的新动能。该阶段的主要任务为解决全国绝大多数城乡居民的温饱问题，以食品加工业、纺织服装业等为代表的轻工业发展迅速，成为该时期经济增长的新动能，并一度成

---

[1] 金江军.新旧动能转换读本[M].北京：中共中央党校出版社，2018.

为经济中的支柱产业,推动了以轻纺工业为主导的工业化浪潮。

1. 以食品和衣着消费为主的发展动能

1978—1984年,我国居民家庭人均可支配收入大幅提升,其中城镇居民人均收入年均增速达11.3%,农村居民家庭人均收入年均增长达17.7%。在居民消费生活得以改善的基础上,食品和衣着的消费支出占比呈现迅猛上升态势。

如表1-1所示,1981年,食品类消费支出占比高达56.7%,衣着类消费支出占比达到14.8%,居住类、家庭设备用品及服务类、医疗保健类、交通和通信类、教育文化娱乐服务、其他商品与服务的消费支出较少,这几类消费支出的综合占比仅为28.5%。

表1-1 1981-2013年中国城镇居民消费结构状况(人均消费支出=100)(单位:%)

年度	食品类	衣着类	居住类	家庭设备用品及服务类	医疗保健类	交通和通信类	教育文化娱乐服务	其他商品与服务
1981	56.7	14.8	4.3	9.6	0.6	1.4	8.4	4.2
1985	52.2	14.6	5.6	10.7	1.2	1.1	10.6	4.0
1990	54.2	13.4	5.6	10.1	2.0	1.2	9.2	4.3
1995	49.9	13.5	7.1	8.4	3.1	4.8	8.8	4.4
2000	39.4	10.0	11.3	7.5	6.4	8.5	13.4	3.4
2005	36.7	10.1	10.2	5.6	7.6	12.6	13.8	3.5
2010	35.7	10.7	9.9	6.7	6.5	14.7	12.1	3.7
2013	35.0	10.6	9.7	6.7	6.2	15.2	12.7	3.9
增幅	-38.27	-28.38	125.58	-30.21	933.33	985.71	51.19	-7.14

资料来源:1981—1999年数据来自《中国居民消费前沿问题研究》[1],2000—2013年数据取自《2014中国城市(镇)生活与价格年鉴》[2]。

---

[1] 袁志刚.中国居民消费前沿问题研究[M].上海:复旦大学出版社,2011.
[2] 国家统计局城市社会经济调查司.2014中国城市(镇)生活与价格年鉴[M].北京:中国统计出版社,2014.

2. 以耐用消费品消费为主的发展动能

1985年之后，居民消费从传统的基本生活消费逐步向发展性消费转移，并形成以彩电、冰箱、洗衣机为代表的耐用消费品消费热潮，这一热潮一直延续到20世纪90年代中期[①]。同时，为满足市场消费需求，家电工业通过引进国外技术和设备，产能获得爆炸式增长。

如表1-1所示，1985年之后，城镇居民食品类及衣着类消费支出基本呈现逐年下降的态势。到2013年，食品类消费支出占比降低到35.0%，衣着类消费支出占比下降到10.6%，与1981年相比，降幅分别达38.27%和28.38%。而交通和通信类消费支出增长迅速，支出占比从1981年的1.4%增长到2013年的15.2%，增幅高达985.71%；医疗保健类消费支出占比从1981年的0.6%增长到2013年的6.2%，增幅高达933.33%；教育文化娱乐服务消费支出增长也较为迅速，支出占比从1981年的8.4%增长到2013年的12.7%，增幅为51.19%。

（二）第二次新旧动能转换阶段

随着我国产业体系的不断健全，自21世纪初至今，在城乡居民基本满足对"吃、穿、用"的基本需求之后，以第三产业为代表的新动能得到迅速发展，以满足居民消费需求升级中对"住、行"的需求。

21世纪以后，居民对家庭设备和耐用品的消费趋于饱和，消费需求逐步向交通和通信工具、教育文化娱乐服务、住房改善以及医疗保健用品等方面转移。如表1-1所示，截至2013年，中国城镇居民消费支出占比按从高到低排序，分别为食品类、交通和通信类、教育文化娱乐服务类、衣着类、居住类、家庭设备用品及服务类、医疗保健类、其他商品与服务类。

---

① 金江军. 新旧动能转换读本[M]. 北京：中共中央党校出版社, 2018.

由此，以房地产为首的新一代耐用消费品推动了中国经济的新一轮高速发展，成为该阶段经济增长的新动能。自 1998 年下半年开始，我国住房供给和分配机制发生了根本性变化，住房制度改革得到全面实施，充分释放了城镇居民压抑了 60 多年的住房需求，中国进入近 20 年的房地产超常规发展时期[①]。

房地产的爆炸性增长迅速带动了建筑业、家用电器、家用纺织品和其他制造业的发展，并迅速推动物流、金融等第三产业的发展，从而直接促进了经济的快速发展。2001—2013 年，房地产业增加值对经济增长的年均贡献率达到 4.3%；2019 年，中国房地产开发投资额绝对值为 132194 亿元，比上年增长 9.9%，占全社会固定资产投资额（560874 亿元）的比重为 23.57%。目前，中国房地产业的发展已经成为推动经济增长的重要力量。

二、产业转型升级中新旧动能转换的规律

产业转型升级，实质是新旧动能转换的一种表现形式。在中国产业发展过程中，新旧动能转换呈现出以下规律。

第一，新旧动能转换伴随产业结构转型升级进程。具体表现为：制造业的新旧动能正在逐渐分化，具有新动能的制造业内部行业发展速度优于基于旧动能的制造业内部行业；服务业增加值增长快于制造业增长，服务业内部的发展主要体现在生产性服务业的发展，体现在生产性服务企业景气指数的不断提高。如表 1-2 所示，2016 年第一至第四季度，生产性服务业企业的预期景气指数、即期景气指数、景气指数均基本呈现逐期上涨态势，增幅分别为 1.19%、9.73% 和 4.46%。

---

① 加快新旧动能转换推进产业转型升级 [R/OL].http://www.docin.com/p-2135333276.html.

表 1-2 2016 年生产性服务业企业景气指数

时间	生产性服务业企业预期景气指数	生产性服务业企业即期景气指数	生产性服务业企业景气指数
2016 第一季度	117.2	110	114.3
2016 第二季度	116.2	110.6	114
2016 第三季度	117.5	114.3	116.2
2016 第四季度	118.6	120.7	119.4
增幅 /%	1.19	9.73	4.46

资料来源：2016 年国家统计局进度数据库资料。

第二，新旧动能转换将历经持续性长期阶段，并呈现区域性趋同特征[①]。一方面，现阶段我国服务业对经济增长的拉动率仍较低，另一方面，能够显性代表新动能的高技术产业发展较为缓慢，这导致我国新旧动能转换将经历长期过程。此外，中国内部的区域差异性特征，使得产业可以有效地在国内进行梯度转移，促进产业结构优化升级；而区域间产业转移又使得新动能在新的增长空间得到明显扩展，最终导致新旧动能转换区域性趋同特征的出现。

第三，新旧动能转换呈现动态融合的过程特征。新旧动能转换是一种动态融合过程，不仅包括利用新动能改造传统产业、传统动能，形成新的动能，而且包括积极培育新动能。现阶段，新技术、新模式、新动能正快速地推动传统动能加速改造升级，新动能的培育正在积极推进，新兴产业取得的科技活动成果也十分显著。

---

① 加快新旧动能转换推进产业转型升级 [R/OL].http://www.docin.com/p-2135333276.html.

三、新旧动能转换下产业转型升级的发展路径

1. 新旧动能转换下产业转型升级的风险

实现产业结构的优化升级需要确保新旧动能的顺利转换，在新旧动能转换过程中，我国产业转型升级也面临一些风险，突出表现在以下两个方面。

其一，旧动能弱化所带来的新旧动能转换不畅的风险[①]。在新旧动能交替的时期，结构性矛盾较为突出，传统产业由于经济下行压力其动能更加衰减，导致工业企业利润增长率下降，行业和区域分化更加明显，分化程度不断加深。

其二，在新旧动能转换过程中，产业梯度转移引致经济分化加剧[②]。产业梯度转移在优化升级产业结构和要素资源配置的同时，还在一定程度上促使资源和市场加速向新动能增长基础与优势较好的地区、行业和企业集中，并使旧动能经济比重较高的地区、行业和企业加速收缩，由此引致了区域间和区域内经济分化加剧的风险。

2. 新旧动能转换下推动产业转型升级的路径

首先，通过改革开放释放产业发展的新动能。一是要切实贯彻创新驱动发展战略，推动科技、体制、模式、业态等全方位的创新，实现新动能加快发展；二是要加强中小微企业公共创新服务平台建设，提升企业自主创新能力，促进科技成果转移转化；三是要通过对内、对外开放提高产业的整体发展效率，释放产业新动能，构建有利于我国的全球价值链，为产业新动能的培育提供充分的国外资源；四是要从政府改革的层面出发，创新政府管理、优化政府服务，完善政府职能，释放产业管制权及减低准入门槛，培育发展新动能，营造包容支持创业创新和培育新动能的制度环境。

---

① 金江军. 新旧动能转换读本[M]. 北京：中共中央党校出版社, 2018.
② 加快新旧动能转换推进产业转型升级[R/OL]. http://www.docin.com/p-2135333276.html.

其次,通过深入挖掘旧动能的新潜力,拓展发展旧动能的新空间。一是要以全面深化改革开放为核心,注重提升发展质量和发展效率,通过适当的改造来挖掘其新的潜力,使旧动能焕发新的生命力;二是应进一步促进实体经济升级,通过生产组织方式创新使传统产业释放新的增长动能,加快新旧动能平稳接续、协同发力。

第二章

现代化经济体系、区域创新与高质量发展

第一节 现代化经济体系与经济高质量发展相关研究

一、关于现代化经济体系的研究

建设现代化经济体系是针对当前中国经济发展新阶段而提出的，广大学者对这一思想进行了全方位、多角度、深层次的研究解读[①]，研究聚焦现代化经济体系的理论基础、基本内涵、实现路径等方面，进行了总结梳理与阐释。

学者们对现代化经济体系内涵的主要研究有：其一，结合社会主要矛盾转化的时代背景解读相关论述，阐述当前经济社会发展中产业与经济结构不协调、人民生活需求提升与社会发展矛盾、区域与城乡发展不均衡、生态与经济发展不协调等背景下，现代化经济体系建设对解决新时代经济与社会矛盾的必要性，如赵昌文等（2018）、郑尊信等（2018）、张占斌等（2018）、杨芳（2018）等。其二，对现代化经济体系的内在逻辑进行归纳阐释，阐述新发展理念在现代化经济体系建设中的体现，如黄群慧（2018）、王志伟（2018）、刘志彪（2018）、王立胜（2018）、石建勋（2018）、周人杰（2018）等。其三，考察构成现代化经济体系的相关概念，深入阐释各种经济概念的理论内涵，如季晓南（2018）、冯柏等（2018）、剧锦文（2018）、简新华（2018）等。

综合而言，现代化经济体系包含高效平衡的供需体系、有序发展的产业体系、秩序良好的市场体系、协调发展的区域体系、相对均衡的收入体系、统筹

[①] 吴俊.关于建设现代化经济体系的研究[J].经济研究参考,2019,000（012）：41-54.

发展的城乡体系、绿色生态的发展体系[①]、全面开放的发展体系和运作有效的政府与市场体制机制等，在从传统经济体系转向现代化经济体系的过程中，社会主要矛盾、资源配置方式、产业体系、增长阶段等均实现了综合化转型，最终实现经济体系的现代化转换。

也有部分学者从现代化经济体系的框架构成、实现路径等方面做了相关理论探讨。何立峰（2019）指出，现代化经济体系的建设过程中，需重点考虑供给侧结构性改革的需求[②]；高培勇等（2019）指出，现代化经济体系的关键在于构建现代化创新体系、供给体系与制度体系；郭威等（2019）指出，建设现代化经济体系应着重构建协同发展的产业体系、统一开放的市场体系、促进公平的收入分配体系、协调联动的城乡区域发展体系、资源节约的绿色发展体系、多元平衡的全面开放体系以及充分发挥市场与政府作用的经济体制[③]；杨弘业等（2019）对加快建设现代化经济体系的逻辑内涵、国际比较与路径选择进行了深入探讨，提出了以供给侧结构性改革为主线建设现代化经济体系的对策建议。

二、关于经济高质量发展的研究

党的十九大报告指出，"我国经济已由高速增长阶段转向高质量发展阶段"[④]。高质量发展已经成为当前中国经济最鲜明的特征，是破解我国经济发展不平衡不充分的根本手段[⑤]，也是新时代我国部署经济工作的根本方针。

学术界对于高质量发展的相关研究目前主要集中于高质量发展的内涵、评价和路径方面。钞小静、薛志欣（2018）基于马克思主义政治经济学视角，认

---

① 冯柏,温彬,李洪侠.现代化经济体系的内涵、依据及路径[J].改革,2018(6)：71-79.
② 何立峰.优化政府职责体系[J].宏观经济管理,2019(12)：1-4.
③ 郭威,杨弘业,李明浩.加快建设现代化经济体系的逻辑内涵、国际比较与路径选择[J].经济学家,2019(4)：59-70.
④ 李培峰.新时代文化产业高质量发展：内涵、动力、效用和路径研究[J].重庆社会科学,2019(12)：113-123.
⑤ 郭晨.地方债对区域经济发展质量的影响研究[D].武汉：华中科技大学,2019.

为经济发展质量的内涵从微观层面、中观层面、宏观层面可分别理解为产品质量、结构质量和生产力质量[1]。逄锦聚等（2019）深入阐释了我国经济转向高质量发展阶段的主要依据，论述了经济高质量发展阶段的基本要求，指出实现经济高质量发展需要着力建设现代化经济体系[2]。吴俊（2019）解读了习近平总书记关于现代化经济体系的科学论述，阐释了深化供给侧结构性改革、加快建设创新型国家、实施乡村振兴战略、实施区域协调发展战略、加快完善社会主义市场经济体制、推动形成全面开放新格局等现代化经济体系建设的实施路径[3]。高培勇等（2019）从逻辑框架的角度探讨了高质量发展背景下的现代化经济体系建设，分析了经济体系的运行机制和内生转化，认为现代化经济体系建设是社会经济系统的综合转型，是中国经济走向高质量发展的必由之路[4]。

三、新发展理念、高质量发展与现代化经济体系的辩证关系研究

关于新发展理念、现代化经济体系和高质量发展的辩证关系，学者们进行了大量的探讨。张宇（2018）从新的历史方位和国际国内环境出发，提出要以新发展理念引领现代化经济体系建设。余贤群（2018）从理念导向角度进行理解，认为新发展理念是我国现代化经济体系建设的价值取向与价值引领。黄群慧（2018）论述了新发展理念与高质量发展的密切联系，认为新发展理念是实现高质量发展的根本依据。张辉、冯柏等（2018）认为，现代化经济体系应贯

---

[1] 钞小静,薛志欣.新时代中国经济高质量发展的理论逻辑与实践机制[J].西北大学学报:哲学社会科学版,2018,048(006):12-22.
[2] 逄锦聚,林岗,杨瑞龙,等.促进经济高质量发展笔谈[J].经济学动态,2019,701(07):5-21.
[3] 吴俊.关于建设现代化经济体系的研究[J].经济研究参考,2019(12):41-54.
[4] 高培勇,杜创,刘霞辉,等.高质量发展背景下的现代化经济体系建设:一个逻辑框架[J].经济研究,2019,54(4):4-17.

彻新发展理念，通过"六个转变"实现可持续发展。张俊山（2018）提出，应"加快形成落实新发展理念的体制机制"①，从而尽快构建起现代化经济体系，促进经济高质量发展。赵昌文等（2018）从解决我国社会主要矛盾的角度出发，认为新发展理念是建设现代化经济体系的关键依据②。吴俊（2019）指出，现代化经济体系建设要依托新发展理念③，要在贯彻新发展理念的基础上走中国特色高质量发展的道路。

综上所述，已有的学界研究对新旧动能转换下高质量发展研究的开展奠定了坚实的基础，但就整体而言，当前关于高质量发展与现代化经济体系建设的研究还处于起步阶段，相关研究呈现为碎片化、零散化的状态④，对典型地区代表性模式路径的研究不够深入，使得现有成果难以形成对特定区域经济高质量发展一线实践的有效指导，因此相关研究有亟待进一步完善和深入的必要。

第二节　以高质量发展为核心的现代化经济体系构建

一、构建现代化经济体系对高质量发展的意义

高质量发展是破解我国经济发展不平衡不充分的根本手段，新时代实现经

---

① 张俊山. 对新时代中国特色社会主义现代化经济体系建设的几点认识[J]. 经济纵横，2018（2）：1-9.
② 张占斌. "四个坚持"推进经济高质量发展[N]. 经济日报，2020-01-08.
③ 吴俊. 关于建设现代化经济体系的研究[J]. 经济研究参考，2019（12）：41-54.
④ 陈润羊. 美丽乡村建设研究文献综述[J]. 云南农业大学学报：社会科学，2018，12（2）：8-14.

济高质量发展的关键是建设现代化经济体系[1]，而贯彻新发展理念、构建现代化经济体系又是实现国家可持续发展的战略目标。经济高质量发展具有鲜明的时代特色与中国特征，通过深入阐释新发展理念、高质量发展与现代化经济体系的辩证关系，有助于科学厘清新的历史方位和时代背景下高质量发展对现代化经济体系构建的战略要求，现代化经济体系的相关研究对我国现阶段经济发展实践具有重要的理论指导意义与学术参考价值。

综观国外的经济建设实践，美国、日本、德国三国的经济转型及现代化经济体系建设均较为成功。美国主要是通过立法和政府计划来引导科技创新，继而实现经济转型升级；日本是通过重点推进金融体制改革和先进技术引进，来推动经济高质量发展；德国则是通过完善的政策法规和生态保障措施，来建设现代化经济体系。当前，根据经济高质量发展对现代化经济体系建设的战略要求及山东省高质量发展的现实制约，构建科学适用的现代化经济体系，具有鲜明的问题导向与地域特色[2]，将弥补已有研究中宏观理论研究为主、具体实践探索及典型地区代表性模式路径研究不足的缺陷，不仅对山东省经济高质量发展具有重要的实践指导意义，对全国其他地区现代化经济体系建设与高质量发展实践也具有一定的决策参考价值。

以高质量发展为核心的山东省现代化经济体系的科学构建，对于为新发展理念的落实提供系统的体制机制支撑至关重要，构建以高质量发展为核心的现代化经济体系，将为推进山东省经济高质量发展提供科学借鉴与决策参考。山东省现代化经济体系的构建原则为：依据高质量发展的科学内涵，基于创新、协调、绿色、开放、共享的新发展理念[3]，从创新体系、科技体系、产业体系、结构体系、区域体系、生态体系、市场体系、开放体系等多个维度，科学构建

---

[1] 高培勇,杜创,刘霞辉,等.高质量发展背景下的现代化经济体系建设：一个逻辑框架[J].经济研究,2019,54（4）：4-17.
[2] 张涵.经济新常态下供给侧结构性改革路径研究[D].青岛：青岛大学,2019.
[3] 马涛.着力发挥社会主义基本经济制度显著优势[N].学习时报,2020-01-13.

以高质量发展为核心的现代化经济体系[①]，进而规划山东省现代化经济体系的实施重点。

二、以高质量发展为核心的现代化经济体系

本书围绕高质量发展的核心内涵，聚焦山东省现实问题，引入创新要素集聚和新旧动能转换作为创新与科技驱动，构建以高质量发展为核心的山东省现代化经济体系，从而为新发展理念的落实提供系统的体制机制支撑。以高质量发展为核心的山东省现代化经济体系框架，如图2-1所示。

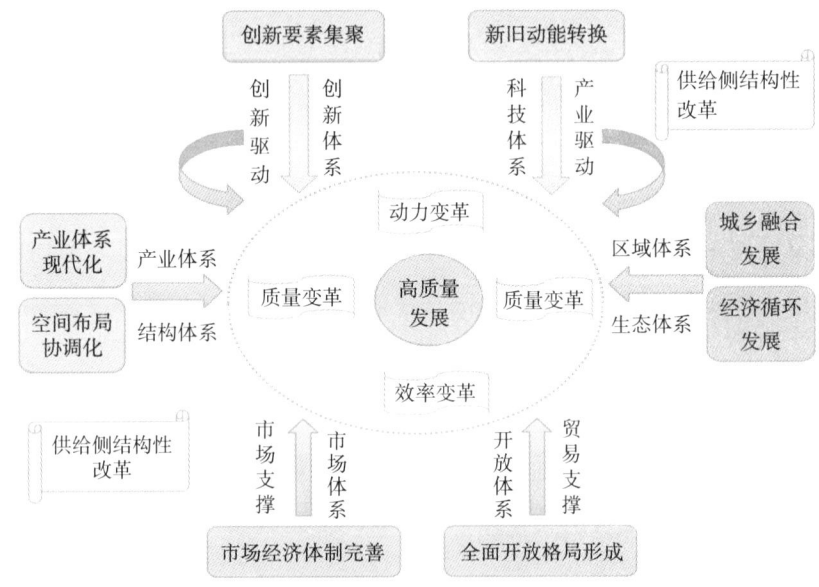

图 2-1　以高质量发展为核心的山东省现代化经济体系框架

该体系对标高质量发展的产业结构、产品结构、城乡结构、经济效益、生态环境等改革需求，以动力变革、质量变革、效率变革作为建设现代化经济体系的核心发展理念，以深化供给侧结构性改革为主线[②]，以创新要素集聚作为

[①] 张玲.五大发展理念视角下山东省高质量发展评估研究[J].经营与管理,2019(11)：88-93.
[②] 何立峰.深化供给侧结构性改革　推动经济高质量发展[N].学习时报,2020-01-08.

创新驱动，以新旧动能转换作为产业驱动，进而形成创新要素集聚的创新体系、新动能替代旧动能的科技体系、现代化的产业体系、协调化的空间结构体系[①]、城乡融合发展的区域体系、经济循环发展的生态体系、完善的市场经济体系与全面开放的经济体系。

遵循山东省现代化经济体系的制度框架，山东省应总体规划并协调推进现代化经济体系的实施重点，如图2-2所示。

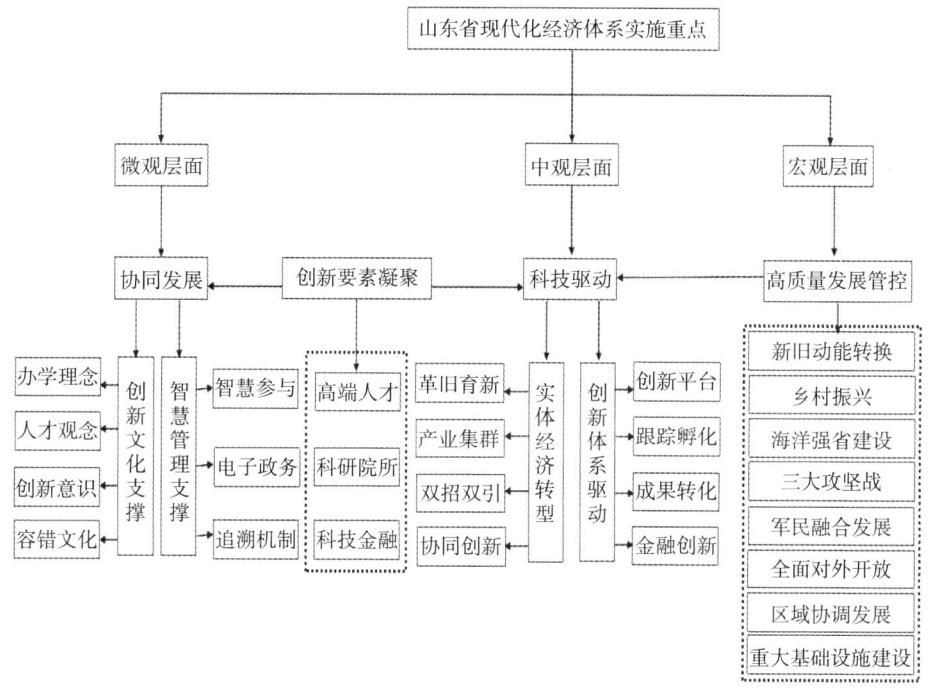

图2-2　山东省现代化经济体系的实施重点

宏观层面，着力推进新旧动能转换、乡村振兴、海洋强省建设、三大攻坚战、军民融合发展、全面对外开放、区域协调发展[②]、重大基础设施建设八大战略实施，形成高质量发展的良好管控。中观层面，通过产业革旧育新、发展重点产业集群、实施"双招双引"、实施政产学研协同创新等举措，推动实体经济

---

① 中共中央关于坚持和完善中国特色社会主义制度　推进国家治理体系和治理能力现代化若干重大问题的决定[J].四川党的建设,2019(22)：5-14.
② 吴俊.关于建设现代化经济体系的研究[J].经济研究参考,2019(12)：41-54.

转型；通过建设创新平台载体、持续跟踪孵化、促进科技成果转移转化、推进金融创新等举措，实现创新体系驱动，着力形成高质量发展的科技驱动。微观层面，通过办学理念创新、人才观念改进、创新意识提升、容错文化形成等措施，形成高质量发展的创新文化支撑；通过城市发展的智慧参与、电子政务实施、质量追溯机制形成等措施，形成高质量发展的智慧管理支撑，着力形成协同发展体系。

同时，通过高端人才引进与培育、科研院所引进与合作、科技金融创新发展等举措，形成高质量发展的创新要素集聚，为高质量发展的协同发展与创新驱动提供创新要素支撑，打造山东省"走在前列、全面开创"的整体发展格局。

三、推进现代化经济体系实施的路径与保障

借鉴国内外先进发展经验，聚焦山东省经济建设的现实制约，提出现代化经济体系建设的实施路径与保障。

其一，在经济水平高效益发展方面，聚焦供给侧结构性改革，提升经济高质量发展管控；其二，在经济高质量增长方面，依托政策优势打造洼地效应，形成创新要素集聚驱动；其三，在新旧动能转换方面，立足产业比较优势，接续转换产业驱动，坚持大项目带动，以市场为导向，力争实现后发优势；其四，在推进外向型经济发展方面，搭建对外开放新高地，推进中日韩深度合作，引领海洋经济国际合作；其五，在完善市场经济体制与服务体系方面，强化资源高效配置，通过市场监管、资源环境倒逼，使创新型山东建设进入嵌入式创新通道，从而达到高质量发展目标；其六，在创新文化发展方面，正视齐鲁文化传承并纠正其安于现状、拘泥传统以及教育"官本位"的思想，培育高质量发展的文化氛围。

同时，应进一步推进山东省现代化经济体系实施的制度保障。一方面，建

立健全推进山东省现代化经济体系发展的政策措施[①]，包括：进一步强化机遇意识、市场意识与创新意识，促进全省思想解放与观念转变；进一步聚焦产业结构优化、人才引进与考核激励，优化政策导向设计与指标体系建设；进一步优化发展环境，理清权责界定，创新机制体制，打破高质量发展的体制机制束缚，激发经济发展主体活力等。另一方面，制定推进山东省现代化经济体系的保障与监督措施，包括加强组织领导与工作分解、强化政策落实与先行先试、实施动态考核与考察监督等。

第三节 区域协同创新与经济高质量发展

一、区域创新生态系统的相关研究

（一）创新生态系统的理论衍化

学者们对创新主体能力提升及创新过程整合规律的研究一直在不同视角上进行拓展，从最初的关注企业间合作、供应链合作、选定合作伙伴以及公私合作研发联盟等各种类型的合作及其对价值创造的影响[②]，到商业生态系统概念

[①] 张俊山.对新时代中国特色社会主义现代化经济体系建设的几点认识[J].经济纵横，2018（2）：1-9.
[②] Kwak K, Kim W, Park K. Complementary multiplatforms in the growing innovation ecosystem: Evidence from 3D printing technology[J]. Technological Forecasting & Social Change, 2017.08.

的阐释①，以及创新生态系统和知识生态系统②术语的阐释。

如图 2-3 所示，可以从创新理论衍化和生态系统延伸两个方向出发，对区域创新生态系统的本质内涵进行深入阐释。开放式创新理论在经过衍化后，具备开放性、协同性、自组织及动态性的特征，形成协同创新网络；而生态系统范式在经过生态系统的延伸后，具备相关技术的必然性、连锁反应结构、路径依赖性及行动者网络的特性，形成互补性多平台创新范式③。二者融合发展，即形成区域创新生态系统。

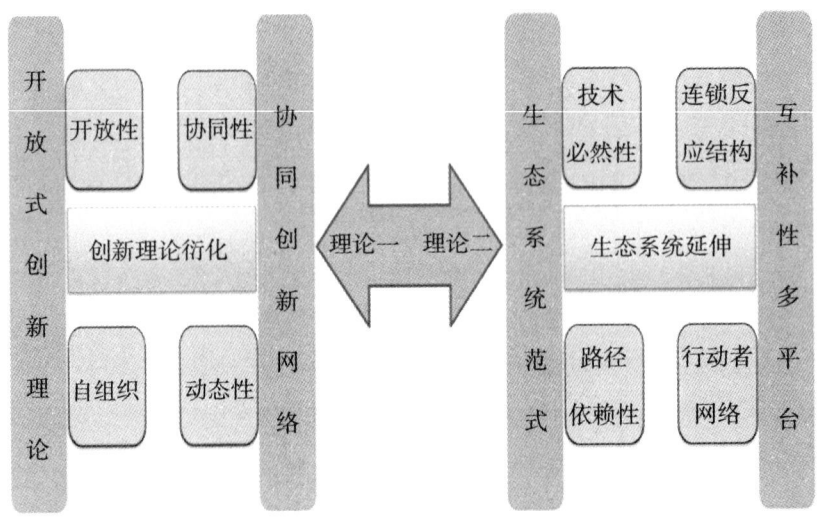

图 2-3 创新生态系统理论衍化图

（二）创新生态系统的研究内容

对于创新生态系统，学术界的研究主要集中在对其内涵、结构、运行及评价方面。

---

① ADNER, Ron. Match your innovation strategy to your innovation ecosystem[J]. Harv Bus Rev, 2006, 84(4): 98-107.
② Borgh M V D, Cloodt M, Romme A G L. Value creation by knowledge - based ecosystems: Evidence from a field study[J]. R & D Management, 2012, 42(2): 150-169.
③ 梁志康.区域创新生态系统协同研究：以陕西省为例[D].西安：西安理工大学,2019.

1. 对创新生态系统内涵的研究

诸如 Adner（2006，2010）和 Jackson（2011）对创新生态系统概念的阐释，Inoue 和 Kolloch（2018）对生态系统演变的研究，以及国内学者（张笑楠，2016；李昂，2016；蒙大斌，2017）对创新生态系统中创新扶持属性的定义。

创新生态系统的内涵包括以下几个方面。

其一，工业生态学观点（IEP）的阐释，即传统的工业活动模式转变为更加综合的工业生态系统模式，从而在传统制造过程中优化能源、材料和货币网络。

其二，商业生态系统视角（BEP）的阐释，即基于协同演进的视角研究创新的业务环境，并将价值捕获和价值创造作为生态系统创新演进的核心要素[①]。具体而言，主要包括协同演进的数字生态系统、互补（子行业）生态系统、供应商生态系统、商业集团（M&A）生态系统及全球专业人类网络生态系统。

其三，平台管理视角（PMP）的阐释，即从内部平台（公司平台或产品平台）和外部平台（行业平台）的角度分析平台的动态机制，内部平台可以帮助企业开发和生产衍生产品流，外部平台则帮助外部创新者开发互补产品及服务。

2. 对创新生态系统结构的研究

诸如 Elias G（2009）对四重螺旋结构创新 3.0 范式的定义，Ricardo（2015）和 Almpanopoulou（2017）对自组织自发展的鲁棒性（Robust）特征的界定，Allen（2018）和 Walrave（2018）对创新生态系统原始框架的系统研究，以及张向先（2016）和王坤（2017）对创新生态系统结构划分的研究。

学者们构建了相关模型对创新生态系统的结构及机理进行阐释，其中区域创新生态系统生态位种群模型较为典型。如图 2-4 所示，该模型基于生态学原理，深入探析区域创新生态系统的协同演化特征，从创新活动参与主体和创新资源支撑环境两个维度出发，以生态位理论对区域创新相关要素进行分析，提炼区域创新因子的生态位种群要素构成。其中，创新环境包括经济发展环境、宏观

---

① 梁志康. 区域创新生态系统协同研究：以陕西省为例 [D]. 西安：西安理工大学，2019.

政策环境、社会文化环境和自然生态环境，创新群体包括知识经济群体、商业经济群体和辅助创新群体，上述群体构成了系统创新的主体层。

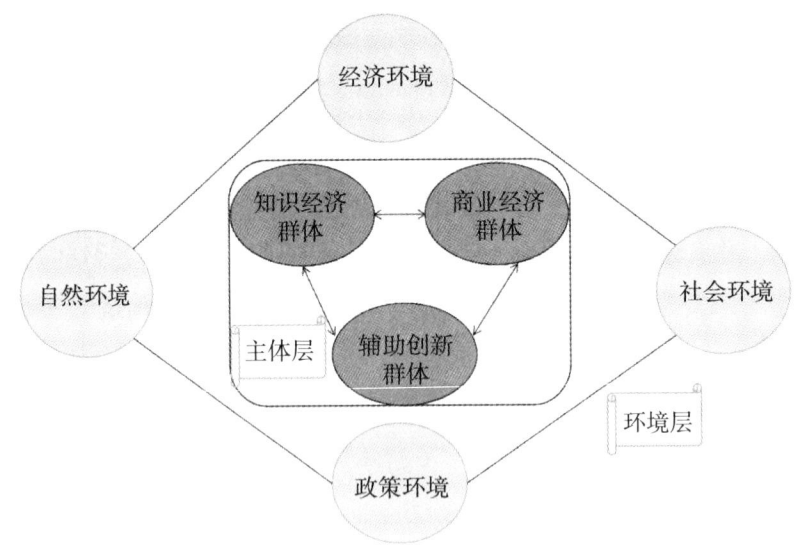

图 2-4 区域创新生态系统生态位种群要素

3. 对创新生态系统运行与评价的研究

对创新生态系统运行的研究包括：杨剑钊（2016）对高新技术产业创新生态系统运行机制的界定，包宇航（2017）和陈伟（2017）对创新生态系统演化机理的研究，以及 Nishino（2018）和 Lee（2018）对合作网络和平台参与者的研究。对创新生态系统评价的研究包括：覃荔荔（2011）从生态位角度对创新生态系统的评价研究，薛军（2015）对城市创新生态系统评价指标的探索研究，以及 Weil（2018）和 Helfat（2018）对动态能力与创新生态系统演变的分析。

区域创新生态系统是一个动态性开发系统，在运行中通常会表现出创新主体之间的共生协同演进以及创新主体与环境间的耦合协同演进特征，伴随创新个体、创新服务机构等创新要素的自由流动，各要素之间相互作用，实现技术、知识创新与社会形态的深度融合。

（三）区域创新生态系统研究评述

近年来，学者们对创新主体能力提升及创新过程整合规律的研究一直在不同视角上进行拓展，区域创新生态系统理论在多元创新要素复杂融合的经济背景下，对于揭示区域创新活动规律、提升区域创新效率具有天然优势，更加注重系统自身的可持续性，以及所有创新主体对系统环境的共同营造[①]。

综合学术界相关研究观点可以发现，创新生态系统理论代表着创新网络管理领域的拓展贡献，但是由于理论发展时间相对较短，既有研究还存在一定的欠缺。诸如，创新生态系统内涵研究需要"创新性"和"生态性"的综合把握，结构的研究需要对创新因子进行更明确的角色功能边缘界定，等等。同时，相关研究呈现为碎片化、零散化的状态，缺乏综合性和系统性成果，并且既有研究成果中宏观理论研究占比偏高，对于各地实践探索的理论化概括不足，对典型地区代表性模式路径的研究不够深入，使得现有成果难以形成对特定区域创新发展一线实践的有效指导。因此，相关研究有待进一步完善和深入。

二、山东省区域创新生态系统的协同分析

伴随我国步入经济高质量增长阶段，创新能力的提升成为区域经济发展的关键。区域创新生态系统生成的关键问题在于如何实现区域创新要素之间的正确组合，即能否找到一种稳定的要素配置方式，使区域创新生态系统中各类创新要素以一种稳定的路径进行互补性资源整合，并且复合创新主体及复合创新环境之间的交互关系呈现出一种协同演化过程。

基于对区域创新生态系统协同演化特征的认识，我们提炼了区域创新因子的生态位种群要素构成。我们认为，创新主体生态因子主要包括知识经济群体、商业经济群体、辅助创新群体等创新主体层；创新环境生态因子主要包括经济

---

① 梁志康.区域创新生态系统协同研究：以陕西省为例[D].西安：西安理工大学，2019.

环境、社会环境、自然环境、政策环境等创新环境层[①]。具体而言，知识经济群体主要包括高校及科研机构，他们通过培养创新人才、生产创新知识、扩散创新知识、为企业提供知识培训等方式，达成知识的创新、传播和转移，进而促进创新资源的集成。商业经济群体主要包括上游供应商、核心企业、竞争企业及合作企业，经过创新企业集群的创新活动与成果传导，促使商业经济群落吸收转化创新成果，创新资源集成、产品开发以及产品商业化推广模式。辅助创新种群主要包括会计师事务所、科技中介机构、律师事务所、金融服务机构及其他相关机构，经过创新关联机构的科技协作，为企业创新提供相关服务。

基于山东省创新发展实际，结合山东省区域创新生态系统关键要素，正确界定区域创新生态系统的创新主体生态因子与创新环境生态因子，有效识别区域创新生态系统的关键要素及其发展动态，以及这些要素的发展对区域创新发展的作用机理，是科学预测山东省区域创新生态系统的协同演化趋势，不断提升区域创新协同发展能力的关键。区域创新生态因子、驱动要素与运作特征的不同，必然导致区域创新生态系统运行绩效的差异。因此，仅聚焦于区域创新经济绩效的研究已经不能适应区域创新协同发展的新需求，还应拓展到更广泛范围的环境价值与社会价值，通过区域创新系统的生态化演进实现山东省区域创新协同优势的可持续提升。

鉴于经济高质量发展过程中对提升区域创新能力的迫切要求，从区域创新生态系统的视角，深入探析区域创新生态系统的协同演进特征，找准山东省区域创新发展过程中的薄弱环节，并提出区域创新协同发展的工作方案与政策建议，是破解山东省经济发展面临的深层次矛盾和结构性问题的关键，有助于为实现区域创新协同发展提供科学适用的决策参考与现实借鉴。

---

① 梁志康.区域创新生态系统协同研究：以陕西省为例[D].西安：西安理工大学,2019.

三、区域协同创新与山东省高质量发展

（一）山东省区域创新的基本现状

"十三五"时期，山东省的科技创新进展迅速。科技体制改革取得重要进展[①]，科技创新综合实力全面提升，科技支撑产业转型升级的能力显著增强，支撑"两区一圈一带"发展的创新格局初步形成，科技人才队伍不断壮大，创新创业环境进一步优化，科技和金融结合工作取得重要进展，开放创新格局更加完善。

2017年，山东省工业总产值为137 440.74亿元，2017年、2018年规模以上工业增加值分别比上年同期增长6.94%和5.23%。2017年，全省高技术制造业生产经营情况为：企业数量为2141家，从业人员年平均人数72.8万人，主营业务收入为12 206.8亿元，利润为948.2亿元。R&D及相关活动情况为：有研究与试验发展活动的企业为1001家，研究与试验发展人员51 057人，R&D经费内部支出为250.6亿元，新产品开发经费262.2亿元，专利申请数17 187件，拥有发明专利数17 553件，新产品开发项目数7859项。

2018年，全省重要科技成果数量为1791项，比去年同期（2537项）下降29.4%，其中达国际领先、先进水平的416项，达国内领先、先进水平的682项；全年登记技术合同35 505项，合同成交额1152.2亿元，同比增长34.5%；获国家级科技成果奖励32项、省级重要科技成果奖励1791项、省科学技术奖194项，专利申请量为238 795项，专利授权量为132 382项；全年R&D经费内部支出为16 433 300万元（其中基础研究支出489 468万元，应用研究支出1 112 017万元，实验发展支出14 831 736万元），R&D经费外部支出为904 285万元；全年有研究与试验发展活动的单位数8871个，研究与试验发展人员509 348人，

---

① 徐冠华.把自主创新摆在突出位置[J].中国科技产业,2006（3）：21-22.

比去年同期（500 357 人）增长 1.8%；规模以上工业企业 R&D 经费内部支出为 14 184 975 万元，占全省比重达 86.32%，规模以上工业企业研究与试验发展人员 388 403 人，占全省比重达 74.65%。平台建设取得较大进展，截至 2018 年年底，共有国家创新型产业集群试点 11 个，国家企业技术中心 189 家，国家科技型中小企业库企业 9521 家，院士工作站 690 家，省级"政产学研金服用"创新创业共同体 22 家，省级创业孵化示范基地和创业示范园区 162 家。

我们也清醒地看到，山东省科技创新的综合实力与水平仍滞后于其经济发展的迫切需求，自主创新能力依然是科技创新的发展短板，区域创新资源布局仍不均衡，创新人才特别是高层次人才匮乏等问题仍然比较突出，传统产业转型升级压力较大，高新技术产业规模仍需进一步提高，创新生态环境仍有待进一步完善。

（二）高质量发展对区域协同创新的战略要求

创新是历史进步的动力、经济增长的源泉、时代发展的关键。在党的十九大报告中，习近平总书记指出创新是引领发展的第一动力，提出要加快建设创新型国家[①]。当前，我国已步入经济高质量增长阶段，区域创新能力的提升成为区域竞争优势获取的关键，创新驱动更是被提升到区域中长期发展战略之中。

当前，山东省经济增长呈现出速度换挡、结构调整、动力转换的新特征[②]，这对科技创新提出了更高要求，创新的驱动支撑和基础性作用不可或缺。习近平总书记在视察山东重要讲话和对山东工作重要批示中，要求山东"进一步解放思想、锐意进取，加快推动科学发展，全面建成小康社会"[③]。山东省以贯彻落实习近平总书记提出的山东要在全面建成小康社会进程中走在前列为目标

---

① 张水玲,杨同毅,王仁高,等.高校服务地方存在的问题与对策：以山东省高校为例[J].中国高校科技,2017（12）：66-69.
② 山东省人民政府关于印发山东省"十三五"科技创新规划的通知[R].山东省人民政府公报,2017-01-20.
③ 凡一,何延海.落子山东,意在全局[J].金桥,2018（4）：48-53.

定位，深入实施创新驱动发展战略[①]，出台了《关于深入实施创新驱动发展战略的意见》。

为加快推动区域创新协调发展，山东省应加快打造具有影响力的区域科技创新中心，加快建设更多创新型城市，积极打造德枣科技创新走廊，推动鲁西地区加快创新崛起。今后，应围绕深化科技体制改革、提升创新引领能力、打造创新创业生态圈等方面，全面推进山东省高端创新平台建设，开展产学研深度合作，推动高新区产业创新发展，促进科技成果转移转化，推进科技金融深度结合，推动创新人才队伍建设，改善创新创业生态环境，推进山东省全面开放创新发展。

---

① 曹元梅.四川地震灾区科技工作者创业意向影响因素研究[D].成都：西南交通大学，2019.

第三章

国家农业开放发展综合试验区高质量发展案例

第一节　国家农业开放发展综合试验区概况

一、国家农业开放发展综合试验区设立背景

国家农业开放发展综合试验区的设立是非常必要的，党和国家对于加大农业改革力度、加快实现农业现代化都提出了明确的要求，不仅是提升我国农业现代化水平的必然要求，也是突破我国农业现代化障碍的必然途径。

（一）是党和国家对加大改革力度、加快实现农业现代化的必然要求

党的十七届三中全会提出"继续解放思想，必须结合农村改革发展这个伟大实践，大胆探索、勇于开拓，以新的理念和思路破解农村发展难题。……给农村发展注入新的动力，为整个经济社会发展增添新的活力"[①]。党的十八大将农业现代化作为新"四化"之一，提出让广大农民平等参与现代化进程、共同分享现代化成果，而农业现代化是提高农民收入、提升农村生活水平的直接动力。这些论述表明了党和国家对于推进农业农村改革，加快农业现代化，实现城乡一体化发展的决心。

（二）是提升我国农业现代化水平的必然要求

中国科学院中国现代化研究中心对我国的农业现代化水平做出了基本判

---

① 沈玲.我国农村基层民主政治建设及发展趋势分析[J].现代交际,2012（01）：114+113.

断：一是我国农业现代化落后于世界农业现代化平均水平[①]。中国综合农业现代化指数为38，排在世界第65位。我国12%的指标达到农业发达水平，4%的指标为中等发达水平，34%的指标为初等发达水平，50%的指标为欠发达水平。二是中国的农业现代化落后于整体现代化。中国的农业现代化水平比整体现代化水平低约10%，农业现代化成为中国现代化的发展短板。

（三）是突破制约我国农业现代化障碍的必然途径

判断农业现代化水平高低的指标主要有三项，即：农业劳动生产率、土地生产率和农村资源配置效率。我国传统的精耕细作模式与现代农业科技的结合，使得我国土地生产率接近了国际先进水平，以2008年为例，我国谷物产量4984千克/公顷，远远高于世界2000千克/公顷的平均水平，与发达国家6000千克/公顷的平均水平相比，虽有差距但差别不大。但从农业劳动生产率看，我国与发达国家存在巨大差距，2005—2010年世界高收入国家人均农业劳动力人口创造的年均农业增加值是35408美元，中国为1584美元。世界高收入国家是中国的22倍，日本和法国是中国的100多倍，美国和加拿大是中国的90多倍。从国内看，中国的农业劳动生产率是工业劳动生产率的约1/10[②]。从农业资源配置效率看，2011年全国人均耕地面积仅为1.4亩，农业机械化水平为54.5%，与世界平均水平相差巨大，直接影响了各项农业资源的流动和配置。

农业现代化主要指标与世界先进水平的巨大差距反映了我国低水平的劳动生产率与低效率的农业资源配置，要加快实现农业现代化，就必须突破现行的农村经营制度，创新农村市场经济体制[③]。

[①] 中国科学院中国现代化研究中心．中国现代化报告2012：农业现代化研究[R].2012.05.
[②] 刘曙光．深化农业改革 激发农村活力[EB/OL]. http://news.ifeng.co.
[③] 刘曙光．加快推进农业现代化[EB/OL]. http://blog.sina.com.

二、国家农业开放发展综合试验区落地潍坊

潍坊是我国农耕文明的重要发祥地、农业产业化的发源地、"三个模式"（即贸工农一体化的"诸城模式"、农业产业化的"潍坊模式"及蔬菜产业化的"寿光模式"）的诞生地。为进一步创新提升"三个模式"，2018年8月31日，国务院批准设立国家农业开放发展综合试验区（以下简称国家农综区或农综区），由国家农业农村部和山东省政府共同组织实施。

国家农综区是全国第一个以农业为特色的国家对外开放综合试验区，是山东省新旧动能转换3+1引领工程，目标是将之打造成为全国农业开放发展引领区、农业科技创新先行区、农村一二三产业融合发展示范区。2020年，潍坊市级财政拿出5000万元专项资金用于国家农综区建设，省级财政给予1亿元支持其发展。国家农综区涵盖潍坊全域，分为核心区和辐射区，核心区面积120.9平方千米，其中，中国食品谷片区111.32平方千米，潍坊保税区北区片区9.58平方千米；核心区以外的区域为辐射区。核心区主要搭建农业科技研发、集成创新和成果转化的高端平台等，打造农业新旧动能转换的核心试验区；辐射区主要承接核心区先行先试成果，与核心区配套联动。

第二节　国家农业开放发展综合试验区建设的基础优势

一、良好的区位优势和资源禀赋

潍坊市良好的区位优势和资源禀赋突出表现在以下几个方面。

第一，良好的区位优势。潍坊市地处山东半岛中部，地形以平原和低缓丘陵为主，北临海，南有山，属于暖温带季风区，具有适合农林牧渔多类型农业发展的良好地理、气候条件，自古以来就是农业生产比较发达的地区之一。全市陆地总面积1.61万平方千米（2415万亩），其中耕地面积1169万亩，占陆地总面积的48.4%，基本农田1036万亩，占耕地面积的88.6%，是全国粮食作物、水产品的重要产区和蔬菜、畜产品的主产区。

第二，潍坊农业和农村在整个经济体系中占有较大比重。2017年年底，全市农业总产值达4 759 939万元，占全市GDP比重8.13%；农业增加值达3 041 601万元，占全市GDP比重5.19%，高于全国平均水平。2017年年末，乡村人口为479.9万人，占全市总人口的52.85%。潍坊市的农业发展历程，是中等城市和小城镇带动大农村发展的典型代表。

第三，良好的发展契机。《全国现代农业发展规划（2011—2015年）》将黄淮海平原列为重点推进区域，将环渤海定为率先实现区域，潍坊正处于两大区域的中心地带。潍坊市全域列入了山东半岛蓝色经济区国家战略，下辖的寒亭区、寿光市、昌邑市是黄河三角洲高效生态经济区国家战略的重要组成部分。地处国家现代农业发展规划重点区、先行区，同时具有"蓝黄两区"国家战略叠加，为潍坊加快实施农业现代化带来了得天独厚的优势条件。

二、坚实的农业产业化发展基础

基于多年的发展积累，潍坊农业具有以下突出特点。

第一，优势产业突出。农林牧渔各类产业均在全国具有重要位置，其中蔬菜、畜产品优势尤为明显。全市蔬菜出口总量占全省的23.5%、全国的近1/8，禽肉出口货值占全省的27.8%、全国的近1/8，已成为全国重要的蔬菜和畜禽生产、加工、出口基地。

第二，种植养殖水平较高。全市农业科技示范园区144个，标准化养殖园区3460个。优质农产品基地达到600万亩，标准化种植区达500万亩，园区化经营面积214万亩，分别占总耕地面积的51.3%、42.8%和18.3%。全市优质农产品品牌1604个，有1290个农产品取得无公害、绿色和有机食品认证，认定"三品"基地552万亩。

第三，农产品加工企业规模大，市场竞争能力强。全市规模以上农业龙头企业已发展到3100家，实现年销售收入1720亿元，国家级和省级农业重点龙头企业分别为12家和95家，重点龙头企业数量居全省首位。全市农产品加工转化率达68%，拥有诸城外贸、诸城得利斯、昌乐乐港、昌邑新昌等一批品牌企业，形成了千亿级的畜产品加工产业链条，基本形成了有主导产业就有龙头企业带动的发展格局。

第四，农产品商品率高。全市有各类农产品交易市场162处，其中年交易额过亿元的有26处。寿光蔬菜、昌乐西瓜、安丘姜蒜等十大产地批发市场，年交易额都在10亿元以上，其中寿光蔬菜批发市场年交易额30多亿元，蔬菜电子交易市场交易额300多亿元，是全国最大的蔬菜交易中心、价格形成中心和信息交换中心。

第五，农业发展水平在全国处于领先位置。2019年潍坊市农民人均可支配收入达 20369 元，比全国平均水平高 5075 元。全市综合农业机械化率达到 92.3%，居全省领先地位；农业科技进步贡献率为 65%，高于全国 7.5 个百分点。

三、持续不断的农业创新探索

潍坊市委、市政府历来高度重视改革创新，一直将其作为实现经济社会发展目标任务和思路举措的重要支撑和保障之一。2009 年，潍坊市被评为全国十大最具创新力城市；2018 年，潍坊市成功获批建设国家创新型城市。

自 20 世纪 80 年代开始，潍坊在农村先后实施了商品经济大合唱、"贸工农"一体化等一系列改革，农民开始分工分业，各种专业化大量涌现，农业产业化开始萌芽，潍坊农业生产得到迅速发展。20 世纪 90 年代初，潍坊市在全国率先开展了中小企业股份制改造，1993 年年初在全国率先提出了"确立主导产业，实行区域布局，依靠龙头带动，发展规模经营"[1]的农业产业化新战略，以及"农工商、林工商、牧工商、渔工商、商粮供相结合"等产业发展思路[2]，农业产业化开始发育和形成。2001 年，财政部、原农业部等八部委在潍坊市召开全国农业产业化现场经验交流会议，推广潍坊经验。2008 年年底，山东省委、省政府将潍坊市确定为深化经济体制综合配套改革试点市，潍坊市以综合配套改革试点为契机，推动了农业农村改革的不断深化。

第一，农村生产经营制度不断创新。潍坊市积极探索发展农民专业合作社联合社、土地股份合作社、经济专业合作社等新型农村合作经济组织[3]，截至 2019 年 7 月底，全市共发展农民专业合作社 27 785 户，大大提升了农民的组织化程度。

---

[1] 宋丽莉.改革开放以来山东省潍坊农业的发展历程及启示[J].北京农业，2011（15）：184.
[2] 王岩.潍坊市现代农业发展研究[D].泰安：山东农业大学，2014.
[3] 吴成昆.江西农村青年致富带头人胜任力模型构建及应用研究[D].南京：南京航空航天大学，2017.

第二，农村产权制度改革取得较大进展。潍坊市对农村土地承包经营权、农村宅基地使用权、农村集体资产股权、集体林权确权登记颁证，明晰产权，促进流转。全市26个村开展农村土地承包经营权确权登记试点，集体林权证到户率达到95%以上，农村宅基地使用权证发放159万多本，有611个村完成了农村集体资产股份制改造。截至2019年年底，全市农村土地承包经营权确权登记颁证、农村集体资产改制基本完成。

第三，农产品质量安全保障体制不断完善。潍坊市创造了农产品质量安全的"安丘模式"，并在全国进行推广[1]。进一步健全农产品质量安全管理体制，建立健全县、乡、村三级监管体制和县、乡、基地（市场）三级检测网络，提升基层监管水平，真正让监管力量下沉到生产第一线。加强对农药等化学投入品的监管和控制，落实农药市场准入和经营许可制度，建立农药全程可追溯信息平台，推广投入品集中施用模式，从源头上管控农产品质量安全隐患。进一步健全农产品质量标识制度，推广农产品电子标签（追溯码）制度，加强农产品质量追溯体系建设，发挥好价格信号的作用。按照从增产导向转向提质导向的要求，加大对农产品质量安全基础性工作的投入，进一步加强产地环境建设，支持产后处理设施的建设与升级改造，推进农产品生产、加工、流通的标准化。

第四，农村金融体制改革不断深化。潍坊市、县两级农村合作金融机构已全部改制为农村商业银行，农村资金互助社、小额贷款公司、村镇银行等新型农村金融机构得到快速发展，全市分别发展到448家、45家和5家，数量居全省首位。在全国率先开展了农村土地承包经营权、集体林权、农村住房、蔬菜大棚、海域使用权等抵押贷款，累计发放贷款38.3亿元。

第五，农村基层治理机制不断创新。按照"多村社区"模式，全市规划建设了906处农村社区，探索了村企共建、易地搬迁等不同形式的农民集中居住区建设模式，为创新农村基层治理机制创造了条件。先行试点的诸城市撤销了

---

[1] 刘曙光：加快推进农业现代化[EB/OL].长征. http://blog.sina.com.

所有行政村，选举产生社区党委和居民委员会，实现了以行政村为单元的传统社会管理向以社区为单元的现代社会管理转变，以社区化发展的新成效推进了新型城镇化进程。

第六，城乡一体的公共服务机制不断完善。潍坊市依托农村社区平台，在社区中心村建设社区服务中心，推动医疗卫生、社区警务、灾害应急、生态环卫、文化体育、人口计生、就业社保、社区志愿者等公共服务进社区，打造起"2公里·半小时公共服务圈"。实施了中小学标准化建设工程，探索了联盟化办学，通过政策引导城区优质教育资源向农村流动，带动农村教育水平提升。推动市、县、镇、村（社区）医疗机构纵向联合组建医疗联合体，促进了城市大医院优质医疗资源下沉。实行城乡环卫一体化管理，环卫一体化覆盖率达到70.2%，让农村居民享受到与城市居民一样的环境保洁服务。

四、成熟的农业改革推进机制

潍坊市农业改革推进机制不断成熟，体现在以下几个方面。

第一，建立了高规格的组织领导体系。成立了由市委书记任第一组长、市长任组长、常务副市长任常务副组长、分管市级领导任副组长、市直部门主要负责人为成员的市改革试点工作领导小组，并分别成立了6个重点领域改革试点工作领导小组，组长全部由市委常委或副市长担任，负责推进各重点领域改革的试点工作。

第二，组建了直属市政府、专职从事改革试点的工作机构。专门成立了市综合配套改革办公室，作为市改革试点工作领导小组的办事机构，负责统筹协调、督促推进综合配套改革试点工作。

第三，实行了项目化管理。把改革试点任务具体化为年度改革项目，对重点改革项目实行市级领导包靠责任制，采取一个重点项目、一个市级领导、一个牵头部门、一个工作班子的推进模式。将改革试点项目列入市委、市政府工作督查重点，建立改革项目台账，实行月调度、季通报、半年督查、年终考核，从机制上保障了改革试点任务落到实处。

第四，建立了改革试点工作考核表彰机制。专门制定综合配套改革试点工作考核办法，纳入县市科学发展综合考核和市直部门年度绩效考核成绩。将改革试点工作列入市委、市政府年度综合表彰序列，对工作成绩突出的县市区和市直部门在全市表彰奖励大会上予以表彰。

第五，营造了全方位支持改革试点工作的氛围。潍坊市政府已与13个省直部门签订了改革试点厅市合作协议，争取了省直部门的大力支持。市人大常委会为支持改革试点专门作了决议，监督改革试点工作的实施。

潍坊多年来的农业发展实践证明，只要抓住时机，大胆创新，完全可以在一些重点领域和关键环节率先取得突破，率先走向农业开放发展的道路，为全国提供示范和借鉴。

第三节 乡村振兴"潍坊模式"的积极探索

近年来，潍坊市各级政府认真贯彻落实中央和山东省关于做好"三农"工作的一系列决策部署，确立了适合本地特点的现代化农业发展思路，坚持"四化"开发促进农业转型升级，在农村积极推行"一改二动三集中"，推动了传统农业向现代化农业的转型，开启了乡村振兴"潍坊模式"的发展道路。

一、积极发展现代化特色农业

（一）加强农业基础设施建设，改善现代农业生产条件

强化农业基础设施建设，是推动农村经济发展、促进农业和农村现代化的重要措施之一[①]。潍坊市狠抓农田水利建设，全市建成万亩以上灌区69处，其中30万亩以上的大型水库灌区5处，建成固定扬水站525处、机电井47.64万眼，已发展有效灌溉面积818万亩，建成"旱能浇、涝能排"高标准农田705万亩，发展各类节水灌溉面积400万亩。

全市农业机械化水平不断提高，截至2019年年底，全市农机总值达到94亿元，农机总动力达到1021万千瓦，其中拖拉机17.9万台、联合收割机2.6万台，全市农作物耕种收综合机械化水平达到92.3%，居全省领先地位。全市落实农机购置补贴资金1.59亿元，已在工商部门注册的农机专业合作社达到633个，经济作物生产机械化推广示范基地达到38个，聘任的市特邀农机技术推广员达到305名，示范推广效果明显。农机化在高级阶段上实现了科学发展，为潍坊市实现粮食"十二连增"、农民快速增收和农业现代化建设做出了重要贡献。

（二）健全现代农业产业体系，促进农业产业化发展

潍坊市农业优势产业突出，农林牧渔各类产业均在全国具有重要位置，其中蔬菜、畜产品优势尤为明显。王岩研究指出："我市已构建起以蔬菜、畜禽、粮食、果品、花卉、苗木等高效产业为主导产业集群，以发达的农产品加工业为支撑的现代农业产业体系"[②]，农业现代化进程加快。

[①] 文锦菊,李跃军,吴胜锋.关于永州市耕地抛荒情况的调查研究[J].湖南行政学院学报,2012（5）：66-71.

[②] 王岩.潍坊市现代农业发展研究[D].泰安：山东农业大学，2014.

2019年,潍坊市农民工资性收入3251元,比去年增长6.8%;农村居民经营净收入2417元,比去年增长10.0%;农民人均可支配收入达20 369元;全市人口城镇化率达到62.18%。目前,全市已建成物联网基地10多处,智能化大棚3万多个,打造了一批智能、精准、高效、绿色农业应用示范基地和示范园区。农业产业化发展使得潍坊市农产品结构不断优化、产品质量不断提高。预计到2021年,潍坊市将集成发展一批融新技术、新产业、新业态、新模式于一体的农业"新六产"基地,智慧农业取得突破性进展,农业科技进步贡献率将达到70%以上。

(三)培植特色农业产业,建设高标准现代农业示范园区

潍坊市大力培植特色农业产业,形成了一批规模化种养基地、企业集群和加工园区。2014年全市新建国家级蔬菜、水果标准化生产示范园区20处,国家级现代农业示范区1处,省级3处,新创建农产品质量安全示范园区50处;市财政斥资金1250万元发展现代农业产业园区100处,对生态循环农业园区50处、休闲农业园区40处和智慧农业示范园区10处进行奖励和支持,鼓励全市涉农企业和农业合作社积极发展现代农业产业园区,加快推进全市农业产业提质增效。截至2014年年底,潍坊市获批建设的国家级农业标准化示范区(市)已达45个,其中42个通过了验收,获批数量和通过验收数量均居全省第一位。

2019年,全市新增国家级产业强镇2个、龙头企业2家,省级田园综合体3家、现代农业产业园3个、"新六产"示范县2个。目前,全市有国家现代农业示范区、国家农业产业化示范区、省级现代农业示范区各1个,国家级园艺标准园14个;规划建设现代农业示范园区共985个,在建各类现代农业园区269个。潍坊市全力打造"中国食品谷"项目建设,"中国食品谷"总部大厦一期工程规划已完成并投入运营[①]。目前,潍坊市已基本形成以现代农业示范园区为引领,以优质农产品生产基地为主体的安全、优质、高效、品牌化的农

---

① 2013年潍坊市现代农业发展情况[EB/OL].2014-06-19.http://www.360doc.com.

业发展格局。

（四）建设现代农业市场体系，积极开拓农产品市场

潍坊市初步构建起了现代化大市场、大流通的新格局，农业发展水平在全国已处于领先地位。寿光蔬菜、诸城水产等骨干批发市场已成为江北乃至全国最大的农产品集散中心[①]，潍坊中凯农产品冷链物流交易中心以鲜活农产品为主营，年物流量达到70万吨，年交易额达到104亿元。齐鲁农村产权交易中心已投入运营，东亚畜牧产品交易平台也获准筹备，潍坊市成为国家境外活体畜牧产品进口的重要口岸。

潍坊市还与120多个国家和地区建立了稳定的农产品贸易关系，已成为全国重要的蔬菜和畜禽生产、加工、出口基地。目前，全市农业龙头企业与全国200多个大中城市农产品市场及大型消费机构开展了直供直销、连锁配送等业务，其中北京、上海、深圳、广州等60多个大中城市的200多家农产品批发市场到潍坊的优质农产品基地挂牌，实行直供直销[②]。农产品市场的有效拓展，极大地促进了潍坊市现代化农业的发展。

（五）以品牌农业为引导，实现农业产业化、标准化和品牌化的有效结合

潍坊市近年来把提高农产品质量、创建农业品牌作为发展现代高效农业的重点，按照"区域布局更加合理、产业特色更加鲜明、产品质量更加优良、品牌优势更加突出"的原则，筛选部分龙头企业进行重点扶持，集中建设一批具有区域特色的农产品质量安全生产示范园区，大力发展无公害农产品、绿色食品和有机食品等优质农产品品牌，通过"龙头企业+基地+农户"的组织形式，实现农业产业化、标准化和品牌化的有效结合。

---

① 郭峰. 潍坊市农业转型发展问题研究[D]. 泰安：山东农业大学，2015.
② 王岩. 潍坊市现代农业发展研究[D]. 泰安：山东农业大学，2014.

截至2019年，全市已建成国家级"一村一品"特色示范村镇11个、省级21个，"三品一标"基地发展到552万亩，"三品一标"品牌1219个，成功打造了昌乐西瓜、寿光鸡、昌邑生姜、寿光蔬菜、青州银瓜、马庄草莓、龙须茄子、新蜜甜瓜、贤河白菜、栗园板栗、颖青绿茶等一大批农产品品牌，产生了良好的品牌带动效应。品牌农业有力地推动了现代高效农业的发展，促进了农民增收。

（六）健全现代农业科技服务体系，创新现代农业生产经营制度

潍坊市政府出台了《关于加快培育农业"新六产"推动现代农业发展的实施意见》，全市进一步推行农村新型能源建设、新型农民培育以及大力发展农民专业合作组织，农业科技创新能力明显增强。同时，积极探索发展新型农村合作经济组织[①]，全市农民专业合作组织数量、规模和发展水平在全省均处于领先地位。截至2019年7月底，全市注册登记农民专业合作社27785户，其中国家级合作社示范社57家、省级297家、市级719家。新型农村合作经济组织的发展，进一步推动了农业的标准化生产和规模化经营。

二、积极推进农业生态化建设

目前，由于农业生产深受工业化发展的影响，在大幅度提高产量的同时，会出现农业生产本身因过量的工业品投入而带来的农产品不安全问题。为此，国家从2007年开始转变发展指导思想，正式提出将生态文明建设作为新的发展战略。潍坊市积极响应国家号召，近几年大力推行农业生态化、社会化建设，在源头上形成有效的农产品质量安全把控。

---

① 中共中央关于推进农村改革发展若干重大问题的决定[J]. 资源与人居环境,2008（21）：12-19.

（一）构建农业标准化体系，完善农产品质量安全保障体制

近年来，潍坊市把推行农业标准化作为增强农业核心竞争力的重要措施，不断健全现代农业标准化体系[①]。截至 2019 年 7 月，潍坊市已有昌乐西瓜、寿光鸡等 28 个产品获得了国家地理标志保护，位居山东省首位；全市企业共获得无公害产地认证数量 352 个，占全省的 16.73%，无公害产品认证数量 317 个，占全省的 18%，均居全省首位。潍坊市在全国率先探索推行了农药经营登记备案制度和高毒农药定点经营制度，基本实现了瓜菜主产区的全覆盖，农产品质量安全区域化建设已覆盖全市 85% 的种养区。

（二）采用食品安全全产业链监管模式，保障全产业链食品质量安全

"安丘模式"已成为食品安全全产业链监管的典范，先后有 7 种农产品被认定为国家地理标志产品，282 种农产品达到"三品一标"标准。李延东研究指出，"安丘在食品产业链前端执行源头控制，建立食品质量安全追溯体系"[②]。

其全产业链监管主要体现在以下方面。一是明确领导主体，完善管理机制：成立市级食品安全管理办公室，建立包含农安和质监等部门参与的领导小组，建立以龙头企业为主体的食品信息交换系统以及食品追溯体系。二是完善质量标准，实现规模化标准化生产：实施产品标准与国际标准接轨，建立规模化生产基地，推广实施生产标准化。三是控制化学投入品，健全控制管理体系：进一步整顿治理化学投入品市场，改善经营模式，对生产企业实行备案准入制度及建立规章制度。四是加强技术指导，健全科技服务体系：进一步完善基层科技服务组织，加强技术培训，拓展技术服务渠道。五是完善检测监控体系，确保食品质量安全：进一步完善政府检测体系，在企业建立食品安全检测中心及实行网络全程监控。

---

① 王岩. 潍坊市现代农业发展研究[D]. 泰安：山东农业大学，2014.
② 李延东. "安丘模式"的启示[N]. 中国工业报，2013-12-18.

（三）构建食品安全闭环体系，保证食品产销全程质量可控

为解决农产品和食品生产流通过程中存在的标准化生产难、价格波动大、优质优价难、检验检测难等问题，潍坊市在"中国食品谷"项目的实施中，在农产品和食品安全方面引入全程质量控制理念，努力构建农产品和食品安全闭环体系。

其一，狠抓源头治理，健全农产品质量可追溯体系，着力解决"管得好"的问题。目前已整合政府监管平台、农产品生产基地管理平台、农产品物流配送中心及销售点的追溯查询系统，逐步实现了农产品产、购、储、运、售全链条可追溯，逐步建立了全市统一的农产品质量追溯体系。其二，狠抓标准化生产，创新农业经营方式，着力解决"种得好"的问题。为此，在全市加快了土地流转步伐，发展规模化经营，并积极培育筛选新型农业经营主体，逐步扩大生产经营范围。其三，积极搭建综合交易平台，创新农产品交易方式，着力解决农产品"卖得好"的问题。建立健全不同层级和品种的交易所，逐步形成服务全国的农产品信息中心及价格发现中心。

三、全面推进城乡统筹发展

根据潍坊市建设局相关信息，近年来，潍坊市按照"四化同步、五位一体、全面建成小康社会"的战略部署[1]，有序推进农业转移人口市民化。2014年潍坊市常住人口达到924.72万人，城镇化率达到53.57%；2019年全市常住人口达到935.15万人，城镇化率达到62.18%。潍坊市正努力走出一条城乡统筹、产城融合、环境友好、社会和谐的城镇化发展道路，为加速推进现代化农业建设提供了可靠保障。

---

① 侯江宏，赵欣波.因势利导释放"磁场效应"[N].潍坊日报，2014-07-28.

（一）优化区域发展布局，完善城乡层级体系

统筹推进新型城镇化是一项复杂的系统工程，潍坊市通过大力实施"1860600"发展战略，初步构建起市、县、镇、农村社区层次分明的四级城镇化体系。中心城市建设以增强综合实力和辐射带动能力、逐渐向现代化大城市迈进为目标；县级城市发展以提升县域经济综合实力、强化打造优势产业为目标，逐步形成与中心城市分工互补、县市之间错位发展的格局。2019年，寿光、诸城、青州、高密4个县市入选全国"百强县"，其中寿光市位列全国"百强县"第37位、诸城市位列第41位。潍坊市小城镇建设坚持走差异化、特色化发展道路，努力成为服务农业现代化、承接城市产业转移、就近转移农村人口的重要平台，一批功能各异、宜居宜业的特色小城镇成为亮点。新型农村社区建设以完善公共服务体系、搞好基础设施延伸和配套建设为重点，充分发挥其推进城乡一体发展、实现城乡公共服务均等化的基础单元作用。

（二）着力打造小城镇样板，带动小城镇快速发展

小城镇是城乡统筹的基础关键节点，潍坊市小城镇整体上规模小、实力弱、载体功能支撑不足，是最需要强化的短板。目前，潍坊市有20多个基础较好、实力较强的小城镇建设示范镇，还有一批具有明显资源优势和特色发展潜力的小城镇。为充分发挥这些小城镇的示范引导作用，潍坊市积极采取扶持措施，继续实施强镇扩权，并结合小城镇的资源条件和发展情况，着力打造以下四类小城镇样板。

一是强势产业主导型样板，如青州黄楼、诸城昌城、昌邑柳疃、高密夏庄等，依托花卉、食品加工、纺织等主导产业，打造强势产业主导型小城镇；二是旅游目的地型样板，如安丘辉渠、临朐沂山、青州庙子等，依托丰富的旅游资源，打造特色旅游小镇；三是县域副中心型样板，如寿光侯镇、昌乐红河、安丘景芝、临朐辛寨等，依托优势地理位置、较好的配套设施和产业基础，打造县域副中

心型小城镇；四是都市能量交换型样板，如坊子九龙、潍城军埠口、青州弥河等，依托良好的城市近郊优势和生态资源，打造都市游憩小镇。

四类样板镇的重点突破，为小城镇发展提供了很好的示范。2014年，潍坊市临朐县、昌乐县、青州市、诸城市、寿光市、安丘市、高密市、昌邑市共有16个镇入选全国重点镇，带动了全市小城镇快速发展。

（三）积极推进农村新型社区建设，打造美丽家园

潍坊市不断完善现代农村公共服务机制，积极推动经济以非农产业为主、人口达到一定规模的乡村建设农村新型社区。2014年全市共建成新型农村社区147个，完成村容村貌整治村庄1000个，完成农村危房改造2000户。2019年，青州市东坝社区等70个社区成为2019年度潍坊农村新型示范社区。自2018年起，潍坊将利用三年时间，创建200个农村新型示范社区，打造农村"三生三美"示范工程，推动城乡融合发展。

第四节　国家农业开放发展综合试验区的建设内容

一、积极推进农业创新，助推国家农综区高质量发展

为推动国家农综区高质量发展，潍坊市重点从九个方面进行改革创新。

（一）创新发展农业经营体系

潍坊市农业产业化发展当前存在的主要问题：其一，农业产业组织化程度

不够高,导致其市场竞争优势不大,制约着现代农业产业化的发展。其二,农业龙头企业带动力不够强,且大都是从事粮食、畜禽加工等传统农产品加工,带动农民增收致富能力不强,制约了现代农业规模化的发展。其三,以市场为导向、种养加一条龙、贸工农一体化的现代农业格局尚未真正形成,农产品的附加值和农业比较效益较低。

农业经营体系创新的重点是规划建设"中国食品谷",以"中国食品谷"带动农产品加工企业、种养殖基地和园区集群化发展。"中国食品谷"涵盖整个潍坊市市域范围,主要是在潍坊市城区北部规划建设"中国食品谷"核心功能区,并分别规划建设寿光蔬菜种子谷、诸城肉类食品谷、安丘出口农产品标准化基地和峡山有机农产品生产加工基地等外围功能区。核心功能区主要定位于打造"五个中心",即:高端食品企业总部中心、食品产业创新研发中心、食品产业物流中心、食品产业交易中心、食品检验检测中心。目标是努力把"中国食品谷"打造成面向全省、辐射全国、走向世界的高端优质绿色食品研发、物流和生产基地[1],使潍坊成为优质、安全、放心食品的领跑者。

(二)创新发展农村经济组织

潍坊市农村经济组织发展当前存在的主要问题:长期以来,基于我国传统的小农经营模式,潍坊市部分地区由于广大农户小农意识严重,习惯于各自为营的经营方式。农民专业合作经济组织的覆盖率还比较低,农民的组织化程度偏低,生产规模小,生产成本高,信息不对称,抵御市场风险能力弱,在竞争中处于弱势地位。

农村经济组织创新的重点是推动农村合作经济组织的发展,大力发展经济专业合作社(集体统一经营层面)、土地股份合作社(家庭承包经营层面)以及农民专业合作社(个体农业生产层面)[2],目标是推动农业生产经营向"户

---

[1] 刘曙光:深化农业现代化综合配套改革 [EB/OL]. http://wf.people.com.
[2] 刘曙光:深化农业改革 激发农村活力 [EB/OL]. http://news.ifeng.com.

必入社、业必归会"的方向发展。

（三）创新发展农产品质量保证

潍坊市农产品质量安全当前存在的突出问题表现在：部分地区生产方式落后造成行业自律作用发挥不力，公共信息服务体系和质量信号传递机制建设滞后，监管机制有待于加强和完善；政府职能未能有效发挥，基层监管还存在较多薄弱环节，农药兽药等化学投入品管理仍存在较多问题；农产品生产和流通环节高度分散，流通领域管控能力薄弱，加大了质量安全监管难度。

农产品质量创新的重点是：其一，建立农业化学投入品登记备案制度，建立信息化管理平台，对高毒农业化学投入品实行连锁经营、定点销售。其二，整合各级公益性农业检验检测机构，提升检测能力和水平。以企业为主，引入市场化机制，发展第三方检验检测机构。其三，完善农产品质量安全执法体系，在农业执法领域实行部门联合执法的基础上，借鉴城市管理的经验，探索在农业领域实行相对集中的行政处罚权改革。

（四）创新发展现代农村金融

潍坊市现代农村金融发展当前存在的主要问题：农村金融机构实力弱，服务水平不高，缺乏竞争力；农业生产风险大，农民缺少抵押物导致贷款难。

现代农村金融创新的重点包括以下几个方面。

其一，深化完善农村合作金融机构银行化、股份化改革，提升服务"三农"能力。

其二，发展更具活力的新型金融机构和资金互助组织。重点扩大村镇银行、小额贷款公司试点范围。探索发展农村资金互助组织，通过财政支农资金资助等方式，以村或农民专业合作社为单位开展农村资金互助合作。

其三，继续扩大农村有效抵押物范围。大力推行农村土地承包经营权等用益物权抵押融资，将抵押物范围扩大到林权、海域使用权、旅游景点承包经营权、商铺经营权、知识产权及商标专用权等8大类22项，完善农村担保体系，使农民有更多的贷款抵押选择途径。建立政府性偿贷风险补偿基金，降低银行业务风险。

其四，成立潍坊市民间借贷登记服务中心。引入民间借贷中介机构和配套服务机构，形成民间借贷服务市场，为民间资金供求双方进行直接借贷交易提供登记、公证、评估等综合服务。

（五）创新发展农业科技

潍坊市农业科技发展当前存在的主要问题：农业科技研发主体单一、投入不足；企业主体、农民获取科技信息渠道不畅通，农业科技贡献较低。

农业科技创新的重点包括以下几个方面。

其一，健全公益性科技研发推广机制。完善集科技网站、诊断视频、咨询电话、现场服务为一体的农业科技"110"系统，打造公益性农业科技信息服务平台。

其二，创新农民培育机制，探索实行"培训券"制度，把培训选择的自主权交给农民；鼓励龙头企业、农民专业合作组织开展农民培训。

其三，建立市场化的农业科技研发应用机制。制定支持政策，鼓励农业龙头企业建立研发机构，进行科技创新。围绕支柱产业，组织生产企业、科研机构、高等院校等组建技术创新战略联盟，形成农科教结合、产学研一体的农业科技创新体系[①]。创新种苗产业培育机制，建设市级"综合种质资源库"，支持农业骨干企业开展商业化种苗研发。加快中国（寿光）蔬菜种子产业基地项目建设，努力形成蔬菜良种研究、繁育、加工、销售一条龙的新格局。

（六）创新发展农村产权制度

潍坊市农村产权制度当前存在的主要问题：农村主要经济要素权属不够明

---

① 刘曙光：深化农业改革　激发农村活力[EB/OL]. http://news.ifeng.com.

确，土地权能受到限制，资源配置效率较低。农村土地流转不够完善，规模化经营程度不够高。部分地区存在分散的农耕模式和小农意识，在一定程度上阻碍了农村土地流转和农业规模化经营的发展进程。

农村产权制度创新的重点是明晰产权关系、促进要素流转，完善农村市场经济体制，激发农村活力。具体包括以下几个方面。

其一，加快农村集体资产股份制改造，把集体资产折股量化到集体成员，发展股份公司或经济专业合作社，完善法人治理结构和监管机制，保护农民合法权益，确保集体资产保值增值。

其二，大力推进农村集体土地所有权、农村集体建设用地使用权、农村宅基地使用权确权登记颁证。开展农村土地承包经营权确权登记颁证，试行农村土地承包经营权长久不变。

其三，建立农村产权流转交易平台和集体资产资源公开招投标制度，探索农村土地（林地）承包经营权、海域使用权等用益物权流转新渠道。

（七）创新城镇化发展机制

潍坊市城镇化发展当前存在的主要问题：作为城镇化末端的镇，处于行政体系的最底层，审批权、财权和用人自主权等受到很大制约，镇域经济内生动力不足，产业发展缓慢，吸纳农民能力有限，严重影响了农村城镇化进程。

城镇化发展创新的重点是通过加快小城镇建设，走农民就近市民化的道路。具体包括以下几个方面。

其一，创新镇域发展体制。按照"能放则放"的原则，加大扩权强镇力度，增强镇级发展自主权。大力发展区域重点镇，探索用开发区模式来推动小城镇发展。配强领导班子，科学设置内设机构。在财政、金融、土地等方面实行支持政策，鼓励加快发展，为其他小城镇发展提供样板。

其二，创新集中居住区建设方式。在充分尊重群众意愿的基础上，积极推进农村社区集中居住区建设。利用城乡建设用地增减挂钩政策，使级差地租更多地用于安置农民,降低农民搬迁新居和居住的成本。创新集中居住区建设方式,探索政府主导、市场化运作的多元化投入机制。通过集中居住区建设,把城镇化的末端由城镇延伸到社区。

其三,积极推进户籍制度改革。结合农村产权制度改革,让农民带着权益进城,同时享有与城镇居民同等的公共服务保障。对自愿退出宅基地和承包地的农民,制定相关的退出机制和补偿办法,解除农民向城镇转移的后顾之忧。

(八)创新发展农村社会管理

潍坊市农村社会管理当前存在的主要问题:其一,乡村治理发展还很不平衡,村民自治发展中尚面临困境,存在管理上的越位和缺位。一方面,出现乡镇政府过度干预村委会工作现象;另一方面,农民的政治素质和政治能力普遍欠缺,加剧了村里事务"一言堂"、专制决策的现象。其二,部分地方干群关系紧张,影响了农村的稳定和发展。

农村社会管理创新的重点包括以下几个方面。

其一,建立以农村社区为单元的新型治理机制。健全以党组织、自治组织、社会组织、经济组织、公共服务机构为重点的农村社区组织体系,完善党组织领导下的农村社区自治机制[1],全面推行社区党务、社区自治事务、社区财务和社区服务的"四务公开",实行社区事务党委(总支)初议制、联席议事制、事务决策听证制、事务公开办理制和社区民主评议制的"五制管理"。

其二,建立市县两级市民投诉集中受理中心。以信访局为主体,成立市民投诉服务中心,对派驻人员进行统一管理。规范办理流程,建立监管评价体系,形成统一受理、办理快速、监督有力、服务到位的投诉办理机制,畅通群众诉求渠道。

---

[1] 刘升勤.新型城镇化发展的资源统筹与配置机制研究:以山东省潍坊市为例[D].青岛:中国海军大学,2016.

（九）创新发展农村公共服务

潍坊市农村公共服务当前存在的主要问题：城乡公共服务制度和政策不统一，服务水平不均衡。

农村公共服务创新的重点包括以下几个方面。

其一，健全农村社区化公共服务机制。完善社区公共服务中心功能，建立农村社区信息化管理系统，实现农民需求一站式办理。建立社区工作人员、经费的长效保障机制，探索实行"政府购买岗位、社区聘用人员"的用人机制和"权随责走、费随事转"的农村社区事务承办机制。

其二，推动社会事业城乡统筹发展。推进学校发展共同体、集团化办学、组建教育联盟等办学改革，建立各类教育资源向农村学校和城镇薄弱学校倾斜的机制。依托医疗联合体，加快形成"分工合作、分级诊疗、上下联动"的医疗服务模式，加快提升基层医疗卫生水平。创新基层公益文化事业发展机制，运用市场化机制，在镇驻地打造文化综合服务广场，完善小城镇功能。

其三，实现社会保障的城乡一体化。整合管理经办机构，加快建立城乡一体的居民基本医疗保险制度。努力创造条件，不断提升覆盖全部城乡居民的社会养老保险水平。

二、国家农业开放发展综合试验区高质量发展建设目标

在推进国家农综区高质量发展的进程中，潍坊市将充分发挥自身农业产业优势，积极开展先进技术成果推广应用，聚焦智慧农业主题，推进一批农业科技成果转移转化，支撑和服务地方经济高质量创新发展。

国家农综区高质量发展的建设目标：在推动重点平台和项目以及园区建设的基础上，大力推广水肥一体化、饲养标准化、废弃物循环利用等技术，优化

种植养殖结构，规划建成一批生态循环农业基地，推动农业可持续发展[①]。同时，利用国内外农业科技资源，搭建设施农业、节水农业等技术转移平台，推进农业技术装备精细化、智能化[②]。

在国家农综区今后的建设中，潍坊市将加强信息共享和市场引导，将合作社、家庭农场和益农信息社作为桥梁纽带，搞好产销信息对接，进一步畅通"绿色通道"，建立完善"菜篮子"产品稳产保供长效机制。同时，潍坊市按照国家农综区"三区"定位，把2020年确定为国家农综区"重点突破年"，着力突破核心区、协同推进辐射区、统筹建设农综区，奋力打造全国农业开放发展新样板。特别是以发展智慧农业为主题，把技术推广和应用示范与复工复产、扩大内需相结合，以重点项目园区和高端平台建设为支撑，着力打造农业科技创新先行区。

三、国家农业开放发展综合试验区高质量发展建设重点

国家农综区高质量发展的建设重点主要包括以下内容。

（一）着力抓好八大平台建设

着力抓好八大平台建设，具体内容如下。

第一，加快北大现代农业研究院建设。北大现代农业研究院总投资5.6亿元，占地300亩，建筑面积71 860平方米，按照国家工程技术研究中心和国家重点实验室的建设标准，建成不少于20个世界前沿实验室，拥有300~500名科研及管理人员组成的国际一流团队。2020年，潍坊市加快推动北大现代农业研究院尽快投入运行，开展现代农业领域原创性基础研究和应用开发研究，通过基础研究与应用研究相结合，加快应用生物与现代农业技术研发，促进科技成果转化。

[①] 潍坊国家农业开放发展综合试验区总体方案[EB/OL].https://wenku.baidu.
[②] 潍坊国家农业开放发展综合试验区总体方案获批[EB/OL].http://sd.ifeng.com.

第二，推进全国蔬菜质量标准中心建设。全国蔬菜质量标准中心由农业农村部和山东省人民政府共建，围绕蔬菜产业链涵盖的新品种选育、种苗繁育、防治技术、投入品、蔬菜设备、产品追溯、社会化服务等环节，建成达到国际先进水平的质量评价中心、标准体系建设中心、国家品牌培育中心和信息交流中心，推动农业高质量发展。2020年，完成《日光温室全产业链管理技术规范》（辣椒、茄子）2项行业标准，加强日光温室番茄、黄瓜2项全产业链行业标准的推广应用。今后将加快推进品质认证，完成全国蔬菜质量标准中心信息平台建设，开展蔬菜质量安全评估和预警工作，服务粤港澳大湾区"菜篮子"建设，推动实现粤港澳大湾区"菜篮子"生产基地标准化。

第三，加快推进中国（潍坊）食品科学与加工技术研究院落地建设。在中国食品科学与加工技术研究院的建设中，积极组建运营团队和科研团队，明确运营主体和运营机制，逐步建立知识产权交易中心和中试试验中心，为产业发展提供技术、人才和平台支撑。

第四，提升完善食品农产品技术转移转化平台。今后将依托中美中心、中以技术转移转化平台、国际院士谷等国际平台，大力引进国内外高端人才和技术，搭建技术转移转化和科技创新合作平台，促进农业国际技术合作交流、科研创新以及成果转化。

第五，提升完善大数据平台。在充实完善潍坊市相关经济发展数据的基础上，加入山东农业大数据联盟，搭建中国农业大学信息与电气工程学院实习基地。同时，整合资源建设农业农村大数据平台，建设重要农产品全产业链大数据和数字农业创新中心，开展数字农业试点，加快物联网、人工智能、区块链等技术集成应用。

第六，加强中国绿色食品协会花生专业委员会建设。今后，将进一步建设高标准花生品种鉴定实验室和试验田，举办全国花生产业博览会；进一步聚集全国花生产业高端专家人才，聚集玛氏集团、荷美尔、中粮、国药等世界500强企业和鲁花、龙大等大型粮油企业以及不同领域的食品加工企业，开展花生蛋白等特医食品研究和生产加工等，形成集种质研发、植保、仓储物流、农机、农用物资等产学研一体的花生全链条产业。

第七，打造国际冷链物流平台。在国际冷链物流平台今后的建设中，将依托中凯智慧冷链物流园，在运营好潍坊至昆明、乌鲁木齐铁路冷链班列基础上，进一步拓展"中国食品谷号"铁路冷链班列市场，形成面向全国、联通"一带一路"沿线国家的生鲜农产品集散大动脉[①]。

第八，加快建设潍坊食品农产品技术性贸易措施研究评议基地。今后，将进一步组建评议基地专家顾问团队，分析研究国外技术标准和政策法规，针对国外技术性贸易壁垒，及时提出贸易关注，帮助出口企业及早提出防范应对措施。

（二）加快推进核心区五个重点项目建设

加快推进核心区五个重点项目建设，具体内容如下。

其一，加快推进国际种子研发集聚区建设。国际种子研发集聚区总占地5470亩，总投资46.6亿元。在今后的发展中，将按照"世界一流，全国领先"的目标定位，规划研发孵化、成果展示、体验互动、中外农业展示等主题片区，建设世界最先进的蔬菜育种研发平台。2020年，在一期荷兰温室大棚投入运营的基础上，二期建设完成40%。同时，引进国际先进的种子公司和国内外院士、专家等高端人才入驻，打造国际种业创新创业基地。

其二，加快推动中国农创港建设。中国农创港总占地153亩，总投资18亿元。2020年内，国际金融广场主体将完成80%，农业创新科技加速器完成20%。在今后的发展中，致力于将中国农创港建设成为农综区创新创业基地，打造以大数据驱动的农业产业服务集聚区以及"金农工贸一体化"的潍坊模式，助力全市乡村振兴与对外开放。

[①] 山东省人民政府办公厅关于潍坊国家农业开放发展综合试验区建设的实施意见[R]. 山东省人民政府公报,2019-02-20.

其三，规划建设乡村振兴世博园。乡村振兴世博园总占地3万亩，总投资290亿元。在今后的建设中，将进一步抓好项目选址和功能完善，建设乡村振兴总部基地、齐鲁样板乡村振兴展览馆、"一带一路"农业博览园等，打造农业农村创新发展示范区、全国乡村振兴和农业科技成果转化总部。

其四，加快推进高端食品加工产业园建设。高端食品加工产业园总占地244亩，总投资8.5亿元，主要建设食品企业孵化器、加速器和创新中心等，依托国家农综区优势农业产业，开展食品农产品精深加工，提高农产品附加值。在今后的发展中，将加强与国药集团、中粮集团的合作，开展花生蛋白等特医食品研究和生产加工等，打造全国特医特膳食品基地。2020年一期完成全面招商运营，二期和三期完成主体建设。

其五，加快推进农业孵化培训中心建设。农业孵化培训中心总占地92亩，总投资3亿元，争取2020年内70%基本达到竣工交付条件。在今后的发展中，将加快实施新型职业农民培训计划，培养一批掌握先进技术、熟悉国际规则的现代农业带头人[1]，为国家农综区建设提供可靠的职业人才支撑。

（三）积极推动四个产业园区建设

积极推动四个产业园区建设，具体内容如下。

第一，加快推进国家现代农业产业园技术集成示范区建设。国家现代农业产业园技术集成示范区总占地3000亩，总投资2亿元。在今后的建设中，将统一建设高标准智能温室玻璃大棚，以设施农业为重点，加大互联网、物联网等信息技术应用力度，发展智慧型农业。2020年，集中展示示范以潍县萝卜、固堤西瓜为代表的现代高效农业种植新模式。今后，将加快引进国际先进种植技术和管理模式，发展智慧农业、生态循环、高端设施农业，打造集科研、种植、品牌运营于一体的高端化现代农业样板工程。

第二，积极推动中日韩现代高效农业示范园落地建设。在中日韩现代高效

---

[1] 潍坊国家农业开放发展综合试验区总体方案获批[EB/OL].http://sd.ifeng.com.

农业示范园的发展中，规划建设日韩现代高效农业种植园、日韩食品农产品加工产业园区、中日韩现代农业展示体验中心，打造现代农业开放合作典型样板。

第三，推动潍坊日本高端果蔬基地落地建设。在今后的建设中，将依托正大集团、伊藤忠商社，与日本农协合作，完成日本高端果蔬的品种选定、规模规划、基地设计、土壤测定以及选址和基础建设等事项，将日本优质的种子、技术、人才和标准引入潍坊。

第四，加快建设国家农综区滨海现代农业（畜牧）产业园。潍坊国家农综区现代农业（畜牧）产业园项目（以下简称国家农综区畜牧产业园），是2019年山东省重点利用外资项目、潍坊市乡村振兴重大项目库入库项目，总投资50亿元。在国家农综区畜牧产业园今后的发展中，将依托国家农综区的先行先试政策及体制机制创新，重点培育"进境肉牛"产业，通过"走出去"与"引进来"相结合，充分利用国际国内两个市场、两种资源[①]，打造全球肉牛"良种引进＋扩繁养殖＋精深加工＋展示交易"全产业链。国家农综区畜牧产业园全部建成运营后，可实现年进口优质肉牛30万头，种牛、架子牛各10万头，年产值100亿元。2020年，重点推动20万吨级冷链物流中心、隔离场、展示体验中心以及科创中心建设。

---

① 潍坊国家农业开放发展综合试验区总体方案[EB/OL].https://wenku.baidu.

第四章

新旧动能转换下典型区域高质量发展案例

第一节　国家自主创新示范区潍坊高新区高质量发展案例

潍坊高新技术产业开发区（以下简称潍坊高新区）深入实施创新驱动发展战略，抢抓建设山东半岛国家自主创新示范区重大机遇，努力打造贯彻新发展理念先行区、高质量发展引领区、新旧动能转换示范区，全力建设一流国家级高新区[①]。

目前，潍坊高新区综合实力在168家国家级高新区中居第21位、地级市第2位。2019年1—6月，潍坊高新区完成地区生产总值281.5亿元，比上年同期增长9.6%。2019年1—8月，完成规模以上工业总产值732.2亿元，比上年同期增长17%；完成高新技术产业产值568.2亿元，同比增长18.4%，占比达77.6%；完成限上社会消费品零售额127.2亿元，共实现固定资产投资增长14%；进出口总额达202.7亿元，增长34.4%；完成一般公共预算收入42.3亿元，同比增长3.9%，税收占比94.5%。综合而言，潍坊高新区经济社会一直保持着健康稳定的发展态势。

一、加强政策引导，全力打造优质发展环境

为全面实施创新驱动发展战略，潍坊高新区修订完善了《潍坊高新区加快实施创新驱动战略支持企业健康发展暂行办法》，综合运用无偿资助、后补助、

---

① 全市乡村振兴和"双招双引"重点项目观摩点评之坊子、安丘、昌乐、高新篇[EB/OL]. http://weifang.sdchi.

股权债权投资、贷款贴息、奖励补贴、购买服务等多种支持方式[①]，加快培植一批引领发展型科技企业，着力建设新型创新载体，充分利用产学研合作载体促进产学研联合，鼓励高层次人才创新创业，更大力度招才引智，进一步加大财政科技投入，完善创新政策体系，加快科技成果转移转化。截至 2019 年 8 月，潍坊高新区已累计兑现政策资金 2643.86 万元，为企业科技研发创新活动注入了强大的动力。

二、扎实推进开发区体制机制改革

（一）积极落实省委开发区体制机制改革要求

推动开发区体制机制改革创新是山东省委做出的一项重大战略部署，潍坊高新区被确定为全市开发区改革试点单位之一，潍坊高新区党工委、管委会根据省、市有关要求，立即启动了相关工作，积极推进各项试点任务。

（二）持续深化商事制度改革，市场主体得到迅猛发展

持续深化商事制度改革，具体体现在以下几个方面。

其一，制定政商交往正面清单和负面清单。潍坊高新区建立了企业问题信息直报平台，"一对一"包联 3091 家企业，共落实减税降费 16 亿元，服务企业乘势而上、做大做强，保障项目建设快速有效。

其二，全力推进企业开办全程网上办改革试点。研发建设"潍坊高新区全程网办微服务平台"，包含全程电子化、流程机器人、现场核查预约、食品全链条办理等多项功能，涉及企业开办的各类事项 100% 可以网上办理，实现全流程全环节"一网通办"，创业者"只要会用手机微信，就能网上申请办企业"。

---

① （2016 年修订版）潍坊高新区加快实施创新驱动战略支持企业健康发展暂行办法（新）详解，http://max.book118.com.

其三，深化"证照分离"改革。潍坊高新区将第一批106项涉企行政审批事项植入信息化系统，实现6个双功能，解决了快入准营的路径问题，并对事中事后实施有效监管。

其四，推进企业注销便利化。潍坊高新区不仅可以实现市场监管、税务、银行、商务、海关等部门"一网通办"，还可以通过国家企业信用信息公示系统进行清算组备案和债权人公告，进一步降低了企业办事成本。

其五，启动合法地址库自动识别系统建设。潍坊高新区将之作为全区标准地址共享服务平台，为全区提供标准地址服务，实现地址数据规范管理，已完成基层数据采集。

其六，改革活力持续释放，市场主体迅猛发展。截至2019年9月，全区新增市场主体6668户，同比增长73.78%；市场主体总量达到36445户，同比增长21.09%。

三、聚焦高端产业，提升发展质量

潍坊高新区瞄准"十大产业"，落实"三个聚焦"，谋划推进总投资1270亿元的183个重点项目[1]，优化提升高端装备制造、新一代信息技术、新材料、医养健康、物联网等特色产业，全力建设潍坊"国际动力城"。目前，已开工重点产业项目28个，总投资达到344.4亿元。

潍坊高新区企业发展增势十分强劲，表现最突出的为潍柴控股集团有限公司和歌尔集团有限公司。潍柴集团营业收入1704亿元、同比增长10.4%，其中高新区板块实现营业收入342.4亿元、同比增长19.6%，正加快建设总投资130亿元的潍柴新能源动力产业园、2000亿元的潍柴国际配套产业园，助推中国动力迈向世界一流。2020年,潍柴集团传统业务板块达成世界一流水平；到2030年，

---

[1] 尹婷婷,刘华强,高亮.招引"绣花功" 绽放"花千树"[N].潍坊日报,2019-07-17.

潍柴新能源业务板块将引领全球[①]，进入万亿元企业俱乐部，成为竞争力持续提升的世界500强公司。歌尔集团2019年实现营业收入158.6亿元、同比增长77.9%。集团正在瞄准人工智能、虚拟现实、5G等前沿技术，强化自主科技创新，深化与华为等一流企业合作，全力打造全球新一代信息技术领域的500强企业[②]。

潍坊高新区坚持大小齐抓，做大做强企业规模。全区营业收入过亿元的工业企业达到53家，特钢集团、盛瑞传动、福田汽车等骨干企业拉动作用持续增强，汇胜集团、华丰动力、华滋自动化、山东银轮、华辰制药、沃华医药、凯信机械、俊富非织造等一大批高成长性企业发展壮大，56家中小企业实现两位数以上增长。10家"隐形冠军"企业、34家储备企业优势突出，天瑞重工入选山东省"隐形冠军"企业，其自主研发的凿岩机获批工信部制造业单项冠军产品。潍坊高新区制定出台支持企业加快上市的实施意见，将企业上市补助标准提高到1000万元。全区登陆资本市场的企业总数达124家、储备20家，预计今后5年内，潍坊高新区上市公司的数量将翻一番。

四、突破"双招双引"，培育新生动能

潍坊高新区坚持开放共赢，狠抓产业链招商、以商招商、资本招商和中介机构招商。2019年以来，共签约"十强"产业项目30个，总投资264.9亿元；立项项目16个，立项金额达61.7亿元。聚量集团潍坊物联网产业园揭牌运营，依托聚量集团和日海智能科技资源优势，加快引进人工智能、区块链、大数据等优质项目，未来年营业收入将突破75亿元。国际大学创新联盟实现实体化运作，一批投资体量大、前景好的项目，诸如北斗·地理信息数据园—中科潍坊无人机项目、俊富健康护理小镇、华控高端装备制造、诺一迈尔、鑫精合等，

---

① 张正敏.加快推进新旧动能转换 推进"四个城市"建设[N].潍坊日报,2018-04-12.
② 全市乡村振兴和"双招双引"重点项目观摩点评之坊子、安丘、昌乐、高新篇[EB/OL]. http://weifang.sdchi.

相继签约落地实施。

潍坊高新区深入落实支持企业定向引进紧缺急需人才的政策，精准实施人才引育，集聚各类人才。2019年1—9月，潍坊高新区共入选国家"万人计划"专家2人，入选科技部创新人才推进计划2人，入选"蓝色汇智双百人才"3人，有5人进入泰山产业领军人才实地考察，4人获潍坊国际人才创新创业大赛优胜人选；共引进高端技术人才（团队）28个。全区已聚集国家"千人计划"专家33人、"万人计划"专家8人，科技部"创新人才推进计划"11人，省"泰山学者"及"泰山产业领军人才"59人[①]，"蓝色汇智双百人才"7人，齐鲁杰出人才奖1人、提名奖1人，市级高层次人才71人，科研人才2万余人，技术技能人才4.5万余人。

潍坊高新区大力突破科技金融。参与设立50亿元的物联网产业基金，与华控基金合作设立7亿元的资本招商基金，引入70亿元的鲁创新旧动能转换基金、23亿元的山高新旧动能转换基金、8亿元的嘉兴华控基金，截至2019年9月，全区基金规模已达到226亿元。

五、强化自主创新，引领发展新动能

潍坊高新区立足发展高科技、实现产业化，积极推进大众创业、万众创新，自主创新能力全面增强。潍坊高新区的专利申请量、专利授权量、发明专利申请量、发明专利授权量、有效发明专利数量以及专利密度6项指标均领跑全市。潍坊高新区充分发挥潍柴、歌尔、盛瑞等骨干企业的带动作用，深化与138个高校院所的合作关系，持续开展技术创新。盛瑞传动的"8AT研发及产业化"项目、潍柴动力的"重型商用车动力总成关键技术及应用项目"先后荣获国家科技进步一等奖，歌尔集团专利技术突破1.5万项、入选山东民营企业创新10强，天瑞重工等3项成果荣获省科技进步奖。

---

① 周锦江.高新区出台人才新政直指"紧缺急需"[N].潍坊日报,2018-04-26.

（一）汇集创新创业新动能，搭建区域创新"闪亮舞台"

潍坊高新区围绕区域科技创新和产业发展需求，引导建设高端创新创业孵化平台，完善提升"众创空间＋孵化器＋加速器＋产业园区"四位一体的创新创业服务体系，持续优化创新创业生态。目前，全区已建成省级以上科技企业孵化器 11 个，建成省级以上众创空间 8 个。

（二）大力培育高新技术企业，高企数量再创新高

潍坊高新区实施"资金扶持＋政策宣传＋精准服务"的培育模式，高新技术企业培育取得较大进展。2019 年，全区共获批高新技术企业 50 家，总数达到 154 家，高企数量创历史新高。

其一，加大政策扶持力度。对首次认定为高新技术企业的一次性给予 30 万元资金奖励，对非首次认定为高新技术企业的一次性给予 5 万元资金奖励。同时，每年给予高新技术企业 30 万元的科技创新资金扶持额度，大力培育扶持高新技术企业。

其二，组织开展"科技政策进企业"系列活动。围绕高新技术企业申报、研发费用加计扣除、科技创新券等相关政策进行广泛宣讲，为企业解读政策、答疑解惑，累计培训辅导企业 600 多人次，提高了高新技术企业的知晓度和影响力，引导更多企业加快成长为高新技术企业。

其三，完善培育服务工作机制。对所涉及的有关部门（单位）认定的高新技术企业任务指标进行分解，形成"全区总动员、合力抓高企"的良好工作机制。

其四，建立"一图一库"（高新技术企业业务办理流程图、高新技术企业后备企业库）工作流程。完善培育服务工作机制，对后备企业进行"点对点"精准培育辅导，促进高新技术企业培育服务工作有的放矢、高效开展。

（三）加快培育发展瞪羚企业，引领全区发展新动能

瞪羚企业成长速度快、创新能力强、专业领域新、发展潜力大，已经成为驱动区域创新发展的新引擎和经济发展的新动能。

近年来，潍坊高新区高度重视新经济主体培育工作，于 2018 年 3 月印发《关于培育和支持"瞪羚企业"加快发展实施意见》，在省内潍坊高新区率先组织开展瞪羚企业认定和培育工作，并与长城战略所开展三年合作计划。2019 年年初，潍坊高新区与长城战略所联合认定和发布了高新区 2018 年度瞪羚企业名单和发展报告，其中认定类瞪羚企业 23 家、培育类瞪羚企业 14 家。据统计，2014—2017 年，认定类瞪羚企业的平均营收复合增长率达到 31.93%，平均研发投入强度达到 6.4%，高居全省高新区首位。在 23 家瞪羚企业中，有 11 家企业属于大企业平台孵化企业，占瞪羚企业总数的 47.82%，大企业平台孵化成为潍坊高新区瞪羚企业培育发展的一大特色。

同时，潍坊高新区联合长城战略咨询全面启动 2019 年度高新区瞪羚计划，在全省国家级高新区率先组建瞪羚企业俱乐部，致力于将俱乐部打造成为企业与企业、企业与政府、企业与服务机构的资源共享平台，培育和打造高新区瞪羚品牌，加快培育潍坊高新区新的经济增长点。

六、深化产城融合，优化营商环境

潍坊高新区坚持规划先行、建管并重、强化管理、全面提升。加快实施总投资 54 亿元的 153 个基础设施项目，打造蓉花里、茂街、孵化二巷等特色街区，以工匠精神、绣花功夫提升城市发展质量。

潍坊高新区深入开展市容环境突出问题专项整治三大行动，重拳整治工地扬尘、大气污染、渣土车撒漏、雨污混排等城市顽疾，推动生态环境持续改善。深化"一次办好"改革，优化"整链条"办理，推进电子证照和全程网上办全

国改革试点，审批效能提速84%，推动政务服务不断优化。坚持以人为本、民生优先，投资209.2亿元办好106件民生实事。全力推动棚户区改造，加快建设1.9万套安置房，为老百姓建设最好的房子。

潍坊高新区优先发展教育事业，投资11.6亿元在建11所中小学、幼儿园，新增建筑面积27.4万平方米，东华学校、未来实验学校、歌尔学校已启动招生，新增学位9600个；扎实建设健康高新，实施中医院东院区、妇女儿童健康中心等高端医疗项目，阳光融和医院通过三甲医院评审；纵深推进扫黑除恶专项斗争，加快化解处结信访积案，维护社会和谐稳定。

第二节　潍坊市创新创业共同体高质量发展案例

一、潍坊市创新创业共同体设立背景

潍坊市把建设创新创业共同体和产业技术研究院作为实施创新驱动发展的战略选择，列入政府工作报告重点项目和厅市会商工作主要内容加快推进，根据省委、省政府《关于建立山东产业技术研究院推动创新发展的框架意见》《关于打造"政产学研金服用"创新创业共同体的实施意见》精神，以山东产业技术研究院为示范样板，出台《关于潍坊市产业技术研究院建设与发展的意见》，成立潍坊市产业技术研究院，以产研院为核心，努力建设一批不同主体、不同模式、不同路径、不同方向的创新创业共同体[1]。

潍坊市相关机构认真完成对本市新型研发机构建设的调查摸底工作，全面

---

[1] 山东省人民政府关于打造"政产学研金服用"创新创业共同体的实施意见[R].山东省人民政府公报,2019-03-31.

梳理统计本市已建或在建105家研究院，召开潍坊市创新创业共同体培训会议，解读省政府出台文件，组织各县市区（开发区）拟定省级创新创业共同体建设方案。2019年9月30日，以市政府名义推荐"潍坊先进光电芯片研究院"申报省级创新创业共同体。潍坊市产业技术研究院于2019年9月10日挂牌成立，为不纳入机构编制管理的独立法人事业单位。潍坊市产研院实行企业化管理、市场化运营，确立了"产研院＋公司＋基金＋各类创新主体＋孵化园区"的运营模式。目前，已确认首批加盟院所8家、首批合作单位4家。

潍坊市创新创业共同体建设以潍坊市产业技术研究院为核心和示范引领，聚焦高端装备、现代农业、高端化工、新能源、光电芯片、磁悬浮等特色优势产业领域，重点打造潍坊先进光电芯片研究院、潍坊化工新材料产业技术研究院、潍柴动力股份有限公司新科技研究院等八大共同体，努力实现信息共享、资源共享、政策共享、制度共享，构建起主体多元、资源集聚、协同共享、开放运行的创新创业生态体系。以优质的制度供给、创新供给、要素供给和服务供给，把产业集群培强做优，助推潍坊市乃至山东省新旧动能转换和经济高质量发展。

二、潍坊市产业技术研究院的规划目标

（一）潍坊市产业技术研究院的建设规划

潍坊市产业技术研究院的建设规划有以下几个方面。

其一，在场地规划建设方面，选址潍坊市高新区，规划建设科技成果展示厅、学术交流中心、科技成果交易信息中心、科技项目路演厅，并为加盟、新建专业研究院所和高层次创新创业团队提供研发中心、公共实验室、检测分析中心等。

其二，加快机构和队伍建设。做好院长以及工作人员的招聘工作，组建综合管理部、资产财务部、创新平台部、产业发展部、产业发展公司、基金运营公司等机制灵活、管理高效的专业管理机构。

其三，加快推进潍坊市产业技术研究院建设，建立市产研院运营管理制度。在创新专项经费管理、人事制度、绩效考核、科技成果和知识产权管理、科技项目管理等方面，均形成比较完善的科技创新体制机制，建立起有利于人才创新创业的制度与环境[①]。

其四，积极与基金管理机构、银行、市直有关部门对接，推动市产研院创新发展基金设立和启动工作，加快推动科技成果产业化。

（二）潍坊市产业技术研究院高质量发展的建设目标

潍坊市产业技术研究院高质量发展的建设目标包括以下几个方面。

其一，以潍坊市传统优势产业转型升级、战略性新兴产业发展培育为切入点，通过引进高等院校和科研院所，促进新项目引进、新技术转化、新产业培育，建设以高等院校、科研院所为主体的产业技术研究院。

其二，立足本市优势产业，根据企业关键共性技术需求，建设以企业为主体的产业技术研究院。

其三，立足本市产业发展和技术需求，通过加强国内研发机构及海外研发中心的互动，获取最前沿的技术发展信息，了解最先进的技术发展动向，集聚国际国内顶尖专家和研发团队，为市产研院建设汇聚高端人才。

其四，加强与金融机构的合作，设立创新发展基金，加快推进科技成果的转移转化和产业化。

其五，积极为加盟的各类创新主体提供诸如专利检索、分析、导航以及协同保护等高端服务，致力打造产业需求与技术创新的桥梁纽带和创新资源的集聚平台，为潍坊高质量发展提供有力的科技支撑。

---

① 山东省人民政府关于建立山东产业技术研究院推动创新发展的框架意见[R].山东省人民政府公报,2019-03-10.

三、潍坊市创新创业共同体高质量发展的建设重点

（一）潍坊先进光电芯片研究院建设重点

潍坊先进光电芯片研究院由中科院半导体研究所与潍城区政府联合共建，以中科院半导体所郑婉华团队为核心，成立18位院士领衔的学术委员会及高端光电研发团队，拥有北京光子晶体激光芯片与应用研发中心、红外智能传感与芯片检测技术研发中心、全固态激光与光纤激光研发中心、三代半导体射频和功率芯片及应用研发中心、功率半导体热测试/可靠性测试研发中心等五大研发中心。

其建设重点为：立足潍坊光电产业基础优势，充分发挥"研"的主导作用，通过研发自主解决半导体激光芯片的设计、制造与工程化难题，促进半导体产业、泛半导体产业包括人工智能、信息通信、汽车、物联网、大数据等多产业的协同发展，集聚上下游产业，打造千亿级的半导体产业基地。

（二）潍坊化工新材料产业技术研究院建设重点

潍坊化工新材料产业技术研究院由中科院化学所与潍坊市政府、潍坊滨海区管委会联合共建，充分发挥"研"的主导作用，依托化学所学科、研发、人才和技术优势开展研究。

其建设重点为：结合潍坊高端化工的产业优势及本市已建成的亚洲最大的以两碱和溴系列产品为主导的海洋化工产业集群，努力打造集技术研发、成果转化、企业孵化、项目咨询、人才培养、学术交流等六大功能于一体的新型研发机构，同步建设中科院化学所潍坊滨海中试基地。通过产业与科研深度融合，建设环渤海南岸千亿级化工产业集群，打造国家级高端化工产业基地，提升潍坊市高端化工、新材料产业科技创新能力和市场竞争力。

（三）潍柴动力股份有限公司新科技研究院建设重点

潍柴动力股份有限公司新科技研究院依托潍柴动力股份有限公司高端装备制造的优势，充分发挥"产"的主导作用，联合清华、山大、同济、中科院、东岳、中国重汽、中通、山东重工投资有限公司等，开展高端装备研发工作。

其建设重点为：发挥山东省发展燃料电池产业的体制及资源优势，依托国家燃料电池产业化重大专项，建设涵盖新能源、电控技术、智能驾驶和车联网四大板块，集新能源技术、智能技术、整车技术及前沿技术于一体，引领世界行业趋势的新科技创新中心和新科技测试中心，实现燃料电池重大共性技术和工程化技术突破，努力打造千亿级燃料电池产业集群。

（四）潍坊现代农业与生态环境研究院建设重点

潍坊现代农业与生态环境研究院由中科院沈阳应用生态所与潍坊市政府共建，现已建成中科院沈阳应用生态所寿光设施农业研究中心。

其建设重点为：紧紧围绕潍坊市产业发展过程中存在的生态环境、土壤治理等方面问题，开展生态产品开发及现代产业规划设计、现代工农业相关技术研发与示范推广、人才引进与联合培养、科技成果转移转化等工作，加快打造集人才培养、技术研发、环境监测与模式推广于一体的国内一流、国际领先的高层次技术研究院。

（五）山东大学地热开发研究院建设重点

山东大学地热开发研究院由山东大学与坊子区政府、山东省煤田地质局第四勘探队三方联合共建，充分发挥"学"的主导作用，研究院现已建成材料实验室、地源热泵实验室、岩土力学及模型实验室等综合科研实验室，是山东省首家以地热技术研究为主的科研机构。

其建设重点为：深入开展地热地质综合研究及地热勘查新理论研究，重点研究地热井钻探技术及干热岩储层高效取热等关键核心技术，开展干热岩开发试验，研发地热能开发利用设备、材料、技术等，并通过科技支撑、项目拉动、合作研究、资源整合、成果转化等形式，形成重大成果转化基地，带动地方经济快速发展。

（六）潍坊农业与食品产业技术研究院建设重点

潍坊农业与食品产业技术研究院由潍坊国家农业开放发展综合试验区与潍坊院士谷管理有限公司联合共建，充分依托中国食品谷"五中心一基地一基金"和高端要素资源的集聚，打造"企业需求库""专家人才库"和"科技成果库"。

其建设重点为：打造全国农业及食品科研成果转移转化平台，通过集聚院士专家、高等院校及科研机构、科研成果、农业龙头企业，加快推进产业智慧化、智慧产业化、跨界融合化和品牌高端化，为山东省农业及食品产业打造一个全新的"潍坊模式"，努力打造千亿级现代农业产业集群。

（七）潍坊磁悬浮产业技术研究院建设重点

潍坊磁悬浮产业技术研究院由山东天瑞重工有限公司联合韩国高端磁悬浮团队共同建设，充分发挥"企"的主体作用，围绕磁悬浮产业技术展开研究。

其建设重点为：促进"政产学研金服用"创新创业要素高效协同，建设代表国家磁悬浮动力装备科技和产业发展水平、具有较强国际竞争力和地方经济增长贡献度的创新创业生态系统，推动国家重要工业和重点领域动力装备战略升级，为山东省高端装备、新能源、现代海洋等战略性新兴产业发展提供内生动力。

（八）中国农业科学院寿光蔬菜研发中心建设重点

中国农业科学院寿光蔬菜研发中心由中国农科院蔬菜花卉研究所与寿光市

政府联合共建，其研究工作致力于加快寿光蔬菜产业转型升级、赋予"寿光模式"新内涵、持续引领全国蔬菜产业发展。

其建设重点为：创建国际一流的研发中心，突破现代蔬菜产业前沿引领性、应用基础性和共性关键技术制约，打造产业技术创新的策源地、新型科技成果转化基地、创新人才的孕育基地、产业提升的公共服务平台和产业融合发展示范区。

四、潍坊市产业技术研究院高质量发展的建设重点

潍坊市产业技术研究院高质量发展的建设重点有以下几个方面。

第一，积极进行体制机制创新。潍坊市产研院积极探求新型研发机构的改革发展模式，努力搭建高校院所和企业之间、科研成果和市场产品之间的协作桥梁，力争实现科技体制机制的创新与突破，全面构建市场导向的管理机制、灵活包容的人才机制以及开放创新的合作机制a。

第二，大力推动关键技术突破。潍坊市产研院结合本市产业优势和特色，通过政府引导、龙头企业支撑、与高校院所联合等方式建立专业技术研究分院，加强与各类专业院所的对接，采取新建、加盟、兼并收购等多种方式组建专业研究所。依托高校院所专家团队及科研力量，围绕产业核心技术需求，积极开展技术攻坚行动，通过重大科研项目推动关键产业技术创新突破，提高企业产品的科技含量和市场竞争力。

第三，打造多产业集聚区。围绕新旧动能转换重大工程，潍坊市产研院聚焦新一代信息技术、高端装备制造、化工新材料、现代农业与生态环境、盐卤产业、半导体光电芯片、磁悬浮与智能磁电、智能农机装备等重点产业领域，联合高校院所、依托龙头企业，重点打造一批特色产业技术研究院，构建具有潍坊特

---

① 山东省人民政府关于建立山东产业技术研究院推动创新发展的框架意见[R].山东省人民政府公报,2019-03-10.

色的产业技术研究院体系。

第四,营造舒适科研环境。按照"统一布局、综合利用"的原则,潍坊市产研院对办公场所、展厅和服务基础设施等进行统一功能建设规划,做好配套基础设施建设。设置综合办公区、休闲商务区、专家公寓、酒店、健身场所等功能区域,为市产研院引进的高层次人才提供办公、住宿、餐饮、商务休闲等综合性配套服务。

第五,构建具备良好自我发展能力、具有较强影响力的新型研发机构。引进培养一批国内甚至世界一流的科学家、科技领军人才与团队[①],聚焦新一代信息技术、高端装备、新能源新材料、医养健康、现代高效农业、军民融合等重点领域,开展产业应用技术研发创新,催生一批原创性新兴产业[②]。力争到2021年,努力实现加盟新建科研机构6家左右,引进和培育高层次人才50人左右,转移转化先进技术20项左右,衍生孵化企业10家左右。

五、潍坊市创新创业共同体高质量发展的建设措施

潍坊市创新创业共同体高质量发展的建设措施包括以下几个方面。

第一,加强潍坊市创新创业共同体的制度建设。研究出台《潍坊市创新创业共同体管理办法》《潍坊市产业技术研究院加盟院所管理办法》等制度,进一步规范潍坊市创新创业共同体的运营管理,加强对创新创业共同体的业务指导和绩效考核,切实发挥好潍坊市产研院的综合协调服务作用。

第二,积极做好创新创业共同体的产业布局与实施。潍坊市创新创业共同体发展应立足潍坊产业需求、城市未来发展,坚持来源于企业、服务于产业,进一步扩大潍坊市产研院的桥梁和纽带作用,重点布局潍坊市特色优势产业和

---

① 山东省人民政府关于建立山东产业技术研究院推动创新发展的框架意见[R].山东省人民政府公报,2019-03-10.
② 山东省人民政府关于打造"政产学研金服用"创新创业共同体的实施意见[R].山东省人民政府公报,2019-03-31.

战略性新兴产业。按照"择优培育、科学布局"的原则，培育不同行业的创新创业共同体，致力于技术研发、成果转化、企业培育，打造处于全国领先地位的优势产业集群和特色鲜明的"城市名片"。加强与山东产业技术研究院、省级创新创业共同体的衔接互动，形成纵向有支撑、横向有联系，互为补充又相互促进的创新创业生态体系，为全省创新创业共同体建设探索"潍坊经验"，提供"潍坊样板"。

第三，加强创新创业共同体高质量发展的保障措施。一是加强创新创业共同体发展的组织保障。加强组织领导，建立创新创业共同体联席会议，采取"一事一议"原则研究解决建设运营中出现的问题[1]，制定创新创业共同体管理办法，做好经费拨付、项目立项、验收检查等工作。二是加强创新创业共同体发展的监督保障。着眼于激发共同体的创新活力，加速科技与经济融合发展，引入资金绩效评价机制，加强资金管理和使用，建立年度考核制度。三是加强创新创业共同体发展的环境保障。优化营商环境，对市产研院及各类创新主体在注册、建设和发展过程中涉及的各项工作，相关部门单位要全力配合，提高工作效率，进一步优化营商环境。

第三节 典型省份推进经济高质量发展案例

一、江苏省制造业高质量发展案例

江苏省制造业发展基础良好，制造业规模连续 8 年保持全国第一，2015—

---

[1] 山东省人民政府关于建立山东产业技术研究院推动创新发展的框架意见[R]. 山东省人民政府公报,2019-03-10.

2017年增速始终高于全国平均水平，2016年其制造业规模总量占到全球的3.6%。集中集聚集约发展是江苏制造业发展的重要特点，各级各类开发区对制造业的集聚和产业链效应不断增强，其行业竞争优势十分明显，制造业门类齐全，产业链完备，基本融入了全球产业分工体系。2017年，江苏省营业收入亿元以上的企业超过2万家，行业细分领域的"单打冠军"超过2000家，龙头企业、专精特新中小企业等市场主体竞争力不断增强，成为引领江苏省制造业向中高端迈进的主要力量[①]。

江苏省制造业发展过程中存在的主要问题：传统产业转型升级不够快、标志性领军企业偏少、产业附加值较低、数字化指数不高、全要素生产率不足等。究其原因主要在于：其一，江苏制造业创新体系整体效能不够强、科技创新资源较为分散、科技创新效率低下等问题尚未得到根本性解决；其二，制造业的核心技术仍受制于人，研发碎片化、切片化现象较为严重；其三，市场化程度仍不够高，法治化环境有待进一步完善；其四，政府服务环境不够优化，政府放权给市场的社会效果不够明显。

为推进江苏制造业高质量发展，郑炎、钱志新（2019）等学者提出，江苏省应遵循从数量型制造到质量型制造、从灰色制造到绿色制造、从制造业大省到制造业强省的高质量发展战略导向，并实施以下高质量发展路径。

其一，聚焦数字化创新。一是通过发展数字硬件产业和软件产业、推动工业软件产业重点工程建设、培育数字软件产业生态系统、发展数字服务业等措施，积极推动数字产业化；二是通过发展工业互联网、推动数字新技术应用、建设智能数字大脑等措施，积极推动产业数字化。其二，通过全力提升江苏制造业在全球价值链上的地位、推动品牌创新和质量创优、着力提升工业设计水平、着力推动重组优化、加快发展知识产权密集型产业等措施，进一步强化高价值升级。其三，通过发展生产性服务业、培育第三方专业服务、深化服务价

---

① 郑炎，沈和，钱志新，等.高质量发展的目标要求和战略重点：江苏制造业高质量发展的战略目标与路径研究[M].北京：中国发展出版社，2019.

值等措施，积极推进制造业服务化。其四，通过推进重点行业专项整治、建设绿色制造体系、大力发展再制造产业等措施，着力提高绿色制造水平。其五，通过打造生态型平台企业、积极培育"独角兽"企业等措施，大力培育领军企业。其六，通过创建孵化创客团队、培育中小微企业、构建创新中心等措施，扎实推进"双创"经济。其七，通过构建企业走出去服务平台、打造全球品牌影响力、打造全球化人才团队、完善全球价值链布局等措施，进一步加大企业经营模式改革与创新，积极塑造全球化企业，深化企业改革开放。其八，通过构建科技服务创新体系、探索金融创新新模式、制定人才服务新措施、培养企业家服务新理念、完善创新政策服务等措施，进一步提升综合服务能力。

二、福建省经济高质量发展案例

福建省经济高质量发展的基础条件在于：其一，综合经济实力大幅提升。2018年福建省地区生产总值为35 804.04亿元，占国内生产总值（919 281亿元）的3.89%，经济总量跻身全国十强；人均GDP进入全国前列，2018年福建省人均GDP（90 850.14元/人）比全国平均水平（65 898.28元/人）高出37.86%；经济保持持续较快增长，2018年福建省GDP名义增速为10.12%，位居全国第二。其二，产业转型升级步伐加快。三大主导产业不断发展壮大，2017年福建省电子信息制造业、软件和信息服务业、机械装备工业规模以上工业总产值规模分别居全国第七、第八、第十八位；传统产业加快改造提升，新兴产业加速发展。其三，城乡基础设施日益完善。全省交通出行更加便捷，现代化港口建设加快推进，能源基础设施建设取得新的突破，信息化发展水平位居全国前列。其四，清新福建成为全国样板。福建省国家生态文明试验区建设成效显著，生态环境质量保持全优，2017年福建省森林覆盖率（65.95%）持续位居全国首位，走出了具有特色的生态发展新路。其五，人民群众获得感进一步增强。福建省脱贫攻坚工作取得决定性进展，基本公共服务持续改善，居民生活水平大幅提升[1]。

当前，福建省在推进经济高质量发展过程中仍面临很多问题，突出表现在：产业结构不够合理、投入产出效率递减、科技创新存在短板、区域发展不够协调。基于此，李强、廖荣天（2019）等学者提出，福建省应把握好发展质量与发展速度、工业化与城镇化、新动能与旧动能转换接续、百姓富与生态美、发展市场经济与建设服务型政府的关系，并遵循以下高质量发展路径。

其一，聚焦"机制活"，继续用活战略机遇，进一步激活市场主体活力，进一步搞活对外开放，注重在深化改革开放中激发活力。其二，聚焦"产业优"，进一步推动主导产业强链条、壮集群，推动新兴产业快成长、上规模，推动传统产业长新芽、智能化，注重在创新驱动中提升产业竞争力。其三，聚焦"百姓富"，坚决打赢脱贫攻坚战，加快民生社会事业发展，加强社会治理和平安建设，注重在发展提升中增进人民福祉。其四，聚焦"生态美"，全面完成生态文明试验区建设任务，加快推进绿色发展，打好污染防治攻坚战，加强生态系统保护与修复，注重在生态文明建设中巩固绿色优势。

三、河南省经济高质量发展案例

河南省经济高质量发展的基础条件在于经济体量大、市场空间大、产业门类齐全、区位交通好，而约束条件则在于整体发展水平低、产业层次低、经济效率低、创新资源少、创新能力弱。

具体而言，河南省经济总量较大，但人均水平较低。2018年河南地区生产总值为48 055.9亿元，占国内生产总值（919 281亿元）的5.23%，在全国排名第五；然而人均GDP（50 032.17元/人）仅为全国平均水平（65 898.28元/人）的75.92%。从经济结构看，河南省工业化、城镇化水平明显偏低，落后于全国

---

[1] 李强，廖荣天，刘立菁，等.高质量发展的目标要求和战略重点：福建推进高质量发展的思路与对策研究[M].北京：中国发展出版社，2019.

平均水平；产业结构层次较低，以能源原材料为主、初级产品为主的工业格局尚未改变；地区差距明显，中心城市集聚辐射能力双不足。从经济效率看，河南省税收占 GDP 比重偏低，劳动生产率较低，固定资产投资边际效益递减，单位 GDP 能耗偏高，主要效率指标纵向比有所改善，但仍明显低于全国平均水平。从经济活力看，河南省民间投资增速下滑、比重下降，企业法人单位数量较少，上市企业数量偏少，技术市场不够活跃，虽然全省经济活跃程度不断提高，但与发达地区的差距仍然较大。从发展动力看，河南省人口红利已然消失，科技创新能力较弱，新的发展动力尚未形成，新旧动能尚不能接续[①]。

基于这一发展背景，谷建全、刘云（2019）等学者提出，河南省推动区域经济由数量型增长阶段向高质量发展阶段迈进的路径为：其一，聚焦产业升级，构建河南特色的"3+1"现代产业体系，即做优"食品－纤维"体系、做强"先进制造业－生产性服务业"体系、做大枢纽经济体系、大力发展新经济。其二，聚焦区域协同，继续强化郑州市的核心城市地位，兼顾其他区域发展，进行分区定位施策，构建"群区产"套合的区域协同发展新格局。其三，聚焦开放合作，充分发挥通道、平台、市场三大竞争优势，着眼于外部创新要素和先进生产力，着眼于开拓东南亚等新兴国际市场，着眼于扩大国际产能合作，构建立体全面开放的新格局。其四，聚焦体制机制改革创新，强化高质量发展的政策导向，着力促进发展平台的功能释放，切实补齐科技创新短板，着力打好三大攻坚战，有效推进河南省经济转型。

---

① 谷建全,刘云,耿德建,等.高质量发展的目标要求和战略重点：河南推动经济高质量发展的思路与对策[M].北京：中国发展出版社,2019.

第五章

新旧动能转换下潍坊市高质量发展探索

第一节　新旧动能转换下潍坊市高质量发展建设实践

一、大力推动工业转型升级，助推经济高质量发展

近年来，潍坊市按照高质量发展的要求，积极推进供给侧结构性改革，持续加快新旧动能转换和产业强市建设，全市产业转型升级成效初步显现。

第一，工业效益指标逐年提高，工业能耗逐步下降，发展质效进一步提升。截至2017年年底，全市规模以上工业实现主营业务收入已达1.2万亿元；全市规模以上工业实现利税1086.5亿元、实现利润707.4亿元，当年分别增长17.2%、20.2%，增幅创近年来新高，分别高于全省平均7.6个、8.7个百分点。能耗水平持续下降，"十二五"期间潍坊市万元GDP能耗下降23.7%，比省任务指标多下降了6.7个百分点，2016年、2017年又分别下降7.22%和3.78%，分别比省任务指标多下降3.56个和0.12个百分点。

第二，工业内部结构优化，优势产业竞争力更为突出，新兴产业占比提高。截至2017年年底，潍坊市电子信息、生物医药、节能环保、智能装备、新能源汽车、海洋动力六大战略性新兴产业实现主营业务收入1830亿元，占规模以上工业的15%，连续三年占比提高1个点以上；高新技术产业产值占规模以上工业产值的比重达到34%。装备制造业发展迅速，2017年全市规模以上装备制造业实现主营业务收入3437亿元，增长14%，增幅高于全省3个百分点，总量占规模以上工业的比重达到28%。潍坊市机械装备（智能农机）·山东潍坊坊子获批2017年度国家新型工业化产业示范基地（特色），成为全国首个以农机命

名的国家级示范基地。动力装备产业集群作为潍坊市传统优势产业，被列为全省转型升级示范三大支柱产业集群[①]。过剩产能加快退出，继2016年煤炭产能全部退出后，2017年全市又压减275万吨钢铁产能。

第三，骨干龙头企业快速发展，规模和效益大幅增长。2017年，潍坊市30户工业龙头企业实现主营业务收入6030亿元，实现利税475亿元、利润321亿元，潍柴集团总营业收入突破2200亿元。潍坊市现有省级单项冠军11家、"隐形冠军"42家，分居全省第二位、第一位。品牌产品逐步增多，主导产品更具竞争优势。2017年潍坊市5家企业参与了央视品牌宣传推广，56家企业参加了工信部品牌培育试点；共有17家企业列入山东百年品牌培育计划，数量居全省第二位。

第四，制造业创新体系基本建立，一批核心技术实现突破。潍坊市建立了市级、省级企业技术中心梯次培育制度，截至2017年年底，全市省级企业技术中心达到177家，高于青岛（147家）、烟台（120家）、济南（107家），总数居全省第一位。商用汽车动力系统总成、机器人与智能制造等十大创新中心全部挂牌运营，雷沃重工获批"国家级工业设计中心"，实现了潍坊市国家级工业设计中心零的突破。8挡汽车自动变速器、机器人减速器等突破了关键技术和工艺，形成自主知识产权并成功实现产业化。全市现有泰山产业领军人才18人，入选数量连续3年居全省首位。

第五，融合发展深入推进，新业态新模式不断涌现，持续释放工业发展新潜能。潍坊市两化融合取得新的突破，企业信息化发展指数由2015年的52大幅跃升至2017年的70，列2017年全省企业信息化水平考核第一位。24家企业入选省级以上两化融合管理体系贯标试点示范，数量居全省首位。军民融合产业快速发展，高新区被确定为省级军民融合类新型工业化示范基地，潍坊市设立首批军民融合特色产业园3家，并成功争创国家级产融合作试点城市。

---

① 吴晓强，韩滨．全市工业转型升级加速推进[N]．潍坊日报，2017-11-16．

潍坊市制造业服务业的融合促进了新模式的涌现，带动产业发展加速向中高端迈进。盛瑞传动引领了国产自动变速器市场变革，产品已进入陆风等多家整车厂，产能、销量大幅提升。潍柴集团大力发展后市场业务，提供发动机全生命周期服务，正在加快建设全球配件分销中心。金丝达公司自主研发的生活垃圾资源化利用项目，实现了垃圾分类自动化、可利用垃圾资源化、垃圾处理环保化，开创了生活垃圾一体化处理新模式。晨鸣纸业通过设立财务公司和融资租赁公司，形成了新的利润增长点。迈赫机器人实现了工业机器人生产线的总集成总承包，通过集成服务发掘了产业价值链高利润区间，2017年成功争创国家服务型制造示范项目。

第六，深入推进节能降耗，加强源头控制和规划引领，绿色发展水平持续提升。潍坊市全社会煤炭消费量持续减少，全市 10 蒸吨 / 小时及以下燃煤锅炉已全部停用。新能源和可再生能源发展迅速，风力发电、光伏发电容量均居全省前列[①]。潍坊市国家级循环经济示范城市创建历经三年，完成了创建指标 74 项，建设循环经济支撑项目 41 个，获批 1 个国家级循环化改造示范试点园区和 6 个省级试点园区，成功通过了循环经济示范城市专家验收。

二、大力推动科技创新，助推经济高质量发展

潍坊市紧紧围绕经济社会发展大局，以提高自主创新能力为核心，以支撑新旧动能转换、发展方式转变为主线，深入实施创新驱动发展战略，培育发展新动能，扩大创新供给。牢牢把握"发展第一要务"、用好"人才第一资源"、激发"创新第一动力"，推动创新环境吸引力、创新资源聚合力、创新成果转化力的提升。

潍坊市成功获批建设国家创新型城市，连续 6 次创建为全国科技进步先进

---

① 吴晓强，韩滨.全市工业转型升级加速推进[N].潍坊日报,2017-11-16.

市；市高新区获批参与建设山东半岛国家自主创新示范区，成为全国13个创新示范区之一。盛瑞传动8AT项目获国家科技进步一等奖，实现了本市企业以第一项目完成人获得国家一等奖零的突破。潍坊市在新旧动能转换、"双招双引"、乡村振兴、科技扶贫等方面均取得明显成效，持续为经济高质量发展提供强大的科技支撑。

（一）深入开展科技交流合作，不断拓宽产学研合作渠道

潍坊市先后与中科院12个分院、国内136家高校建立了长效对接机制，全市已引进、共建高校院所分支机构175家，建成国家级国际科技合作基地2家，建成省级院士工作站88家，组建省级以上产业技术创新战略联盟24家。潍坊市产业技术研究院建设正在加速推进，根据省厅构建"1+30+N"创新体系、打造"政产学研金服用"创新创业共同体的部署，成立潍坊市产业技术研究院，建设一批行业研究分院或新型研发机构。市产研院为独立法人事业单位，组建理事会，聘任院长，设立投资公司和专项资金，支持各类研发机构建设。

潍坊市在科技交流合作中注重借助"外力"，"招院引所"成效十分明显。以政府为主导引进中科院化学所，在滨海区建设化工新材料产业技术研究院和中试基地；引进中科院沈阳应用生态研究所，在潍坊市设立现代农业与生态环境研究院；寿光市引进中国农业科学院蔬菜花卉研究所，合作共建蔬菜研发中心；坊子区与山东大学等单位联合成立了山东大学地热开发研究院；潍城区引进中科院半导体研究所科研团队，成立了先进光电芯片研究院；机械科学研究总院协同创新中心及智能制造基地等落户高密。上述措施有力地推动了县市区创新能力的提升。

潍坊市积极推动企业以企业为主体、与科研院所共建研发机构。潍柴股份与中科院共建潍柴研究院，歌尔股份与北航成立机器人与智能制造研究院，盛瑞传动与北航共建自动变速器研究院，恒联股份与中科院化学所共建新材料研究院，博阳机械公司与齐鲁理工学院在安丘联合成立了齐博人工智能研究院，

迅纺新材料与青岛大学共建青大迅纺功能纺织品研究院。新型研发机构的引进和共建，激发了企业创新活动，推动了全市创新能力的提升。

（二）紧盯人才"第一资源"，培育引进国内外高端人才

潍坊市强化国际人才交流合作，积极引进重点技术领域外国专家。累计引进外国专家4100余人次，其中，国家"千人计划"外专项目专家7人，山东省"外专双百计划"专家4人、专家团队5个。积极推荐项目申报国家和省引才引智工程，推荐外国专家申报国家、省"友谊奖"。其中，6名外国专家荣获中国政府"友谊奖"，26名外国专家荣获山东省政府"齐鲁友谊奖"，65名外国专家荣获潍坊市政府"鸢都友谊奖"。积极组织"外国专家建言会""中以科技合作推进会"等外国专家交流活动，外国专家的创新热情得到极大激励。

潍坊市积极引进、培育高端人才。在2019山东省创新驱动发展院士恳谈会上，潍坊市7个项目签约，数量居全省前列。推荐15人参评省"泰山产业领军人才"，潍坊先进光电芯片研究院工程技术研究中心的郑婉华入选泰山学者特聘专家，实现本市科研院所首人首次挤入泰山学者特聘专家行列的历史性跨越。5人入围国家"万人计划"，推荐2家企业申报"千人计划"工作站，山东合力牧业等15家企业获批山东省院士工作站。

（三）深入实施乡村振兴战略，加快农业科技创新与农业园区发展

潍坊市以国家农业综试区建设为契机，积极推动农业园区提挡升级。在农业物联网、智能农机、设施农业、盐碱地绿色开发等领域实施了48项农业科技项目，安排100万元专项资金支持18个农科驿站达到五个齐备标准。积极推动潍坊（寿光）高新区升建国家级高新区，目前已建成市级农业科技示范园区492家，建成黄河三角洲农业高新技术产业示范区（辐射区）1个，寿光国家高

科技示范园和潍坊（青州）国家农业科技园区等国家级农业科技园区2个，省级农业科技园10个。其中省级农科驿站96家，国家级"星创天地"11家，均居全省前列。寿光国家农业科技园区参加科技部综合评估，被评为优秀；5个省级农业科技园区被评为合格，青州园区被评为优秀。

同时，着眼打赢脱贫攻坚战，进一步加强对乡村的科技扶贫力度。共成立18个科技帮扶队，注册科技特派员324名，与全市337个省定贫困村签订了科技帮扶协议，实现了科技指导人员全覆盖。成立了乡村振兴服务队，选派工作能力强的驻村第一书记，安排20万元资金开展道路环境综合整治和经济作物种植培训。开展了"外国专家扶贫支教乡村行"活动，通过"智力"帮扶促进乡村教育水平提升。

（四）积极推进创新载体建设，不断完善自主创新体系

潍坊市积极推动新型研发机构建设，打造创新创业共同体。成立了磁悬浮装备未来产业技术创新中心、市产业技术研究院等创新机构。目前，全市建成省级工程技术研究中心116家、国家级2家，重点实验室省级15家、国家级1家，备案省级以上科技企业孵化器45家，省级以上众创空间52家。

围绕突破"卡脖子"关键技术，潍坊市积极组织实施重大科技攻关项目。围绕新旧动能转换"十强"产业，征集重点产业"卡脖子"技术46项，推荐275个重点项目申报省重大科技创新工程，其中57个项目进入现场考察范围；推荐5个项目申报厅市联合项目，全部进入现场考察范围。市政府组织实施了196个重点研发项目，支持资金达4465万元。

（五）积极营造创新创业氛围，进一步优化科技发展环境

潍坊市积极营造创新创业氛围，先后制定出台了《关于进一步深化科技体制改革加快创新发展的实施意见》《关于深入实施创新驱动发展战略加快建设

创新型城市的意见》等指导性文件，出台了《关于进一步加强科技企业孵化体系建设的意见》《潍坊市科教创新园区认定管理办法》，修订出台了《潍坊市科学技术奖励办法》等科技创新激励政策措施，激发了全社会的创新创业活力[1]。为进一步加强科技政策宣传，编印了《省、市支持科技创新发展政策实用手册》。

潍坊市积极开展企业培训，2019年，组织了13场有400余家企业、1200多人参加的高企培训。组织500家科技型企业进行国家科技型中小企业入库登记，居全省第四位。成功承办省中小微企业创新竞技行动计划先进制造和现代农业现场竞技活动，全市共有360家中小微企业和团队报名参赛，居全省第二位。推荐154家创业企业和创业项目报名参加全省第二届"创业齐鲁·共赢未来"高层次人才创业大赛，省科技厅资格审核通过112家，数量居全省第一。潍坊市高新区在省内高新区率先组织开展瞪羚企业认定和培育工作，2018年以来认定瞪羚企业23家。

潍坊市高新技术产业快速发展，产业结构进一步优化升级。建成动力机械、磁电装备等12家国家火炬计划特色产业基地，全市高新技术企业总数达到704家，居全省第三位。2019年一季度，全市高新技术产业产值占比达到48.63%，高于全省平均水平8.36个百分点，居全省第五位。

（六）全力整合科技资源，增强科技成果转移转化

潍坊市聚焦科技成果转化"最后一公里"，进一步畅通科技成果转移转化渠道。积极开展"科技服务进千企"活动，重点围绕促进技术市场发展、加速科技成果转移转化等相关政策加强宣传培训。

积极推荐优秀科技成果申报国家、省科学技术奖，推荐联兴新材料"基于一次换热的高温固体散料余热回收关键技术及产业化"项目申报国家科技进步

---

[1] 张红琴.创业动机、创业能力与创业绩效相关性分析[J].管理观察,2019（32）：57-59.

奖，山东赛马力公司的"节能环保高原专用燃气发电产品"等9个项目进入省科学技术奖答辩程序。积极推动中介服务机构发展，对11家技术转移示范机构和30项优秀技术合同进行了支持。近三年，共争取省级以上科技计划项目402项，争取科技资金6.7亿元；2项科技成果荣获国家科技进步一等奖。

三、全面推动金融改革，助推经济高质量发展

潍坊市组织引导全市金融机构进行金融改革，盘活优化存量资源，提升资金使用效率，为全市经济高质量发展提供有力的金融支撑。截至2019年6月末，潍坊市本外币各项存款余额7998.7亿元，比年初增加385.6亿元，完成全年目标任务的70%；全市本外币各项贷款余额5745.4亿元，比年初增加355.9亿元，完成全年目标任务的74%；全市存贷款余额和增量均居全省第三位。

第一，全力支持新旧动能转换重大工程。潍坊市制定出台《关于金融支持新旧动能转换重大工程及"四个城市"建设的实施意见》，明确了15项具体措施，引导金融机构对接重点项目，加大支持力度。开展金融支持新旧动能转换系列行活动，联合发展和改革委员会（以下简称发展改革委）等部门举办政策宣讲会，对62个省级和322个市级重点项目金融需求进行摸底，促成金融机构与130个项目达成初步合作意向，金额590亿元。强化货币政策工具的运用与管理，办理再贷款综合授信83.93亿元、再贴现7.13亿元。联合市金融办、银监分局编写《金融支持实体经济发展政策及产品汇编》，为实体企业提供融资融智服务。

第二，认真做好金融服务乡村振兴工作。潍坊市制定了《金融支持乡村振兴实施意见》，组织农发行、农行、农商行等相关银行业机构，积极开展乡村振兴项目对接活动。组织开展"金融助推乡村振兴示范县"创建活动，积极推进昌乐农村集体资产股份权能改革试点。深入推进"农地"抵押贷款试点，截至2019年6月末，青州、寿光"农地"抵押贷款余额11.3亿元。加快推进"央行资金产业扶贫贷"，累计办理48笔、金额3980万元，帮扶带动建档立卡贫

困户 200 余户。

第三，加快发展供应链金融服务。潍坊市联合银监分局、金融办制定《关于加快推进供应链金融服务　支持实体经济发展的意见》，创新开展"应付账款票据化、解决中小微企业融资难"专项行动，组织金融机构与晨鸣、潍柴等大企业签订授信合作协议，为 10 余家配套企业累计办理贴现 3 亿元。截至 2019 年 6 月末，辖区应收账款融资业务累计成交 951 笔、金额 223 亿元，较年初新增 31 亿元。

第四，全力支持涉外经济发展。潍坊市积极主动对接新旧动能转换、"一带一路"等重大发展举措，不断提升贸易投资自由化、便利化水平。2019 年上半年，涉外收支总量为 167.75 亿美元，居全省第三位，同比增长 12.17%。其中，涉外收入 100.1 亿美元，同比增长 7.29%；涉外支出 67.65 亿美元，同比增长 20.26%；国际收支顺差 32.45 亿美元。潍坊市加强重点区域和企业外汇服务，协助完成潍坊综合保税区北区预验收工作，为涉外经济发展提供了有力支撑。

第五，不断强化金融服务创新。潍坊市全面落实优化企业开户服务工作要求，实现企业开户即时办结，累计办理开户业务 39 280 笔。搭建账户审批信息服务平台，为企业提供从工商登记到账户开立的一站式服务。充分发挥社会信用体系建设牵头作用，以潍坊作为全国首批社会信用体系建设示范城市为契机，全力打造"诚信潍坊"品牌。认真落实《潍坊市推进普惠金融发展实施方案》，不断提升金融服务的覆盖率、可得性和满意度。在青州市开展的省级普惠金融示范区建设，共打造农村地区普惠金融服务站 560 个，为当地经济的高质量发展提供了可靠的金融保障。

四、大力加强人才建设，助推经济高质量发展

潍坊市坚持以习近平新时代中国特色社会主义思想为指导，紧紧围绕新旧动能转换、乡村振兴等重大发展战略，聚焦聚力招才引智，持续加大人才机制、

人才政策、人才活动、人才服务的统筹力度，为经济高质量发展提供了可靠的人才支撑。

（一）注重人才政策创新，进一步打造比较优势

主要做了以下几个方面的工作。

其一，制定出台《潍坊市"一事一议"引进人才办法（试行）》，对急需紧缺的高精尖人才随引随议、特事特办，最高给予 500 万元生活补贴和 5000 万元项目资助，进一步提高政策支持灵活性，加大推进招才引智力度。

其二，着眼人才评价标准化，制定下发《潍坊市高层次人才分类目录（试行）》，亮出本市人才评价"标尺"。

其三，出台《潍坊市高层次人才租赁住房管理办法（试行）》，通过实物配租、租房补贴两种方式解决人才住房问题。

其四，深入贯彻市委市政府向潍柴集团和谭旭光同志学习的决定精神，研究制定了支持潍柴建设国际一流人才高地的九条措施，得到潍柴研发人才的一致好评。

其五，为更大力度吸引院士来潍创新创业，出台《关于认真做好院士服务保障工作的若干措施》，对住潍院士给予 600 万元生活津贴、1000 万元科研项目综合资助，支持力度为省内最高。

其六，按照市委关于更好地发挥驻潍坊高校作用的要求，制定下发推进潍坊学院校地校企人才共享发展的七条措施，受到高校、企业普遍欢迎。

（二）加快凝聚高层次创新人才

主要做了以下几个方面的工作。

第一，立足职能，深入推进"两高"人才队伍建设。潍坊市聚焦实体经济发展需求，以高层次和高技能人才为重点，科学编制《潍坊市 2019 年度高层次

人才需求目录》，统筹推进各类人才队伍建设[①]。

截至 2019 年 9 月底，全市共引进高层次人才 2428 人，其中博士 94 人、硕士 2334 人。2019 年，进入齐鲁首席技师实地考察 10 人，居全省第一；获得首届齐鲁杰出人才奖、提名奖各 1 名，居全省第一位；申报泰山产业领军人才产业（技能类）进入实地考察 1 人，位居全省前列；新增创新类泰山产业领军人才 10 人、创业企业类泰山产业领军人才 4 人、创业项目类泰山产业领军人才 10 人，入选数量并列全省第三位。新增国家级技能大师工作室（潍柴，王树军）1 个；新增国家"万人计划"专家 7 人，居全省第二位；从省外全职引进 3 名国家"千人计划"专家；新增海外留学人员 113 名，培养高技能人才 2952 人。5 人入选省"外专双百计划"，数量居全省第四位；3 人入选省重点扶持区域引进急需人才。新增省级以上高技能人才培养平台 4 家，省级博士后创新实践基地 5 家。潍坊玉泉洼种植专业合作社联合社、潍坊临朐金良梽梅专业合作社成功入选省级乡村振兴专家服务基地，潍坊技师学院获评第 45 届世界技能大赛中国集训基地。2018 年创业大赛落地项目 14 个，有 13 个通过验收，验收通过数量居全省第一位。

第二，深化合作，开展人才项目对接活动。潍坊市围绕中关村生物制药、物联网、人工智能等产业及人才转移，会同滨海区等单位主动做好对接沟通，推动"潍坊滨海·中关村智酷人才与产业创新平台"成功落户。

第三，畅通渠道，加大赴外招才引智力度。潍坊市组织重点企业参加"山东——名校人才直通车"北京站、"东北行"活动、京津冀暨环渤海人才智力交流洽谈会，积极策划组织京津冀地区招才引智活动，名校学生签约率在全省领先。组团赴德国、比利时开展海外招才引智活动。与昌邑市合作成功引进"青年千人计划"获得者、山东大学计算机学院聂礼强教授，实现人才、项目双落地。配合市委组织部制定实施《潍坊市高层次人才服务绿色通道规定》，建立"鸢都惠才卡"制度，完成首批 381 名高层次人才信息审核工作，

---

① 张爱丰.坚持德才兼备、选贤任能[J].党课参考,2019（22）：89-97.

人才服务水平全面提升。

第四，搭建平台，积极组织高端人才活动。潍坊市邀请北京航空航天大学等高校博士专家 50 余人来潍举办"博士专家潍坊行"活动，与日本华人华侨协会签订建立海外人才工作站合作协议，与北京中关村加一战略新兴产业发展中心签订国内人才工作站，拓宽了海内外招才引智渠道。举办了"高端专家服务乡村振兴""海外高层次人才助推潍坊新旧动能转换对接洽谈""现代铸造工艺优化设计和传统企业转型升级培训""2019 年海外赤子为国服务行动计划——走进潍坊留创园暨中国海外学子报国行"等 7 场活动，邀请海内外专家 84 人，达成初步合作意向 34 项，签订合作协议 1 项、合作框架协议 1 项。成功举办第六届全国大中城市联合招聘高校毕业生"潍坊站"暨知名高校滨海行校企对接大会，潍坊市被授予"全国高校毕业生精准招聘平台推广基地"。

（三）注重优化服务，进一步激发人才活力

主要做了以下几个方面的工作。

其一，狠抓政策落实。2019 年上半年为新引进的 6105 名本科生、1848 名硕士、160 名博士（后）发放生活补贴 4240.05 万元。印发重点人才政策汇编 2.5 万册，并通过微信公众号等新媒体推介，提高人才政策知晓度。

其二，制订重点人才宣传方案。在潍坊电视台设立"人才潍坊"专栏，已集中宣传省级以上重点人才 6 名、市县两级重大人才活动 21 次，微信发布人才工作稿件 74 篇。

其三，会同潍坊市人社局制作、发放首批"鸢都惠才卡"，召开专题新闻发布会。表彰首批"人才潍坊伯乐"26 名，发放奖金 240 万元，着力激发企业引才育才内生动力。

其四，深入开展"弘扬爱国奋斗精神、建功立业新时代"活动。邀请北京小汤山医院专家举办健康讲座，会同市中医院、邀请 3 名国医大师为市级以上重点人才健康查体。

第二节 新旧动能转换下潍坊市高质量发展存在的问题

一、工业结构偏重，转型升级任务艰巨

潍坊市工业历史上所形成的结构偏重、层次不高、大而不强的状况，目前仍然没有从根本上得到改变，加快结构调整和转型升级，推动工业迈向中高端、实现高质量发展的任务依然十分艰巨。

潍坊市工业转型升级面临的问题具体体现为"六多六少"。

其一，从产业层面看，产业结构不合理。存在"两多两少"，即低效产业、高耗能产业多，高端产业、新兴产业少。潍坊市产业结构偏重，转型升级压力大，传统产业占工业比重的70%，重化工业占传统产业比重的70%。化工、机械、纺织、食品、造纸五大传统支柱产业，占到了全市工业总量的70%以上，多数处在产业链的加工制造环节，且多为初加工和配件加工，加之科技水平不高，污染高、耗能高、效益低的问题较为突出。高新技术和战略性新兴产业占比规模小、占比低，电子信息、生物医药、节能环保、新能源汽车等新兴产业，2018年企业个数及主营业务收入占规模以上工业企业的比重仅为13.2%和14.2%。与全省、济南、青岛、烟台相比，2018年潍坊市高新技术产业产值占比分别低0.61、9.8、7.8、8.14个百分点。

其二，从企业层面看，质量效益整体不高。存在"一多一少"，即盈利能力较低的企业多，有影响力的大企业少，与全省及先进地市相比仍有一定差距。2018年，规模以上工业户均主营业务收入潍坊市为3.18亿元，而烟台市为5.45

亿元；规模以上工业利润率、利税率潍坊市分别为 5.8% 和 8.9%，而青岛市为 5.9% 和 10.6%，烟台市为 7.4% 和 9.6%。与全省、济南、青岛、烟台相比，单位投资对 GDP 贡献率分别低 6.6、2.2、3.6、5.4 个百分点。

其三，从产品层面看，产品竞争力整体不高。存在"三多三少"，即中间产品、低附加值产品和同质化产品多，知名品牌、终端产品和高端产品少[1]。潍坊市排名前十的主导产品是原盐、纯碱、纱、布、发动机、酒、水泥、钢材、人造板、橡胶轮胎，多数是初级原材料、初加工产品和低附加值产品，具有一定品牌影响力、市场竞争力和高附加值、高技术含量、高出口创汇的产品较少。

二、高质量开放发展的程度有待加深

当前，制约潍坊市高质量开放发展的深层次矛盾仍然存在，部分领域体制机制没有突破，开放发展的引领作用发挥不够。特别是与佛山、深圳、杭州、青岛等先进城市对比，潍坊市在开放发展的开放意识、基础支撑、体制机制、投资贸易便利化水平等方面都存在很大差距，开放型经济的发展水平与本市经济总量在全省的地位及本市沿海城市的地位均不相称，与走在前列的要求还有不小差距，两个市场、两种资源还没有充分利用起来，高质量开放发展有待进一步加深。

（一）扩大开放的基础支撑较为薄弱

在基础设施配套方面，虽然潍坊市出台了一些加强城市基础设施建设的举措，但对比青岛、深圳等城市，公共设施的国际化规划建设仍有差距，尤其是在举办国际性活动时，服务配套能力有所不足。在扩大开放发展的人才方面，缺少针对开放型经济以及国际经济合作领域的专家智库，在宏观经济、政策解读、

---

[1] 李传恒.实施园区循环化改造 创新潍坊循环经济发展新模式[J].中国经贸导刊,2014（36）：46-47.

发展趋势等领域的深度研究不够；缺少懂外语和熟悉涉外业务、涉外招商经验的人才。在政策资金保障方面，支持开放型经济发展的政策相对乏力，政策资金支持水平相对较低。

（二）产业发展的开放度相对较低

潍坊市开放型经济发展以传统优势产业和龙头企业为主，新兴产业开放发展的动力不足。对外开放的优势领域主要集中在品牌农业等传统优势产业，如外商投资主要集中在食品加工、纺织服装以及机械制造等传统工业领域，占比接近一半；对外投资主要涵盖机电、轻工、纺织、五金、化工以及食品等多个传统产业，出口产品大多处于产业链的中低端，产业附加值较低、利润率不高、赢利空间相对不大。

（三）招商引资的规模和效益需进一步提升

主要体现在以下几个方面。

其一，外资企业的数量偏少，水平偏低。从省内对比来看，2016年1月至2018年5月，潍坊市累计新批设立外商投资企业97家，与省内外先进城市相比还有不小的差距。

其二，招商机制活力不足。招商工作还缺乏专业化、市场化运作的力度，有效的激励机制还需进一步强化，产业招商的力度不够。

其三，境外机构设置进度较慢。驻外经贸代表机构对于收集合作信息、寻找合作资源具有重要作用，特别是在促进双向投资方面有不可替代的地位。各地也采取多种方式纷纷设立境外代表处，青岛市2013年开始设立青岛境外工商中心，目前已在新加坡、德国、美国、以色列等7个国家设立代表机构；烟台市、威海市分别设有6个、4个驻外机构。潍坊市的驻外机构尚处于筹建阶段，需加快设置进度，以更好地促进境内境外双向投资与合作。

（四）外贸企业在转型发展中面临诸多压力

主要体现在以下几个方面。

其一，外部环境的影响致使企业盈利减少。2018年以来，以美国为首的贸易保护主义抬头，针对我国的贸易壁垒和反倾销、反补贴、保障措施等贸易救济手段越来越多，贸易摩擦不断产生。部分外贸企业受环保督查影响，因停产、限产而导致进出口额下降；部分外贸企业受国际汇率波动、反倾销影响，导致出口额下降、销售利润减少。

其二，外贸出口成本逐年增加。一方面，出口的原材料价格上涨，物流成本上升；另一方面，外贸出口相关的制度成本近年出现上升的趋势。化工、建材、医药、新材料等行业普遍存在原材料和包装材料价格上涨较大的问题，个别产品原料价格上涨的涨幅竟然超过50%。潍坊市润丰化工、滨海石油化工、崇舜化工、益华化工等多家外资企业受青岛港危险品禁运的影响，企业出口的危险品货物不得不从大连、上海、宁波等其他港口出运，每个20尺的货柜就增加成本1万元，给企业带来很大的成本。

其三，企业"招工难""用工荒"问题较为突出。随着生产规模的扩大，潍坊市歌尔股份、元林木业等进出口生产企业的招工越来越难，严重影响了企业正常的生产经营活动。虽然企业想方设法加大招聘力度，但业务合格、规范的员工以及高水平员工依然短缺，无法从根本上解决问题。

三、科技创新有待进一步加强

（一）创新资源相对不足

科技研发能力是一个区域创新能力真实水平的重要反映。与先进地市相比，潍坊市的创新资源不足，基础研究相对薄弱。高校院所少、人才少、企业吸引人才能力弱，是制约潍坊市研发能力提升的短板。

高校方面，潍坊市的高校以职业院校为主，全市本科院校仅5家（含山东师范大学历山学院、青岛科技大学高密校区），综合类大学数量少且研发水平不高。而青岛有部、省属高校14所，苏州有高校24所，深圳虽然起步晚，但高等院校（含在建高校）已达23所。科研院所方面，潍坊市纳入国家统计的14家科研院所中，运转良好的仅有省海科院、市农科院2家，其余都很少开展研发活动；青岛有12家国家级科研院所。在高层次人才引进方面，受工作岗位、发展机会、薪酬待遇、生活便利性等方面影响，潍坊市对高层次创新创业人才的吸引力不足。潍坊市拥有国家"千人计划"专家75人，而青岛有180人，苏州、深圳则分别达到219人和294人。潍坊的驻潍院士数量还未实现零的突破，虽然引进了一部分高端人才，但受创新氛围、科研基础、文化环境等因素的影响，很难长期留用；反观济南、青岛、深圳，其驻当地院士数量分别已达到11名、28名和29名。

（二）高端研发平台相对不足

各类研发平台是实现科技成果向现实生产力转化的重要基础和聚才引智的载体。从研发平台的数量上看，潍坊市省级以上工程技术研究中心110家，而济南是127家，苏州、深圳分别达到175家、187家。潍坊市省级以上科技企业孵化器27家，市级以上为74家；深圳省级以上科技企业孵化器达到37家，市级以上达到237家。

尽管潍坊市科技创新平台数量显著增加，但高层次科技创新平台数量少，且整体分布零散、覆盖面小、利用效率不高。在高端研发平台方面，潍坊市国家级工程技术研究中心仅有2家（潍柴、盛瑞），而济南、青岛都分别达10家以上。从分布范围看，现有科技研发平台主要集中在规模以上企业，绝大部分小微企业没有组建研发机构。全市省级以上企业科技创新平台仅占总量的27%，且大多分布在高新区、诸城市、寿光市，其他县市区数量偏少。

潍坊市科技孵化器较少、层次较低的原因，主要还是投入偏少，缺少专业化运营团队，没有持续性的基金支持。现有研发平台中，有近70%仅限于对企业自身提供日常技术服务，研发活动少、研发能力低，难以充分满足企业创新活动的技术需求，而真正取得核心技术突破并实现成果转化形成产业化的更少。

（三）高新技术产业规模需进一步提高

高新技术产业的发展情况是区域科技竞争力的重要体现，在很大程度上综合反映了一个区域科技推动经济社会发展的能力。尽管潍坊市高新技术企业数量位居全省前列，但规模大、形成产业链或产业集群的企业集团数量少、占比低、带动能力弱，与全省及先进地市相比仍有一定差距。

与同类别的地市相比，潍坊市高新技术企业规模相对较小、龙头企业数量较少。在高新技术企业数量上，潍坊市高新技术企业是542家，居全省第三位，青岛为2039家、济南为1704家，潍坊市分别比青岛、济南少1497家、1162家；苏州则达到4469家，深圳达到11 230家。潍坊市百万人高新技术企业数量为58家，为山东省第七位，而排名靠前的济南、青岛和威海分别为219家、147家和105家，潍坊与之相差甚远。

从高新技术产业发展看，2017年潍坊市规模以上工业企业户均产值为3.47亿元，在山东省内排名第十二位；排名第一的是东营，为13.18亿元；烟台第二位，为6.25亿元。2017年，潍坊市实现高新技术产业产值4165.05亿元，居全省第四位，前三位为青岛（7531.37亿元）、烟台（6314.69亿元）、东营（4705.02亿元），其中，潍坊市高新技术产业产值占规模以上工业总产值的比重仅为34.35%，位于山东省第七位，比全省平均水平（34.96%）还低0.61个百分点；济南、青岛、烟台分别达到45.15%、42.51%、42.49%，均超过了40%。处于全国领先位置的深圳高新技术产业产值已突破2万亿元，苏州也达到1.53万亿元，占比分别达到75%和48.5%。

上述指标充分说明，潍坊市产业结构、创新能力亟须更大提升，传统产业占主导的局面尚未根本改观，高新技术产业规模仍需进一步提高。

（四）研发投入相对偏少

潍坊市科技研发投入总量与省内省外先进地市相比，仍存在较大差距。在总体研发投入上，2017年潍坊市全社会研发（R&D）经费投入144.1亿元，占生产总值比重为2.56%，相比其他城市较低。例如，省内的青岛研发投入占比为2.86%，烟台为2.6%；而全国排名靠前的苏州研发投入占比为是2.82%，深圳达到4.13%。从投入规模看，全社会研发（R&D）经费投入基本上是青岛（286.4亿元）的一半，苏州（490亿元）的1/3，深圳（900亿元）的1/6。从政府投入上看，潍坊市政府资金占全市科研经费支出比重仅为2.94%，也低于其他城市，如深圳市政府资金投入占比达到5%。

研发投入不足，是制约科技创新和企业研发能力的一大"瓶颈"。潍坊市科技投入的不足，很大程度上影响了产业创新能力的提升。而同时，财政资金对激励企业自主创新的引导作用还不够明显。究其原因，一方面，企业不想投、无钱投的问题依然存在；另一方面，政府财政引导投入少，科技投入增长机制还不健全，落实力度不够。

（五）县域创新发展能力不平衡

潍坊市县域创新发展能力不够平衡，各县（市区）开发区在科技投入、高新技术产业占比等方面差距较大。从高新技术产业产值占比情况看，2018年年底，高新区高新技术产业产值占比达到75.93%，滨海、临朐、寿光、坊子也都达到了50%以上，但仍有5个县市区占比在30%以下，远低于全市平均水平（44.85%），个别县市区高新技术产业产值占规模以上工业总产值比重还不到10%。2019年中国创新百强榜上，潍坊市对标的南通市3个区5个县全部进入"中国科技百强区县"，而潍坊只有诸城、寿光、青州3个地市入榜。

由此可以看出，潍坊市区域不均衡、产业不平衡的问题十分突出，产业结构调整、新旧动能转换的任务还很艰巨。

（六）创新的政策环境有待进一步改善

创新的政策环境有待进一步改善：一方面，潍坊市科技金融体系还不健全。利用科技担保、风险投资、科技银行、科技基金等促进科技企业创新、加快科技成果转化的投融资体系还不够完善，作用发挥还不够充分。另一方面，潍坊市科技创新相关政策的兑现不够及时。如科技研发费用税前加计扣除的政策、高新技术企业所得税减免政策、重大平台建设配套政策、人才引进支持政策等，有些还没有完全落实到位，从而导致了整体面上的创新氛围不够浓厚，中小微企业创新动力不足。

四、高质量发展的金融支持有待加强

高质量发展的金融支持有待加强，主要体现在以下几个方面。

第一，银行贷款规模受限，制造业贷款增速进一步下滑。一方面，受金融去杠杆政策影响，潍坊市银行贷款规模受限，制约了贷款投放；另一方面，实体经济的低迷使制造业有效信贷需求不足。2019 年前 5 个月，全市规模以上工业增加值增长 5.2%，同比下降 3.5 个百分点；工业主营业务收入增长 9.8%，同比下降 4.3 个百分点。截至 6 月末，制造业本外币贷款 1449.4 亿元，较年初增加 15.8 亿元，同比少增 54 亿元；较年初增长 1.1%，同比下降 3.4 个百分点。

第二，银行信贷资源过于向大中型企业集中，小微企业贷款难问题较为突出。2018 年以来，基于风险防控考虑，部分金融机构贷款审批权限上收，贷款门槛提高，信贷规模也有所收紧，导致贷款向大中型企业集中。截至 2019 年 6 月末，全市大中型企业贷款余额 2083.9 亿元，较年初增加 138.9 亿元，占全部企业贷款增量的 85.6%，同比提高 12.5 个百分点；小微企业贷款余额 1532.4 亿元，较年初仅增加 23.3 亿元，占全部企业贷款增量比例由去年同期的 26.9% 下降至 14.4%。

第三，企业债券发行融资成本提高，发行难度加大。2018年以来，受多起信用风险事件影响，企业债券发行融资成本提高，债券发行难度加大，融资净额呈下降态势。2018年上半年，晨鸣纸业集团债券发行平均利率高达6.83%，同比提高1.66个百分点。同期，全市企业债券融资净减少17.4亿元，同比少增81.2亿元。

第四，中美贸易摩擦对涉外收支产生较大影响。随着中美贸易摩擦的持续发酵，对潍坊市产品附加值低、议价能力弱、市场布局集中的进出口企业造成冲击，进而对潍坊市涉外收支产生了重要影响。2019年二季度，潍坊市对美进出口收付汇合计5.59亿美元，较一季度减少3.38亿美元，环比下降37.68%；占全市贸易收付汇总额的9.83%，较一季度占比下降了0.17个百分点。

五、推动经济高质量发展的高级人才缺乏

推动经济高质量发展的高级人才缺乏，主要体现在以下几个方面。

第一，人才引进、培育与支持的投入力度有待增加。近年来，潍坊市县两级不断加大人才投入，但受地方财力所限，人才专项经费列支压力较大，缺口也较大。市级2019年人才工作专项经费仅为8200万元（含干部教育培训经费1060万元），与福建泉州（7个亿）、济南（7个亿）、青岛（10个亿）等市存在较大差距。

第二，平台载体建设对人才的支撑力度不够。潍坊市平台载体建设的层次不高，创新创业综合体发育不快，以产业研究院为代表的新型研发机构少，对人才的吸引力和承载力不够强。

第三，人才引进与培育的市场化、社会化、多元化推进机制不够完善。潍坊市的人才服务仍然以政府提供服务为主，社会化、专业化不够，服务质效与人才需求仍有较大差距。

第四，人才引进的联动机制不够完善。潍坊市相关部门对人才引进的相关信息未能充分共享，人才引进部门之间、市县之间没有真正联动起来。有的地方、

单位对招才引智工作重视程度不够，职能作用发挥不充分、不到位，引才方式没有形成叫得响的引才品牌。

六、推动经济高质量发展的思想观念有待进一步解放

思想是行动的先导。从其他省市高质量发展的经验来看，重要的一点就是他们思想解放、理念超前、敢想敢干，改革发展中不拘泥于条条框框限制，敢于第一个"吃螃蟹"。

潍坊市本地民众受传统儒家思想及官本位思想的影响较深，思想观念偏于保守。部分领导干部在思想观念、素质能力、工作作风、体制机制等方面还不能够完全适应新形势新任务要求，存在追求发展速度情结、传统模式、政策依赖、视野格局窄等现象。在制度创新、政策创新、机制创新上胆子小、办法少、顾虑多，前怕狼后怕虎，导致很多工作只能"跟随"，无法"领先"。有的因循守旧、束手束脚，仍习惯于按照规定要求办事，遵循既有经验惯例办事，找不出融会贯通、具有原创性的思路举措。有的专业能力不足、新知识缺乏，有的慵懒散浮、推脱等靠，有的运行机制不畅，影响了高质量发展的效率和进程。

七、推动经济高质量发展的营商环境有待进一步改善

推动经济高质量发展的营商环境有待进一步改善，主要体现在以下几个方面。

其一，政务服务效能有待进一步完善。政府对企业和外商的服务意识不强，行政审批流程还不够简化，影响了服务效能的提升。相比浙江等南方先进地区，潍坊市在政务服务和营商环境方面差距明显。杭州"最多跑一次"改革，市级公布事项1150项，而潍坊市仅公布329项，不足杭州的1/3。

其二，政策制定与落实还需持之以恒，注重实效。地方高质量发展需要一个过程，应明确发展思路、明确政策导向，一旦确定主攻方向，就应始终保持

战略定力，持之以恒推进落实，不达目标不罢休。应坚持"一张蓝图绘到底"，保持"守正笃实、久久为攻"的态度，一任接着一任干，一锤接着一锤敲，凝聚各方力量，才能实现新突破、取得新成效。

其三，生态环境有待进一步改善。潍坊市工业能耗高、排放大，环境容量已经达到"天花板"。全市化学需氧量、氮氧化物等排放总量均排在全省前列，节能减排任务艰巨。工农业用水及生活用水需求量高，水资源缺口较大，一定程度上制约了经济发展。

第三节 新旧动能转换下潍坊市高质量发展的路径建议

一、潍坊市高质量发展的建设目标

（一）发挥创新支撑引领作用，助推城市高质量发展

潍坊市科技创新发展的整体思路：坚持发展是第一要务、创新是第一动力、人才是第一资源的理念，确立创新在推动高品质城市建设中的核心地位，深入实施创新驱动发展战略，深化科技体制机制改革，建设高端创新平台[1]，培养和吸引高端人才，促进科技成果转移转化。

科技创新发展的任务目标：到2021年，全社会R&D经费支出占GDP比重达到2.7%以上，省级以上科技创新平台达到300家以上，建设3家省级以上、10

---

[1] 叶文娟.全省科技工作会议召开[N].青海日报,2020-02-25.

家市级以上创新创业共同体，引进培育各类高层次人才 200 人以上，高新技术企业数量达到 800 家以上，高新技术产业产值占规模以上工业总产值比重达到 47%。

（二）建设培育发展现代服务业，助推城市高质量发展

潍坊市现代服务业发展的整体思路：以习近平新时代中国特色社会主义经济思想为指导[①]，深入贯彻市委"六三七五一"工作思路，把握服务经济时代、互联网经济时代、经济全球化时代发展趋势，落实新旧动能转换"四新"促"四化"要求，发挥中心城市集聚辐射作用，实施重点产业提升行动，加速服务业发展质量变革、动力变革、效率变革，推动服务业规模膨胀、结构优化、动力转换，构建优质高效、充满活力、竞争力强的现代服务产业新体系，助力新时代高品质城市建设。

现代服务业发展的任务目标：实施中心城市现代服务业培育"7511"工程，加快推进 7 个重点产业提升行动，抓好 50 个重点项目建设，培育 10 个服务业特色产业园区，培育 100 家骨干带动企业。到 2021 年，中心城市服务业市场化、社会化、国际化水平明显提高，新产业、新业态、新商业模式蓬勃发展，支撑经济发展、民生改善、社会进步、品质提升的功能显著增强。

（三）建设兴办新兴高端产业园区，助推城市高质量发展

高端产业园区发展的整体思路：坚持高端发展方向，紧紧围绕绿色化、智能化城市产业发展定位，依托现有产业基础，以打造国际动力城、智能农机城、声学光电城为引领，建设潍柴配套产业园、新能源动力产业园等一批新兴高端产业园区，打造齐鲁创智园等一批新兴服务平台和嘉实孵化产业园等新兴模式展示区，推进城市新兴产业规模成长、质效提升、模式创新，打造高水平现代产业集群。

高端产业园区发展的目标任务：一是聚焦新兴高端产业园区建设，打造三

---

① 安平年. 关于学习习近平经济思想 做好经济统计工作的几点思考 [J]. 中国统计，2019, 455 (11): 6-9.

张城市产业新名片（国际动力城、智能农机城、声学光电城）；二是聚焦城市新兴产业质效提升，打造两个新兴服务平台（齐鲁创智园、山东省绿色铸造技术装备服务平台）；三是聚焦城市新兴产业模式创新，打造两个样板展示区（嘉实孵化产业园、1532文化产业园）。

（四）推动开发区体制机制改革创新，助推城市高质量发展

潍坊市开发区改革创新的整体思路：贯彻落实省委《关于推动开发区体制机制改革创新促进高质量发展的意见》（鲁发〔2019〕14号）精神，坚持市场化改革取向和去行政化改革方向，搞好顶层设计，鼓励探索创新、先行先试，推行"党工委（管委会）+"等多种形式的体制改革，发挥开放创新、科技创新、制度创新功能优势，形成新的集聚效应和增长动力，引领全市高质量发展。

开发区改革创新的任务目标：集中开展精简高效管理体制提升行动、市场化运营水平提升行动、高质量发展提升行动，通过实施新一轮开发区体制机制改革行动，推动开发区聚焦经济发展、"双招双引"、科技创新、改革开放等主责主业[①]，着力把开发区打造成为科技创新的引领区、深化改革的试验区、对外开放的先行区、新旧动能转换的集聚区、高质量发展的示范区。

二、推进潍坊市高质量发展的对策建议

（一）思想再解放，持续深化科技体制机制改革

具体体现在以下三个方面。

其一，进一步解放思想。潍坊市应解放思想、用开放的眼界观察和审视国内外科技创新发展的新情况、新变化，同时又要着眼潍坊实际，审时度势，着力增强科技创新力和竞争力。

---

① 蔡文龙.研究推进开发区体制机制改革创新工作[N].东营日报,2020-02-15.

其二，积极转变政府职能。借鉴南方先进城市经验，把政府职能从"管理"转变到"服务"上来。深圳提出了打造"影子政府"，就是政府少干预产业和企业的发展。企业根据市场规律进行发展，鼓励各种模式、各种业态，只要不触犯法律底线、不违背国家政策，政府就不加干预。企业发展到一定程度，需要政府宏观调控、出台政策、搭建平台、解决困难了，政府才能相应地开展系列工作。这样，既激活了市场发展的活力，又真正起到了保驾护航的作用。

其三，探索创新科技管理体制。建立完善管理体系，健全工作运行机制、督查督办机制、考核奖惩机制、项目推进机制等，形成高效的科技管理模式。

（二）力度再加大，努力壮大高新技术产业发展规模

高新技术产业是区域科技竞争力的重要体现，是新旧动能转换的重要力量，是推动经济转型升级的重要抓手。潍坊市目前传统产业占比较高，新旧动能转换的压力较大。因此，必须进一步推动高新技术产业的发展壮大。

要进一步加大"小升高""小升规"培育计划的实施力度，培育一批"瞪羚企业""独角兽企业"和科技型中小微企业[①]，真正形成龙头企业"顶天立地"和科技型中小微企业"铺天盖地"的创新发展主体新格局。围绕全市新旧动能转换五大传统产业和五个新兴产业，进一步明晰产业布局，推进高新技术产业迅速崛起。确保高新技术产业产值每年以1%的速度增长，高新技术企业每年总量增加40家，2020年，全市高新技术企业达到650家，高新技术产业产值占规模以上工业总产值比重达到36%。

（三）重点再突出，提升优化科技创新大平台

创新平台是技术研发的重要载体，潍坊市亟须构建全方位、各类别的科技创新平台体系，为企业创新发展提供支撑。以杭州市江干区下沙街道为例，总

---

① 孙孔嘉，王喜进.用好改革开放"关键一招" 加快推进"四个城市"建设[N].潍坊日报,2018-08-17.

面积只有60多平方千米，却能够划出10.9平方千米建设高教园区，大力引进高校和科研院所。目前下沙街道已有14所高校，近20万名学生，引进各类人才600多名，实现财政收入130多亿元，引进内外资60多亿元。潍坊市的高端研发机构严重缺乏，需要围绕重点产业引进若干实体性的科研机构。虽然前期在资金、场所、编制等方面会有较大投入，但在若干年之后，一定能收获技术创新、成果转化的巨大"红利"。

因此，潍坊市要进一步树立大平台理念，围绕实现由企业研发转向产业研发、个体研发转向公共研发"两个转变"，加快十大产业创新中心和十大未来产业技术中心建设，谋划和打造高水平的行业技术研发平台①。争创潍柴国家技术创新中心，打造具有国家竞争力的燃料电池技术创新平台；加快科教创新园建设，推动齐鲁创智园成为提升中心城区综合实力和带动功能的新"亮点"，从而逐步形成国家、省、市级科技创新平台优势互补、梯次连续升级的系统布局。

（四）境界再提升，着力打造创新发展新高地

园区、基地、产业集群是一定的地域范围或产业领域，通过制订发展规划、优化发展环境、提供科技服务、促进企业集聚等方式，实现高新技术产业化和培育战略性新兴产业的重要载体。

潍坊市应按照省、市新旧动能转换的要求，加快推进产业集群、基地、园区体制机制的创新，推动各类科技资源要素向园区集聚，促进园区产业集群有规模、有特色、有水平。要全力争创潍坊（寿光）国家高新技术产业开发区，打造潍坊市农业领域高新技术产业发展的"引领区"。加快自主创新示范区建设，形成潍坊市自主创新"样板区"。强化示范基地建设，充分发挥全市2个国家农业科技园区和12家国家火炬计划特色产业基地及相关产业集群的集聚效应，提升科技园区对科技元素的吸纳力和辐射带动力，形成强大的集群效应和示范带动效应。

---

① 孙孔嘉，王喜进.用好改革开放"关键一招" 加快推进"四个城市"建设[N].潍坊日报,2018-08-17.

（五）措施再强化，畅通科技成果转化快车道

科技是经济增长的发动机，是提高综合国力的主要驱动力[1]。促进科技成果转化、加速科技成果产业化，已经成为科技政策的新趋势[2]。以深圳为例，2010年以来深圳累计获国家科技奖励99项，平均每年都在10项以上。我们要看到与发达地区的差距，进一步强化措施，畅通科技成果的渠道，多出成果，多出专利，多出品牌。

潍坊市应积极探索科技奖励工作的新途径，在"鼓励和规范社会力量设立科学技术奖"上寻求新突破。扶持指导潍柴集团"商用车动力总成关键技术及工程化"项目冲击国家科技进步一等奖[3]，扶持十大新旧动能项目研发转化，重点扶持潍柴"氢燃料电池"国家重大专项，不断在关键核心技术研发上取得新突破，让更多科研成果转化为生产力和新的增长点，为科技成果转化提供原动力。

（六）环境再优化，培育创新发展新动力

潍坊市应聚焦本市创新制度建设，着力解决创新活力不足的问题。进一步完善丰富科技政策内容，增强科技创新政策的针对性、实效性和可操作性。科技是第一生产力，人才是第一资源，要加快人才聚集和培养，面向重点产业和科技创新重点领域，引进一批急需的高层次人才与团队，特别是加快本土院士的培养，实现潍坊市零的突破。

金融是现代经济的核心，潍坊市应在鼓励民资、扶持奖励、融资担保、产权持股等方面积极落实创新创业的优惠政策和激励措施，化解企业债务链、担保圈等难题。应积极扶持科技企业孵化、众创空间等创新载体建设，促进各种新产业、新模式、新业态不断涌现；积极举办、承办各级各类创新创业大赛和创新竞技行动，为全市创新发展积蓄新的动力。

---

[1] 周宁.高新技术企业中的科研与技术管理[J].科技创新与应用,2014（24）：264-264.
[2] 鲍金刚.国家大学科技园如何破解税收困境[J].人民论坛,2014（36）：68-69.
[3] 孙孔嘉，王喜进.用好改革开放"关键一招" 加快推进"四个城市"建设[N].潍坊日报,2018-08-17.

第六章

新旧动能转换下高质量发展评价——以山东新旧动能转换综合试验区为例

第六章
新旧动能转换下高质量发展评价——以山东新旧动能转换综合试验区为例

第一节　山东省营商环境评价分析

一、优化营商环境与高质量发展

（一）加快优化营商环境是高质量发展的必然要求

为贯彻落实习近平新时代中国特色社会主义思想和党的十九大精神，深入推进放管服改革，加快政府职能转变，党中央、国务院提出要聚焦企业关切，持续优化营商环境。习近平总书记在中央财经领导第十六次会议上强调，要"营造稳定公平透明的营商环境，加快建设开放型经济新体制"[①]。

马骏（2019）等学者研究指出，"加快优化营商环境是高质量发展的必然要求"[②]。主要体现在：其一，促进企业扩大投资要求加快优化营商环境，以此提振企业家信心和释放民间投资；其二，推动经济结构转型升级要求加快优化营商环境，要为新经济新动能创造发展空间，就必须按照审慎包容的原则重塑既有监管制度；其三，释放就业创业活力要求加快优化营商环境，以此减少创办中小企业的限制和成本，增加中小企业的数量和成活率；其四，不断深化对外开放要求加快优化营商环境，以此进一步扩大对外开放水平，建立相对稳定、透明、可预期的政策环境；其五，促进公平竞争和优胜劣汰要求加快优化营商环境，以此不断完善市场竞争规则，加强监管力度，维护良好秩序，通过公平

[①] 李思潼.粤港澳大湾区背景下珠三角营商环境分析[D].广州：广东外语外贸大学，2019.

[②] 马骏,袁东明,马源,等.高质量发展的目标要求和战略重点：优化营商环境促进高质量发展[M].北京：中国发展出版社,2019.

竞争实现优胜劣汰。

（二）我国优化营商环境的改革实践

党的十八大以来，我国以深化行政体制改革、转变政府职能为主线，统筹推进优化营商环境。采取的主要措施如下。

第一，进一步完善产权保护制度。国务院发布相关文件，明确了产权保护的十大任务，要求完善产权保护相关法律制度，规范相关法律程序，健全完善相关制度机制，加大知识产权保护力度，营造全社会重视和支持产权保护的良好环境。

第二，大力推进简政放权。一是不断深化商事制度改革，进一步改革注册登记制度，推行"证照分离"改革试点，全面推进企业简易注销登记改革等措施，激发社会创新创业的热情。二是深化行政审批制度改革，加快制定市场准入负面清单，清理规范投资项目保健审批事项，减少职业资格许可和认定事项，削减工业产品生产许可证，针对工程建设项目开展审批制度改革。三是不断加大税费改革力度，进一步加大减税力度，清理规范行政事业性收费，清理经营规范性服务收费，加大减费力度。

第三，强化事中事后监管。一是全面推行"双随机、一公开"制度，进一步明确监管总体要求，规范"双随机、一公开"实施机制，推动各部门各地方出台落实相关举措。二是探索综合监管和社会监管，进一步健全综合监管执法体制，强化大数据监管支撑，鼓励社会监督和投诉举报，形成消费者"用脚投票"的倒逼机制。三是坚持包容审慎监管，制定包容性准入制度，推行动态监管和风险分类，把握安全和用户权益底线。四是强化信用联合奖惩，加快社会信用体系建设，强化企业信用归集和公示，推进政务诚信与个人诚信。五是促进市场公平竞争，建立公平竞争审查制度，加强法律和组织保障，加强重点领域专项执法。

第四，优化政务公共服务。一是加快推进"互联网＋政务服务"，明确"互联网+政务服务"整体要求,规范政务服务技术体系,强化政务服务平台和政府网站督查,切实便利企业群众办事创业。二是全面清理各类证明事项,深入开展"减证便民"专项行动,限期取消或停止证明事项,实施证明事项清单管理。三是推行便捷、高效、规范的政务服务,推动公布政府权力清单和责任清单,推进公共服务事项规范化,创新政务服务方式。

(三)我国营商环境面临的问题

当前,我国营商环境改革取得了巨大进步,但与先进国家相比仍有很大差距。根据世界银行营商环境排名,2019年中国在全球190个经济体中排名第46位[①]。我国营商环境面临的突出问题主要有以下几个方面。

其一,产权保护有待进一步加强。主要表现在:政府直接干预企业经营问题突出,产业政策、环保政策"一刀切"现象普遍,"新官不理旧账"问题长期得不到解决,地方政府滥用司法权力的现象较多。

其二,要素成本缺乏竞争力。近两年来,我国制造业上游原材料价格快速上涨,劳动力成本优势明显弱化,中小企业资金成本长期居高,土地成本持续上涨,能源成本缺乏竞争力,导致我国制造业的低成本优势大幅削弱。

其三,企业税费负担较重。当前我国企业承担的综合税负总体偏高,而征管规范化后企业实际承担的税负却在提升,涉企经营服务性收费门类多、价格高,不同类型的企业税费负担差异巨大。

其四,政府服务效率和能力有待提升。目前,我国政府服务效率还有待提升,互联网政务服务建设相对滞后,公共服务还需进一步提升服务质量和能力,政府在强化管理和优化服务工作方面还有待加强。

其五,政策存在不清晰、不确定和偏向性等现象。我国推行全面深化政务改革以来,各地政府均出台了一系列政策文件,但企业则认为人文政策数量过

---

① 国务院发展研究中心课题组.高质量发展的目标要求和战略重点[M].北京:中国发展出版社,2019.

多且变化过于频繁。同时，不同部门出台的政策缺乏协同性和统一性，并且很多政策仍然具有偏向性。

其六，信用体系仍有待完善。目前，政府主导的跨部门、跨地区信用全覆盖体系还不完善，市场化的信用服务机构和信用服务市场发展不足，依法守约、诚实守信的良好风尚还没有形成，信用联合奖惩机制尚不完善，我国社会信用体系与以信用为核心的新型监管体制相比，还存在很大差距[①]。

二、山东省营商环境评价

山东省积极出台一系列有针对性的政策措施，各地区深入推进相关政策实施，营商环境得到极大改善。"一窗受理、一次办好"改革集中推进，市县乡"一窗受理"试点基本完成，"证照分离"改革在山东自贸区开展全覆盖试点。2019年，全省共清理拖欠民营企业中小企业账款364.7亿元，为各类市场主体减税降费1500亿元以上。

山东省发展改革委组织了2018年度山东省营商环境评价，重点围绕办理环节数量、办理时间和企业提交的申请材料件数，评价了企业开办情况、获得信贷情况、不动产登记情况、办理施工许可情况、获得电力情况和获得纳税情况六个方面。根据其评价结果[②]，我们对山东省整体营商环境进行分析，并提出优化营商环境的相关建议。

（一）企业开办情况评价

通过调查发现，从企业提出开办申请到全部办理完毕，全省平均办理环节为4.77个，比全国最优水平（数据来源于2018年9月国务院大督查31个省市

---

① 马骏,袁东明,马源,等.高质量发展的目标要求和战略重点：优化营商环境促进高质量发展[M].北京：中国发展出版社,2019.
② 山东省发展和改革委员会.山东省营商环境评价报告（2018）[R].2019,03.

营商环境评价结果，下同）4.3个多0.47个。平均办理时间4.49个工作日，比半年评价（是指2018年7月山东省发展改革委会同省统计局开展的全省营商环境电话调查，下同）结果7.1个减少2.61个工作日，比全国最优水平3.8个多0.69个工作日，但比山东省"一次办好"目标要求的3个工作日仍多1.49个。提交材料平均为6.51件，比全国最优水平7件少0.49件。

各市办理环节最少的为3.55个，最多的为5.52个；办理时间最少的为2.03个工作日，最多的为11.04个工作日；需提交申请材料件数最少的为2.64件，最多的为13.94件。可以看出，企业开办方面，山东省各地区在办理环节上差别不大，但在办理时间和提交材料件数方面存在较大差距。

（二）办理施工许可情况评价

通过调查发现，从住房城乡建设部门受理申请到办理完毕，全省平均办理环节为3.07个，平均提交材料20.13件，平均办理时间为5.32个工作日，比半年评价结果9.3个减少3.98个工作日。

各市办理环节最少的为2.71个，最多的为5个；办理时间最少的为0.42个工作日，最多的为8.48个工作日；需提交申请材料件数最少的为11.43件，最多的为26.8件。可以看出，办理施工许可方面，部分地区在办理时间和提交材料件数方面仍有较大提升空间。

（三）获得信贷情况评价

通过调查发现，从企业提出信贷申请到发放贷款，全省平均办理环节为4.84个，比全国最优水平4.6个多0.24个。平均办理时间为10.1个工作日，比半年评价结果14.2个减少4.1个工作日，比全国最优水平10.3个少0.2个工作日。平均提交材料为8.16件，比全国最优水平9.2件少1.04件。

各地区在办理环节方面差别不大，办理环节最少的为4.2个，最多的为5个；

办理时间最少的为 4.69 个工作日，最多的为 26.38 个工作日；需提交申请材料件数最少的为 3.2 件，最多的为 16.25 件。可以看出，获得信贷方面，各地区仍是在办理时间和提交材料件数方面差别较大。

（四）获得电力情况评价

通过调查发现，从企业提出用电申请到推闸送电，全省平均办理环节为 4.38 个，比全国最优水平 2 个多 2.38 个。平均办理时间为 1.98 个工作日，比全国最优水平 1 个多 0.98 个工作日。平均提交申请材料为 2.97 件，比半年评价结果 3.9 件减少约 1 件。

具体到各市，办理环节最少的为 1.59 个，最多的为 9.25 个；办理时间最少的为 0.47 个工作日，最多的为 3.96 个工作日；需提交申请材料最少的为 1 件，最多的为 8.33 件。可以看出，获得电力方面，各地区不管是在办理环节，还是办理时间和提交材料件数方面，差别都较大，反映出各地区在用电报装方面改革进度不均衡，个别地区改革力度还需进一步加大。

（五）不动产登记情况评价

通过调查发现，从企业提出不动产登记申请到取得不动产证书，全省平均办理环节为 6.33 个，比全国最优水平 2.7 个多 3.63 个。平均办理时间为 7.64 个工作日，比全国最优水平 1.6 个多 6.04 个工作日，差距很大；比半年评价结果 8.8 个减少 1.16 个，但比山东省"一次办好"目标要求的 5 个工作日仍多 2.64 个工作日。平均提交申请材料为 6.66 件，比全国最优水平 4.0 件多 2.66 件。

具体到各市，办理环节最少的为 5.5 个，最多的为 7 个；办理时间最少的为 0.7 个工作日，最多的为 36.38 个工作日；需提交申请材料最少的为 3 件，最多的为 20.41 件。可以看出，不动产登记方面，各地区之间办理环节差别不大，办理时间和提交材料件数差别较大。

（六）办理纳税情况评价

通过调查发现，企业申报增值税的办理环节全省平均为 1.01 个，提交申请材料件数平均为 0.24 件，平均办理时间为 0.25 个工作日，比半年评价结果 1.4 个减少 1.15 个。

具体到各市，平均办理环节最少的为 1 个，最多的为 1.15 个；办理时间最少的为 0.13 个工作日，最多的为 0.59 个工作日；需提交申请材料最少的为 0 件（通过电子税务进行网上申报），最多的为 0.73 件。可以看出，办理纳税方面，各地区之间在办理环节、办理时间和提交材料件数上不存在明显差别[①]。

三、山东省营商环境存在的问题

根据山东省发展改革委营商环境调查结果，山东省营商环境仍存在一些突出问题，主要集中在办事效率不高、环节较多、反复提交材料、办理时间长等方面。

（一）开办企业方面存在的问题

各地区在办理环节、申请材料方面仍有压缩空间。全省"一窗通"系统政务服务平台不够稳定，有时登录不畅，并且入驻银行不全，企业在选择时存在缺失。新办企业尚不能通过"一窗通"在线支付公章刻制费用，企业在刻制公章方面存在多跑腿现象。个别地区服务态度不够耐心，企业希望能给第一次开办公司的人多一些引导。

（二）办理施工许可方面存在的问题

审批环节、申请材料数量还比较多，办理时间较长，工作效率不够高。不同环节提交的材料存在重复现象，材料备齐后确实在两个工作日内能够办完，

---

① 山东省发展和改革委员会.山东省营商环境评价报告（2018）[R].2019，03.

但备齐完整的十余套材料需要漫长的时间。办理业务时需要使用网上的一体化平台，但部分地区平台优化做得不好，操作也十分麻烦，打印时有时会出现系统故障。由于网络问题导致办理时间拉长，既要提交纸质版材料也要提交电子版材料，十分麻烦。有的地区配套费偏远地区按城区标准收费，相对不合理；个别地区合同备案需在其他窗口受理，部分地区需分窗口办理，审批材料需一级一级往上报，非常麻烦。有的地区备案环节较多，手续较为烦琐，个别地区收款单位各部门之间信息不共享，部门间还需要开具证明。部分地区需重复提供营业执照、资质证、安全生产许可证、各类人员证书复印件、施工合同复印件、人员劳保证明等资料，扣押项目技术负责人、安全员、施工员、质检员、建造师证书至工程竣工，给企业造成一定的不便。部分地区提交安监、质检书面材料（PDF扫描件）过程麻烦，对所需提交材料的规范性、准确性没有具体参考范本，且负责审核材料的人员太忙，过程太慢，有的地区从第一次提交材料到拿到证，需要近60天的时间。

建议进一步简化办理手续流程，进一步研究消防图纸审查的必要性；开通农民工工资发放专户，按月发放农民工工资，同时设立农民工工资保证金；纸质材料可以做得更翔实一些，可以避免初次办理的人员根据材料文件名去猜测，做的文件不合适又跑冤枉路。

（三）不动产登记方面存在的问题

办理环节和申请材料的数量还有进一步压缩的空间。有些地区大厅服务态度不理想，没有做到一次性告知。有的地区还不能在同一大厅、同一窗口办理不动产登记与维修基金缴纳；新房手续办理麻烦，自己不能办理，需通过代办公司办理，需交代办费，而且缴税需来回跑。大多数地区政务服务中心需网上预约，不预约不能办理业务；部分地区不能自己办理，必须通过中介收取中介费用才能办理。配套服务不完善，例如部分地区大厅车位少，停车不便利，人较多。部分地区不动产登记发证的时间较慢，例如有企业于2018年11月就开始办理不动产登记,但到2019年1月25日还没有领到不动产证。部分地区大厅微笑服务做得不好,工作效率较低;无一次性告知明白纸,未开办邮寄便民服务。部分地区商住房税未分开征收,均按非住宅一刀切。建议缩短发证时间,同时,进一步简化工作流程。

(四)办理纳税方面存在的问题

网上报税运行不畅,经常存在网页卡顿的现象,高峰时期系统繁忙,不能顺利提交。系统频繁使用,但不清晰,部分地区税源调查表位置在网上找不到,自动扣款常有扣款失败的现象,并且没有系统扣款提示,有的地区缴费单打印不出来。虽然实行网上办理,但财税大厅的工作效率较慢,个别地区服务较差。部分地区国地税税率没有调整,房地产企业开具营改增之前的零税发票时,增值税申报系统会进行对比,导致锁盘。企业建议政府部门的执法应更具人性化,政策要有延续性,要充分考虑纳税人的实际情况;同时,建议分局的服务电话要在网上公布。

(五)获得电力方面存在的问题

多个地区还未实现"一链办理",即由电网企业统一发起电力接入工程审批申请,各相关部门同步并联办理审批手续。办电信息资源实现共享还有很大差距,营业执照、身份证和社会信用代码证等办电信息还没能共享共用,用电报装还没完全实现"一窗办理""一网通办",办电便捷性受到影响。部分地区办事拖延,如接电后,有缺少的东西未完全安装好,多次询问后仍较为拖延。部分地区还存在因电力负荷导致接入难问题,不能及时满足用户的新增用电需求。

(六)获得信贷方面存在的问题

办理环节多,申请材料多,办理时间长,审批流程比较慢,签字流程比较慢,"融资难、融资贵""手续繁、时间长""排队难、服务差"等问题较为突出。

政银企对接政策分散、信息不对称,对小微企业资金扶持力度不够。部分地区服务人员工作态度不够好,讲解不够详细;部分地区办理抵押登记要求银行、客户、楼盘销售人员三方同时到场,太不方便。部分地区银行的办理速度很快,但办理抵押登记的机构速度较慢;个别地区银行不做民营企业的贷款。企业希望相关部门能进一步改进办理环节与程序。

四、优化提升山东省营商环境的建议

优化提升山东省营商环境有以下几个建议。

第一,坚持问题导向,尽快推进落实整改。山东省各部门应充分认识优化营商环境的重要性和紧迫性,将优化营商环境作为稳就业、稳金融、稳外贸、稳外资、稳投资、稳预期的重要措施,想企业所需,急企业所急,消除企业发展的各种障碍。针对山东省营商环境面临的突出问题,有关部门要认真梳理、分析本地区、本部门存在的短板问题和薄弱环节,查找问题原因,找准政策落实中的堵点难点,有针对性地制定改进措施。

第二,对标先进一流,完善服务流程和标准。应围绕"一窗受理、一次办好"目标,对标全国先进省份和省内各单项先进市,紧盯简化办理环节、精简申报材料、压缩办理时限等关键节点,推行最简、最少、最快的审批办理流程,推进政务服务规范化标准化,大力推行网上办、集中批、联合审、区域评、代办制等审批服务便民化措施。各地应积极探索优化营商环境的本土化措施,不断提升政务服务水平,切实增强企业和群众的获得感和满意度。

第三,健全长效机制,严格考核问责。各地相关部门应进一步强化督导考核,跟踪督办,及时发现问题、解决问题。建立健全优化营商环境的长效机制,对于市场主体关注的重点难点问题,要及时研究解决,回应社会关切,合理引导预期。建立健全优化营商环境的责任追究制度,建立健全优化营商环境投诉举报和查处回应制度,及时纠正发现的问题,努力打造"少高优强"的一流营商环境[1]。

第四，出台有力措施，提升营商环境改革实效。一是进一步加强产权保护。健全完善产权保护制度，规范政府行为，加强决策的民主化、科学性与法制化，减少监管政策对企业利益的不合理侵犯。二是加快缓解要素成本上升过快的矛盾。进一步推进金融领域改革，控制土地和房地产的过快增长势头，深化垄断产业改革，改进去产能的调控方式。三是进一步降低企业税费负担。进一步降低社保缴费，继续加大降税力度，优化税制结构，提高税负公平性，增强国内企业国际竞争力，激励社会投资的积极性。四是加快推进"互联网+电子商务"。加快建成一体化的在线政务服务平台，深入推进政务数据共享和政务资料对外开放，运用大数据、人工智能等新型技术提升监管和服务能力，为提升政务效率和促进创新创业提供基础。五是加快建立以信用为基础的监管体系。进一步加强信用体系建设，健全对失信主体的管理制度，完善守信激励和失信惩戒制度。六是加强法制化建设。加快相关法规修订，依法办事，营造公开透明、可预期的政务环境，提高政府部门的法制化水平。七是容错纠错机制。进一步落实容错与纠错机制，允许改革者突破旧制度，允许改革者在创新中出现失误[2]。

第二节 山东省生态环境评价

山东新旧动能转换综合试验区是党的十九大后获批的首个区域性国家发展战略综合试验区，也是中国第一个以新旧动能转换为主题的区域发展战略综合

---

[1] 山东省发展和改革委员会.山东省营商环境评价报告（2018）[R].2019，03.
[2] 马骏，袁东明，马源，等.高质量发展的目标要求和战略重点：优化营商环境促进高质量发展[M].北京：中国发展出版社,2019.

试验区。本节以污染物排放总量及单位经济指标污染物排放量为指标，分析山东省各地区的生态环境及产业结构情况，并对其环境成本效率进行评价。

一、各地区污染物排放及产业结构评价

对各市污染物排放及产业结构的评价重点以综合试验区的济南、青岛、烟台三个核心城市为主，由于2018年全省各市主要污染物排放总量数据目前还未最终确定，我们用2017年相关数据进行分析，如表6-1、表6-2、表6-3所示。

表6-1 山东省各市2017年地区生产总值和主要污染物排放量统计表

行政区划		经济指标（亿元）		污染物排放量指标（吨）							
				化学需氧量（COD）排放量		氨氮排放量		二氧化硫排放量		氮氧化物排放量	
		地区生产总值（GDP）	其中：第二产业增加值	总量	其中：工业源	总量	其中：工业源	总量	其中：工业源	总量	其中：工业源
	山东省	72634.15	32942.84	520802	65875	79900	4669	739121	492756	1158621	550049
1	济南市	7151.63	2569.22	28701	2594	4255	197	32502	16545	23316	21254
2	青岛市	11024.11	4546.21	27615	2184	2797	115	15541	5137	16674	13989
3	淄博市	4771.36	2490.03	26514	6486	4270	554	97736	66453	66502	62354
4	枣庄市	2303.67	1194.99	20165	2420	3288	131	23216	12729	23400	22441
5	东营市	3814.35	2391.68	8534	3184	1101	233	27845	25434	23319	22744
6	烟台市	7343.53	3674.35	13567	3288	4263	195	51969	26127	35669	31505
7	潍坊市	5854.93	2671.32	34745	8558	6656	695	43806	26681	49395	47035
8	济宁市	4636.77	2122.16	53669	4742	9009	284	50219	23569	30403	26839
9	泰安市	3578.39	1627.93	39191	3198	4757	171	25537	11865	23017	21145
10	威海市	3512.91	1580.49	20085	1180	2911	70	23271	8369	14778	12641
11	日照市	2008.88	963.48	18000	3441	2652	139	31566	18355	38236	36672
12	莱芜市	894.97	499.26	9549	401	1603	10	25705	19988	33487	32854
13	临沂市	4330.11	1884.25	53919	5335	9963	504	67922	54920	59093	56973
14	德州市	3141.66	1498.62	42606	3733	4903	269	50987	34889	29719	28004
15	聊城市	3013.55	1514.08	20726	2994	3315	222	46727	42559	31909	31108
16	滨州市	2601.14	1222.30	41826	8330	4830	608	82308	72459	64577	63352
17	菏泽市	2825.81	1458.34	61388	3808	9327	271	42265	27678	21006	19231

第六章
新旧动能转换下高质量发展评价——以山东新旧动能转换综合试验区为例

表 6-2 山东省各市 2017 年单位经济指标污染物排放量统计表

行政区划		单位经济指标污染物排放量（吨/亿元）							
		化学需氧量（COD）排放量		氨氮排放量		二氧化硫排放量		氮氧化物排放量	
		亿元GDP排放量	亿元工业增加值工业源排放量	亿元GDP排放量	亿元工业增加值工业源排放量	亿元GDP排放量	亿元工业增加值工业源排放量	亿元GDP排放量	亿元工业增加值工业源排放量
	山东省	7.170	2.000	1.100	0.142	10.176	14.958	15.951	16.697
1	济南市	4.013	1.010	0.595	0.077	4.545	6.440	3.260	8.273
2	青岛市	2.505	0.480	0.254	0.025	1.410	1.130	1.513	3.077
3	淄博市	5.557	2.605	0.895	0.222	20.484	26.688	13.938	25.041
4	枣庄市	8.753	2.025	1.427	0.110	10.078	10.652	10.158	18.779
5	东营市	2.237	1.331	0.289	0.097	7.300	10.634	6.113	9.510
6	烟台市	1.847	0.895	0.581	0.053	7.077	7.111	4.857	8.574
7	潍坊市	5.934	3.204	1.137	0.260	7.482	9.988	8.436	17.607
8	济宁市	11.575	2.235	1.943	0.134	10.831	11.106	6.557	12.647
9	泰安市	10.952	1.964	1.329	0.105	7.136	7.288	6.432	12.989
10	威海市	5.717	0.747	0.829	0.044	6.624	5.295	4.207	7.998
11	日照市	8.960	3.571	1.320	0.144	15.713	19.051	19.033	38.062
12	莱芜市	10.670	0.803	1.791	0.020	28.722	40.035	37.417	65.805
13	临沂市	12.452	2.831	2.301	0.267	15.686	29.147	13.647	30.236
14	德州市	13.562	2.491	1.561	0.179	16.229	23.281	9.460	18.687
15	聊城市	6.878	1.977	1.100	0.147	15.506	28.109	10.589	20.546
16	滨州市	16.080	6.815	1.857	0.497	31.643	59.281	24.826	51.830
17	菏泽市	21.724	2.611	3.301	0.186	14.957	18.979	7.434	13.187

表 6-3 山东省各市 2017 年单位经济指标污染物排放量排名统计表

行政区划		单位经济指标污染物排放量（吨/亿元）							
		化学需氧量（COD）排放量		氨氮排放量		二氧化硫排放量		氮氧化物排放量	
		亿元GDP排放量	亿元工业增加值工业源排放量	亿元GDP排放量	亿元工业增加值工业源排放量	亿元GDP排放量	亿元工业增加值工业源排放量	亿元GDP排放量	亿元工业增加值工业源排放量
1	济南市	4	5	4	5	2	3	2	3
2	青岛市	3	1	1	2	1	1	1	1
3	淄博市	5	12	6	14	15	13	14	13
4	枣庄市	9	9	11	8	8	8	11	11
5	东营市	2	6	2	6	6	7	5	5
6	烟台市	1	4	3	4	4	4	4	4
7	潍坊市	7	15	8	15	7	6	9	9
8	济宁市	13	10	15	9	9	9	7	6
9	泰安市	12	7	10	7	5	5	6	7
10	威海市	6	2	5	3	3	2	3	2
11	日照市	10	16	9	10	13	11	15	15
12	莱芜市	11	3	13	1	16	16	17	17
13	临沂市	14	14	16	16	12	15	13	14
14	德州市	15	11	12	12	14	12	10	10
15	聊城市	8	8	7	11	11	14	12	12
16	滨州市	16	17	14	17	17	17	16	16
17	菏泽市	17	13	17	13	10	10	8	8

（一）济南市单位经济指标污染物排放情况

从亿元 GDP 污染物排放量指标来看（见表 6-2、表 6-3）：济南市亿元

GDP化学需氧量排放量为4.013吨/亿元，列全省第四位；亿元GDP氨氮排放量为0.595吨/亿元，列全省第四位；亿元GDP二氧化硫排放量为4.545吨/亿元，列全省第二位；亿元GDP氮氧化物排放量为3.260吨/亿元，列全省第二位。上述指标值均居于全省前列，表明济南市结构污染较轻（数值从小到大排名，数值越大结构污染越严重，下同）。

如表6-2、表6-3所示，亿元第二产业增加值污染物排放量指标情况如下（因统计年鉴上没有工业增加值数据，故选用第二产业增加值数据进行近似替代）：济南市亿元工业增加值工业化学需氧量排放量为1.010吨/亿元，列全省第五位；亿元工业增加值工业氨氮排放量为0.077吨/亿元，列全省第五位；亿元工业增加值工业二氧化硫排放量为6.440吨/亿元，列全省第三位；亿元工业增加值工业氮氧化物排放量为8.273吨/亿元，列全省第三位。上述指标值均居于全省前列，表明济南市结构污染较轻。

总体来看，济南市主要污染物排放总量总体较小，地区发展的生态环境较好，工业结构较为合理。

（二）青岛市单位经济指标污染物排放情况

从亿元GDP污染物排放量指标来看：青岛市亿元GDP化学需氧量排放量为2.505吨/亿元，列全省第三位；亿元GDP氨氮排放量为0.254吨/亿元，列全省第一位；亿元GDP二氧化硫排放量为1.410吨/亿元，列全省第一位；亿元GDP氮氧化物排放量为1.513吨/亿元，列全省第一位。上述指标值均处于全省领先，表明青岛市结构污染情况极轻。

从亿元第二产业增加值污染物排放量指标来看：青岛市亿元工业增加值工业化学需氧量排放量为0.480吨/亿元，列全省第一位；亿元工业增加值工业氨氮排放量为0.025吨/亿元，列全省第二位；亿元工业增加值工业二氧化硫排放量为1.130吨/亿元，列全省第一位；亿元工业增加值工业氮氧化物排放量为3.077吨/亿元，列全省第一位。上述指标值均处于全省领先，表明青岛市结构污染情况极轻。

总体来看，青岛市主要污染物排放总量总体较小，地区发展的生态环境很好，工业结构合理。

（三）烟台市单位经济指标污染物排放情况

从亿元 GDP 污染物排放量指标来看：烟台市亿元 GDP 化学需氧量排放量为 1.847 吨/亿元，列全省第一位；亿元 GDP 氨氮排放量为 0.581 吨/亿元，列全省第三位；亿元 GDP 二氧化硫排放量为 7.077 吨/亿元，列全省第四位；亿元 GDP 氮氧化物排放量为 4.857 吨/亿元，列全省第四位。上述指标值均居于全省前列，表明烟台市结构污染较轻。

从亿元第二产业增加值污染物排放量指标来看：烟台市亿元工业增加值工业化学需氧量排放量为 0.895 吨/亿元，列全省第四位；亿元工业增加值工业氨氮排放量为 0.053 吨/亿元，列全省第四位；亿元工业增加值工业二氧化硫排放量为 7.111 吨/亿元，列全省第四位；亿元工业增加值工业氮氧化物排放量为 8.574 吨/亿元，列全省第四位。上述指标值均居于全省前列，表明烟台市结构污染较轻。

总体来看，烟台市主要污染物排放总量总体较小，地区发展的生态环境较好，工业结构较为合理。

（四）各地区单位经济指标污染物排放比较

1. 亿元 GDP 污染物排放量指标比较

亿元 GDP 化学需氧量排放量的全省平均值为 8.789 吨/亿元，接近全省平均水平的地区有聊城市和枣庄市，分别列全省第八、九位；低于全省平均的地区有日照市、莱芜市、泰安市、济宁市、临沂市、德州市、滨州市、菏泽市，在全省排第十至十七位。

亿元 GDP 氨氮排放量的全省平均值为 1.324 吨/亿元，接近全省平均水平的地区有聊城市、日照市和潍坊市，分别列全省第七、八、九位；低于全省平均的地区有泰安市、枣庄市、德州市、莱芜市、滨州市、济宁市、临沂市、菏泽市，在全省排第十至十七位。

亿元GDP二氧化硫排放量的全省平均值为13.025吨/亿元，接近全省平均水平的地区有枣庄市和济宁市，分别列全省第八、九位；低于全省平均的地区有菏泽市、聊城市、临沂市、日照市、德州市、淄博市、莱芜市、滨州市，在全省排第十至十七位。

亿元GDP氮氧化物排放量的全省平均值为11.052吨/亿元，接近全省平均水平的地区有枣庄市和聊城市，分别列全省第十一、十二位；低于全省平均的地区有临沂市、淄博市、日照市、滨州市、莱芜市，在全省排第十三至十七位。

上述地区的结构污染都较为严重，尤其是菏泽市、滨州市和莱芜市。菏泽市的亿元GDP化学需氧量排放量、氨氮排放量分别达到21.724吨/亿元和3.301吨/亿元，分别高于全省平均值147.17%、149.3%，分别高于全省最低水平（烟台市1.847吨/亿元和青岛市0.254吨/亿元）1076.18%和1199.61%。滨州市的亿元GDP二氧化硫排放量达到31.643吨/亿元，高于全省平均值142.94%，高于全省最低水平（青岛市1.410吨/亿元）2144.18%。莱芜市的亿元GDP氮氧化物排放量达到37.417吨/亿元，高于全省平均值238.57%，高于全省最低水平（青岛市1.513吨/亿元）2373.03%。

2. 亿元第二产业增加值污染物排放量指标比较

亿元工业增加值工业化学需氧量排放量的全省平均值为2.211吨/亿元，接近全省平均水平的地区有泰安市、聊城市和枣庄市，分别列全省第七、八、九位；低于全省平均的地区有济宁市、德州市、淄博市、菏泽市、临沂市、潍坊市、日照市、滨州市，在全省排位为第十至十七位。

亿元工业增加值工业氨氮排放量的全省平均值为0.151吨/亿元，接近全省平均水平的地区有济宁市、日照市和聊城市，分别列全省第九、十、十一位；

低于全省平均的地区有德州市、菏泽市、淄博市、潍坊市、临沂市、滨州市，在全省排位为第十二至十七位。

亿元工业增加值工业二氧化硫排放量的全省平均值为18.483吨/亿元，接近全省平均水平的地区有济宁市，列全省第九位；低于全省平均的地区有菏泽市、日照市、德州市、淄博市、聊城市、临沂市、莱芜市、滨州市，在全省排位为第十至十七位。

亿元工业增加值工业氮氧化物排放量的全省平均值为21.344吨/亿元，接近全省平均水平的地区有德州、枣庄市和聊城市，分别列全省第十、十一、十二位；低于全省平均的地区有淄博市、临沂市、日照市、滨州市、莱芜市，在全省排位为第十三至十七位。

上述地区的结构污染都较为严重，尤其是滨州市和莱芜市。滨州市的亿元工业增加值工业化学需氧量排放量、氨氮排放量、二氧化硫排放量分别达到6.815吨/亿元、0.497吨/亿元和59.281吨/亿元，分别高于全省平均值208.17%、229.14%和220.73%，分别高于全省最低水平（青岛市0.48吨/亿元、莱芜市0.02吨/亿元和青岛市1.13吨/亿元）1319.79%、2385.00%和5146.11%。莱芜市的亿元工业增加值工业氮氧化物排放量达到65.805吨/亿元，高于全省平均值208.31%，高于全省最低水平（青岛市3.077吨/亿元）2038.61%。

整体而言，上述城市的主要污染物排放总量总体偏大，地区发展的生态环境相对较差，工业结构偏重。尤其是菏泽市、滨州市和莱芜市，亟须转变工业发展方式，调整工业结构，推进产业新旧动能转换。

二、山东省环境成本效率评价

（一）评价指标的选取

本书以山东省17地市的环境处理成本与GDP总量的投入产出为分析对象，

选取环境成本效率评价指标，用以衡量各地市生态经济的发展能力[①]。通过对山东省各地区主要污染物排放及处理情况进行调研，选取评价指标对各地区环境成本效率进行评价分析，以综合评价山东地区生态经济发展水平。本次调研主要针对各地区统计局、环保局等政府部门及相关企业。调研形式主要采用实地调研、电话访谈及网络调研。调研内容包括以下几个方面：山东省各地区废水排放量情况、二氧化硫排放量情况、烟尘排放量情况、一般工业固体废物产生量情况，山东省各地区废水治理及废气治理情况等。

山东省各地区主要污染物排放情况统计数据如表6-4所示，所列数据来自《2019年山东省统计年鉴》。

表6-4 山东省各地区主要污染物排放及GDP总量情况统计（2019年）

地区	工业废水排放量（万吨）	工业二氧化硫排放量（吨）	工业烟尘排放量（吨）	一般工业固体废物产生量（万吨）	生活废水排放量（万吨）	生活二氧化硫排放量（吨）	生活烟尘排放量（吨）	地区生产总值（亿元）
全省总计	145686	492756	370836	739121	353660	246214	127321	72634.15
济南市	5949	16545	25060	32502	28692	15934	7715	7151.63
青岛市	5613	5137	7245	15541	47687	10404	8160	11024.11
淄博市	13060	66453	42218	97736	18864	31280	16979	4771.36
枣庄市	6113	12729	8271	23216	12845	10468	4406	2303.67
东营市	7654	25434	4128	27845	14032	2393	478	3814.35
烟台市	7848	26127	16068	51969	24445	25840	16275	7343.53
潍坊市	22007	26681	20308	43806	30240	17069	11665	5854.93
济宁市	13498	23569	12531	50219	32306	26650	14972	4636.77
泰安市	6367	11865	7678	25537	13098	13671	7427	3578.39

---

① 周志红.基于循环经济理念的山东省城市环境成本效率评价[J].山东纺织经济,2015（4）：11-13.

续表

地区	工业废水排放量(万吨)	工业二氧化硫排放量(吨)	工业烟尘排放量(吨)	一般工业固体废物产生量(万吨)	生活废水排放量(万吨)	生活二氧化硫排放量(吨)	生活烟尘排放量(吨)	地区生产总值(亿元)
威海市	1947	8369	3717	23271	12791	14902	4728	3512.91
日照市	7070	18355	28099	31566	6372	13195	6376	2008.88
莱芜市	1210	19988	58926	25705	3531	5715	1898	894.97
临沂市	8769	54920	53349	67922	37063	13002	6788	4330.11
德州市	8263	34889	18145	50987	21161	16092	3885	3141.66
聊城市	5350	41559	11021	46727	16495	5168	3040	3013.55
滨州市	17923	72459	36354	82308	12219	9846	4456	2601.14
菏泽市	7046	27678	17718	42265	21817	14586	8075	2825.81

数据来源：《2019年山东省统计年鉴》。

本书共选取了7个环境成本效率评价指标（见表6-5），各评价指标含义及计算公式如下。

环境成本效率 = 地区生产总值 × 10000 ÷ 污染物排放量

x_1（工业废水成本效率）= 地区生产总值 × 10000 ÷ 工业废水排放量

x_2（工业废气成本效率）= 地区生产总值 × 10000 ÷ 工业二氧化硫排放量

x_3（工业烟尘成本效率）= 地区生产总值 × 10000 ÷ 工业烟尘排放量

x_4（工业固体废物成本效率）= 地区生产总值 × 10000 ÷ 一般工业固体废物产生量

x_5（生活废水成本效率）= 地区生产总值 × 10000 ÷ 生活废水排放量

x_6（生活废气成本效率）= 地区生产总值 × 10000 ÷ 生活二氧化硫排放量

x_7（生活烟尘成本效率）= 地区生产总值 × 10000 ÷ 生活烟尘排放量

表 6-5　2017 年山东省环境成本效率指标　（单位：亿元/吨）

地区	x1	x2	x3	x4	x5	x6	x7
济南市	1202.16	432.25	285.38	220.04	249.26	448.83	926.98
青岛市	1964.03	2146.02	1521.62	709.36	231.18	1059.60	1350.99
淄博市	365.34	71.80	113.02	48.82	252.93	152.54	281.02
枣庄市	376.85	180.98	278.52	99.23	179.34	220.07	522.85
东营市	498.35	149.97	924.02	136.99	271.83	1593.96	7979.81
烟台市	935.72	281.07	457.03	141.31	300.41	284.19	451.22
潍坊市	266.05	219.44	288.31	133.66	193.62	343.02	501.92
济宁市	343.51	196.73	370.02	92.33	143.53	173.99	309.70
泰安市	562.02	301.59	466.06	140.13	273.20	261.75	481.81
威海市	1804.27	419.75	945.09	150.96	274.64	235.73	743.00
日照市	284.14	109.45	71.49	63.64	315.27	152.25	315.07
莱芜市	739.64	44.78	15.19	34.82	253.46	156.60	471.53
临沂市	493.80	78.84	81.17	63.75	116.83	333.03	637.91
德州市	380.21	90.05	173.14	61.62	148.46	195.23	808.67
聊城市	563.28	72.51	273.44	64.49	182.69	583.12	991.30
滨州市	145.13	35.90	71.55	31.60	212.88	264.18	583.74
菏泽市	401.05	102.10	159.49	66.86	129.52	193.73	349.95

（二）评价指标因子分析

运用 SPSS 软件对 2017 年山东省环境成本效率指标进行效度分析，检验结果如下（见表 6-6）：巴特利（Bartlett's）球形检验 γ^2 统计值为 140.898，概率统计值 Sig. 为 0.000，KMO 值为 0.694，根据 Kaiser 给出的 KMO 度量标准可知所选指标适合做因子分析。

表 6-6 KMO 和 Bartlett's 球形检验结果

Kaiser-Meyer-olkin Measure of Sampling Adequacy		0.694
Bartlett's Test of Sphericity	Approx. Chi-Square	140.898
	df	21.000
	Sig.	0.000

如表 6-7 所示，下述数据项描述了因子解释的总方差情况，采用方差极大法进行旋转分析[①]，共提取 2 个公因子，解释了原有变量 80.453% 的方差贡献率。前 2 个因子（特征值分别为 3.432 和 2.200）分别解释了原有 7 个变量总方差的 49.030% 和 31.423%，累计方差贡献率为 80.453%。

表 6-7 因子解释的总方差

成分	初始特征值			提取平方和载入			旋转平方和载入		
	合计	方差的 %	累计 %	合计	方差的 %	累计 %	合计	方差的 %	累计 %
1	4.021	57.439	57.439	4.021	57.439	57.439	3.432	49.030	49.030
2	1.611	23.014	80.453	1.611	23.014	80.453	2.200	31.423	80.453
3	0.963	13.755	94.208						
4	0.280	3.997	98.205						
5	0.100	1.432	99.636						
6	0.021	0.297	99.933						
7	0.005	0.067	100.000						

提取方法：主成分分析。

---

① 焦玉莹. 赣州旅游品牌的缺失及其完善 [D]. 南昌：南昌大学, 2019.

因子分析结果显示（见表6-8）：x1、x2、x3、x4在第一个因子上负荷较高，故因子F1主要用于度量工业污染物排放成本效率，它所解释的方差贡献率为49.030%；x5、x6、x7在第二个因子上负荷较高，因此F2可用来度量生活污染物排放成本效率，它解释了31.423%的方差贡献率。

表6-8 山东省各地区环境成本效率因子分析

公因子	测量指标	因子荷重 1	因子荷重 2	因子方差贡献率（%）
F1	x1	0.892	0.063	49.030
F1	x2	0.960	0.111	49.030
F1	x3	0.818	0.497	49.030
F1	x4	0.944	0.193	49.030
F2	x5	0.231	0.275	31.423
F2	x6	0.315	0.919	31.423
F2	x7	−0.070	0.989	31.423

提取方法：主成分。旋转方法：正交化旋转法。迭代次数：3次迭代后收敛[1]。

（三）各地区环境成本效率的综合评价

下面我们根据因子分析结果，对山东省各地区环境成本效率进行综合评价。根据主成分特征值及累计方差贡献率（见表6-7）和因子得分系数矩阵（见表6-9），得到主成分F1、F2的评价模型。

---

[1] 徐烜.中国海洋产业结构演进与趋势判断[J].中国国土资源经济,2019(12)：31-38.

表 6-9　因子得分系数矩阵

因子	主成分 1	主成分 2
x1：工业废水成本效率	0.293	−0.109
x2：工业废气成本效率	0.308	−0.094
x3：工业烟尘成本效率	0.198	0.133
x4：工业固体废物成本效率	0.290	−0.048
x5：生活废水成本效率	0.035	0.109
x6：生活废气成本效率	−0.040	0.437
x7：生活烟尘成本效率	−0.182	0.535

以 ZX_i（i=1，2，…，7）表示对指标值进行标准化处理后的变量，该主成分评价模型表达式为：

$F1=0.293ZX1+0.308ZX2+0.198ZX3+0.290ZX4+0.035ZX5-0.040ZX6-0.182ZX7$

$F2=-0.109ZX1-0.094ZX2+0.133ZX3-0.048ZX4+0.109ZX5+0.437ZX6+0.535ZX7$

根据表中的分析结果，将各主成分的方差贡献率占两个公因子累计贡献率（80.453%）的比重作为权重，对各地市的环境成本效率进行加权汇总[①]，得到山东省各地区的综合环境成本效率。

计算公式为：

$F综=F1×\lambda1/(\lambda1+\lambda2+\lambda3)+F2×\lambda2/(\lambda1+\lambda2+\lambda3)+F3×\lambda3/(\lambda1+\lambda2+\lambda3)$

---

① 周志霞. 山东省木材加工产业集群发展动因实证研究[J]. 林业经济问题，2011，31（2）：118-120+126.

F 综＝ 0.6094F1+0.3906F2

山东省各地区环境成本效率综合评价结果如表 6-10 所示。

表 6-10　2017 年山东省各地区环境成本效率综合评价

地区	F1	F2	F 综	综合评价结果
青岛市	3.41559	0.4535	2.2586	环境成本效率高
东营市	−0.69747	3.76084	1.04395	环境成本效率较高
威海市	1.10432	−0.24825	0.57601	
济南市	0.52173	−0.11269	0.27393	
烟台市	0.31299	−0.18608	0.11805	
泰安市	0.10427	−0.17372	−0.00431	环境成本效率中等，有很大上升空间
聊城市	−0.409	0.18804	−0.1758	
潍坊市	−0.2671	−0.19502	−0.23895	
枣庄市	−0.2951	−0.36295	−0.3216	
济宁市	−0.26492	−0.50542	−0.35886	
日照市	−0.45562	−0.28719	−0.38983	
莱芜市	−0.37467	−0.43686	−0.39896	环境成本效率低，亟待提高
淄博市	−0.47226	−0.39812	−0.4433	
德州市	−0.51519	−0.36799	−0.45769	
临沂市	−0.51585	−0.3692	−0.45857	
菏泽市	−0.4576	−0.55153	−0.49429	
滨州市	−0.73412	−0.20737	−0.52837	

根据2017年山东省各地区环境成本效率综合评价结果，我们将各地市分为以下四种类型。

第一类地区为青岛市，环境成本效率高，城市生态经济发展水平在全省也处于领先位置；第二类地区包括东营、威海、济南、烟台4个城市，环境成本效率较高，城市生态经济发展水平较高；第三类地区包括6个城市，分别为泰安、聊城、潍坊、枣庄、济宁、日照，环境成本效率中等，但仍有很大上升空间；第四类地区包括6个城市，分别为莱芜、淄博、德州、临沂、菏泽、滨州，这些城市的环境成本效率低，亟待改善和提高。

三、各地区经济与环境指标比较

山东省良好的经济发展态势是以其17地市的发展为支撑的[①]。2018年山东省各地市的人均GDP及排名从高到低依次为：青岛市（12001.52亿元）、济南市（7856.56亿元）、烟台市（7832.58亿元）、潍坊市（6156.78亿元）、淄博市（5068.35亿元）、济宁市（4930.58亿元）、临沂市（4717.80亿元）、东营市（4152.47亿元）、泰安市（3651.53亿元）、威海市（3641.48亿元）、德州市（3380.30亿元）、聊城市（3152.15亿元）、菏泽市（3078.78亿元）、滨州市（2640.52亿元）、枣庄市（2402.38亿元）、日照市（2202.17亿元）、莱芜市（1005.65亿元）。如表6-11所示。

表6-11　2018年山东省17地市GDP情况（单位：亿元）

排名	城市	2017年GDP（亿元）	2018年GDP（亿元）	2018年/2017年(%) 2017=100	增速（%）
1	青岛市	11024.11	12001.52	107.4	8.87
2	济南市	7151.63	7856.56	107.4	9.86

---

① 董春,张玉,刘纪平,等.基于交通系统可达性的城市空间相互作用模型重构方法研究[J].世界地理研究,2013（2）：34-42.

续表

排名	城市	2017年GDP（亿元）	2018年GDP（亿元）	2018年/2017年（%）2017=100	增速（%）
3	烟台市	7343.53	7832.58	106.4	6.66
4	潍坊市	5854.93	6156.78	106.5	5.16
5	淄博市	4771.36	5068.35	106.1	6.22
6	济宁市	4636.77	4930.58	105.8	6.34
7	临沂市	4330.11	4717.80	107.3	8.95
8	东营市	3814.35	4152.47	104.5	8.86
9	泰安市	3578.39	3651.53	105.7	2.04
10	威海市	3512.91	3641.48	106.7	3.66
11	德州市	3141.66	3380.30	106.7	7.60
12	聊城市	3013.55	3152.15	105.4	4.60
13	菏泽市	2825.81	3078.78	107.9	8.95
14	滨州市	2601.14	2640.52	101.5	1.51
15	枣庄市	2303.67	2402.38	104.3	4.28
16	日照市	2008.88	2202.17	107.3	9.62
17	莱芜市	894.97	1005.65	107.2	12.37

我们以青岛、烟台、日照、滨州4个城市为典型，分析环境成本效率良好、较好、中等和较差城市的经济与环境指标情况。如表6-12、表6-13所示。

表6-12 2017年各地区污染物排放及利用情况

地区	废水排放总量（万吨）	化学需氧量排放总量（吨）	氨氮排放总量（吨）	二氧化硫排放总量（吨）	氮氧化物排放总量（吨）	烟（粉）尘排放量（吨）	工业固体废物产生量（万吨）	工业固体废物综合利用量（万吨）
青岛	53421	27615	2797	15541	16674	15405	769.6	707.2
烟台	32351	13567	4263	51969	35669	24429	2191.9	1493.1

续表

地区	废水排放总量（万吨）	化学需氧量排放总量（吨）	氨氮排放总量（吨）	二氧化硫排放总量（吨）	氮氧化物排放总量（吨）	烟（粉）尘排放总量（吨）	工业固体废物产生量（万吨）	工业固体废物综合利用量（万吨）
日照	13463	18000	2652	31566	38236	34477	597.8	428
滨州	30167	41826	4830	82308	64577	40816	5078.2	2935.9
全省	499884	520802	79900	739121	1158621	549557	23925.4	19026.2

表6-13　2017年各地区污染物排放占全省比重情况　（单位：%）

地区	废水排放总量占比（%）	化学需氧量排放总量占比（%）	氨氮排放总量占比（%）	二氧化硫排放总量占比（%）	氮氧化物排放总量占比（%）	烟（粉）尘排放总量占比（%）	工业固体废物产生量占比（%）	工业固体废物综合利用量占比（%）
青岛	10.69	5.30	3.50	2.10	1.44	2.80	3.22	3.72
烟台	6.47	2.61	5.34	7.03	3.08	4.45	9.16	7.85
日照	2.69	3.46	3.32	4.27	3.30	6.27	2.50	2.25
滨州	6.03	8.03	6.05	11.14	5.57	7.43	21.23	15.43

如上表所示，青岛、烟台、日照、滨州四市的污染物排放及占比情况如下。废水排放总量由高到低依次为青岛市（53 421万吨）、烟台市（32 351万吨）、滨州市（30 167万吨）、日照市（13 463万吨），占全省排放总量的比重分别为10.69%、6.47%、6.03%、2.69%，其中青岛市排放总量高于日照市296.80%。化学需氧量排放总量由高到低依次为滨州市（41 826吨）、青岛市（27 615吨）、日照市（18 000吨）、烟台市（13 567吨），占全省排放总量的比重分别为8.03%、5.30%、3.46%、2.61%，其中滨州市排放总量高于烟台市208.29%。氨氮排放总量由高到低依次为滨州市（4830吨）、烟台市（4263吨）、青岛市（2797吨）、日照市（2652吨），占全省化学排放总量的比重分别为6.05%、

5.34%、3.50%、3.32%，其中滨州市高于日照市82.13%。二氧化硫排放总量由高到低依次为滨州市（82 308吨）、烟台市（51 969吨）、日照市（31 566吨）、青岛市（15 541吨），占全省排放总量的比重分别为11.14%、7.03%、4.27%、2.10%，其中滨州市排放总量高于青岛市429.62%。氮氧化物排放总量由高到低依次为滨州市（64 577吨）、日照市（38 236吨）、烟台市（35 669吨）、青岛市（16 674吨），占全省排放总量的比重分别为5.57%、3.30%、3.08%、1.44%，其中滨州市排放总量高于青岛市287.29%。烟（粉）尘排放总量由高到低依次为滨州市（40 816吨）、日照市（34 477吨）、烟台市（24 429吨）、青岛市（15 405吨），占全省排放总量的比重分别为7.43%、6.27%、4.45%、2.80%，其中滨州市排放总量高于青岛市164.95%。工业固体废物产生量由高到低依次为滨州市（5078.2万吨）、烟台市（2191.9万吨）、青岛市（769.6万吨）、日照市（597.8万吨），占全省产生量的比重分别为21.23%、9.16%、3.22%、2.50%，其中滨州市产生量高于日照市749.48%。工业固体废物综合利用量由高到低依次为滨州市（2935.9万吨）、烟台市（1493.1万吨）、青岛市（707.2万吨）、日照市（428万吨），占全省利用量的比重分别为15.43%、7.85%、3.72%、2.25%，其中滨州市综合利用量高于日照市585.96%。

值得注意的是滨州市，可以看出，滨州市污染物排放的相关指标都很高。近几年来，滨州市经济飞速发展，生产总值呈现逐年稳步上升态势，但生产总值占全省的比重自2011年以来逐步减少。如表6-14所示，2008—2018年，滨州市生产总值由1239.06亿元增长到2640.52亿元，增幅为113.11%；而GDP占全省比重由3.97%减少到3.45%，降幅为13.10%。

表6-14 2008—2018年滨州市生产总值及占全省比重

年度	山东省GDP（亿元）	滨州市GDP（亿元）	GDP年增长（亿元）	GDP占全省比重(%)
2008	31212.34	1239.06	208.77	3.97
2009	34219.28	1354.99	3006.94	3.96

续表

年度	山东省GDP（亿元）	滨州市GDP（亿元）	GDP年增长（亿元）	GDP占全省比重（%）
2010	39571.2	1572.50	5351.92	3.97
2011	45874.95	1845.11	6303.75	4.02
2012	50626.96	2023.44	4752.01	4.00
2013	55911.86	2192.84	5284.9	3.92
2014	60164.8	2317.21	4252.94	3.85
2015	63858.62	2395.64	3693.82	3.75
2016	67925.62	2513.46	4067	3.70
2017	72634.15	2601.14	4708.53	3.58
2018	76496.67	2640.52	3862.52	3.45

伴随社会经济的进步，滨州市面临的环境污染日趋加重。表6-15、表6-16显示的是滨州市污染物排放、利用情况及污染物排放占全省比重情况。

表6-15　2012—2017年滨州市污染物排放及利用情况

时间	工业废水排放总量（万吨）	工业二氧化硫排放量（吨）	工业氨氮化物排放量（吨）	工业烟（粉）尘排放量（吨）	工业固体废物产生量（万吨）	工业固体废物处置量（万吨）	工业固体废物综合利用量（万吨）
2012	16831	79872	1280	18163	721.5	7.9	593.7
2013	15921	80330	1129	21842	795.2	11.8	664.1
2014	15622	140026	1125	94304	1780.9	27.1	1638.6
2015	22522	93909	1345	30123	2529.7	21.9	2090.4
2016	20086	157495	918	53570	4728.5	94.5	2589.5
2017	17923	72459	608	36354	5078.2	151.4	2935.9
增幅	6.49%	-9.28%	-52.50%	100.15%	603.84%	1816.46%	394.51%

表6-16 2012—2017年滨州市污染物排放占全省比重情况

时间	工业废水排放量占比（%）	工业二氧化硫排放量占比（%）	工业氨氮化物排放量占比（%）	工业烟（粉）尘排放量占比（%）	工业固体废物产生量占比（%）	工业固体废物处置量占比（%）	工业固体废物综合利用量占比（%）
2012	9.17	5.17	11.66	3.45	3.93	0.74	3.48
2013	8.79	5.56	11.04	4.03	4.38	1.50	3.88
2014	8.68	10.30	11.69	9.21	0.93	4.62	8.92
2015	12.14	7.69	14.90	3.33	12.78	2.97	11.42
2016	12.51	18.20	15.92	7.67	21.01	6.80	13.65
2017	12.30	14.70	13.02	9.80	21.23	7.97	15.43
增幅	34.13%	184.33%	11.66%	184.06%	440.20%	977.03%	343.39%

从统计数据中可以看出，滨州市工业废水排放量、工业烟（粉）尘排放量和工业固体废物产生量分别由2012年的16831万吨、18163吨、721.5万吨增加到2017年的17923万吨、36354吨、5078.2万吨，增幅分别为6.49%、100.15%、603.84%；占山东省比重分别由9.17%、3.45%、3.93%增加到12.30%、9.8%、21.23%，增幅分别为34.13%、184.06%、440.20%。工业二氧化硫排放量、工业氨氮化物排放量分别由2012年的79872吨、1280吨减少到2017年的72459吨、608吨，降幅分别为9.28%、52.50%；这两种污染物排放量占山东省比重增速减缓，但仍保持上升态势，分别由5.17%、11.66%增加到14.70%、13.02%，增幅分别为184.33%和11.66%。2012—2017年，滨州市的一般工业固体废物处置量和工业固体废物综合利用效率有所提升，分别由7.9吨和593.7万吨提高到151.4吨和2935.9万吨，增幅分别达1816.46%和394.51%；占山东省比重分别由0.74%和3.48%上升到7.97%和15.43%，增幅分别为977.03%和343.39%。

综合而言，滨州市经济与环境指标相对较低，在全省处于下游水平。在今后的发展中，滨州市亟需加大生产生活污染防治与环境治理力度，以实现社会经济的可持续发展，实现经济效益与生态效益的协同演进[①]。

第三节 山东省高质量发展水平综合评价

一、高质量发展水平综合评价指标体系构建

国内外学者对于高质量发展的衡量标准开展了大量研究，主要的衡量指标有：衡量经济增长的 GNP 指标，即国民在一定时期内新生产的产品和服务价值的综合；美国经济学家威廉·诺德豪斯和詹姆斯·托宾提出的 NEW 指标，即从经济福利尺度进行衡量；美国经济学家赫尔曼·戴利和约翰·科布提出的 ISEW 指标，即建立可持续的福利经济指数来衡量经济发展质量；经济学家柯利设计的 NEWBI 指标，即采用新经济福利指数进行衡量；联合国人文发展报告指定的 HDI 指数，即按照人文发展指数进行衡量[②]。参照目前学术界关于经济发展质量内涵的界定，经济学家任保平提出，"衡量经济发展质量的标准应包含以下方面：经济发展的有效性、经济结构的协调性、经济发展的创新性、经济发展的可持续性、国民经济运行的平稳性、居民生活质量的提高等"[③]。

借鉴学者们的相关研究成果，本节从经济发展实力、经济增长潜力、市民

---

① 方世南. 习近平生态文明思想对马克思主义规律论的继承和发展[J]. 理论视野,2019（11）：48-53.
② 任保平,文丰安. 新时代中国高质量发展的判断标准、决定因素与实现途径[J]. 改革,2018（4）：5-16.
③ 任保平. 高质量发展的目标要求和战略重点：高质量发展的理论基础与衡量标准[M]. 北京：中国发展出版社,2019.

第六章
新旧动能转换下高质量发展评价——以山东新旧动能转换综合试验区为例

富裕程度、城市绿色水平等方面,构建山东省高质量发展水平综合评价指标体系,对各地区高质量发展水平进行综合评价。

如表6-17所示,该指标体系共涵盖一、二、三级指标,各指标含义如下。

经济发展实力从经济规模、发展水平、质量效益等维度进行衡量,其中,经济规模指标由地区生产总值、规模以上工业企业主营业务收入、进出口总额、一般公共预算收入等指标进行测度;发展水平指标由人均地区生产总值、现代服务业营业收入占生产总值比重、一般公共预算收入占生产总值比重等指标进行测度;质量效益指标由土地产出率、规模以上工业产值利润率等指标进行测度。

经济增长潜力从投资强度、创新活力等维度进行衡量,其中,投资强度指标由固定资产投资增长速度、规模以上工业企业资产合计、金融机构本外币各项存款余额等指标进行测度;创新活力指标由科学技术支出占一般公共预算支出比重、每万人拥有研发人员数量、发明专利授权量、R&D经费内部支出占地区生产总值比重等指标进行测度。

生活富裕程度从收入水平和消费水平维度进行衡量,其中,收入水平指标由城镇居民人均可支配收入、一般公共预算收入占生产总值比重等指标进行测度;消费水平指标由居民人均社会消费品零售额、城镇居民人均可支配收入占人均GDP比重、城镇居民人均消费支出等指标[①]进行测度。

绿色发展水平从宜居程度和节能环保维度进行衡量,其中,宜居程度指标由"蓝天白云繁星闪烁"达标天数比例、建成区绿化覆盖率、可吸入颗粒物(PM2.5)浓度降低率等指标进行测度;节能环保指标由工业固体废物综合利用率、主要污染物排放总量削减率、单位GDP能耗降低率等指标进行测度。

---

① 马丽宁.人力资本投资对城市竞争力的影响研究[D].济南:山东师范大学,2010.

表 6-17　山东省高质量发展水平综合评价指标体系

一级指标	二级指标	三级指标	备注
经济发展实力	经济规模（X1）	X11：地区生产总值	单位：亿元
		X12：规模以上工业企业主营业务收入	单位：亿元
		X13：进出口总额	单位：万美元
		X14：一般公共预算收入	单位：万元
	发展水平（X2）	X21：人均地区生产总值	单位：元/人
		X22：规模以上服务业营业收入占生产总值比重	单位：%
		X23：一般公共预算收入占生产总值比重	单位：%
	质量效益（X3）	X31：土地产出率（即单位土地平均年产值，GDP/土地面积）	单位：万元/公顷
		X32：规模以上工业产值利润率	单位：%
经济增长潜力	投资强度（X4）	X41：固定资产投资增长速度	单位：%
		X42：规模以上工业企业资产合计	单位：亿元
		X43：金融机构本外币各项存款余额	单位：亿元
	创新活力（X5）	X51：科学技术支出占一般公共预算支出比重	单位：%
		X52：每万人拥有研发人员数量	单位：人
		X53：发明专利授权量	单位：件
		X54：R&D经费内部支出占地区生产总值比重	单位：%
生活富裕程度	收入水平（X6）	X61：城镇居民人均可支配收入	单位：元/人
		X62：一般公共预算收入占生产总值比重	单位：%
	消费水平（X7）	X71：居民人均社会消费品零售额	单位：元/人
		X72：城镇居民人均可支配收入占人均GDP比重	单位：%
		X73：城镇居民人均消费支出	单位：元/人

续表

一级指标	二级指标	三级指标	备注
绿色发展水平	宜居程度（X8）	X81："蓝天白云繁星闪烁"达标天数比例（即去除重污染天气的比例）	单位：%
		X82：建成区绿化覆盖率（建成区绿化覆盖面积/绿化覆盖面积）	单位：%
		X83：可吸入颗粒物（PM2.5）浓度降低率	单位：%
	节能环保（X9）	X91：工业固体废物综合利用率（工业固体废物综合利用量/固体废物产生量）	单位：%
		X92：主要污染物排放总量削减率	单位：%
		X93：单位GDP能耗降低率	单位：%

二、各地区高质量发展水平综合评价

（一）Ward法聚类分析

山东省各地区高质量发展指标原始数据如表6-18、表6-19所示，原始数据来源于《2019年山东省统计年鉴》、各地区统计年鉴及《2018年山东省大气环境质量状况报告》，经计算处理获得；其中污染物排放指标采用的是2017年数据。

表 6-18 山东省各地区高质量发展指标原始数据

地区	地区生产总值 X11	规模以上工业企业主营业务收入 X12	进出口总额 X13	一般公共预算收入 X14	人均地区生产总值 X21	规模以上服务业营业收入占生产总值比重 X22	一般公共预算收入占生产总值比重 X23	土地产出率 X31	规模以上工业产值利润率 X32	固定资产投资增长速度 X41	规模以上工业企业资产合计 X42	金融机构本外币各项存款余额 X43	科学技术支出占一般公共预算支出比重 X51
济南市	7856.56	5171.00	1318835	7528162.00	105310.17	0.24	0.10	98.23	0.06	9.60	5095.40	17060.10	0.021
青岛市	12001.52	10545.30	8045858	12319138.00	127746.41	0.14	0.10	106.27	0.05	7.90	13027.30	16121.30	0.029
淄博市	5068.35	6553.10	1440022	3852322.00	107795.95	0.55	0.08	84.97	0.05	6.60	5758.80	4617.20	0.023
枣庄市	2402.38	1472.30	159810	1467044.00	61171.29	0.05	0.06	52.64	0.07	−19.80	1607.90	2037.70	0.011
东营市	4152.47	7019.30	2463519	2445857.00	191173.06	0.05	0.06	50.37	0.01	−10.00	7324.20	3721.60	0.016
烟台市	7832.58	9852.90	4618171	6366225.00	109980.34	0.07	0.08	56.49	0.07	6.00	10452.10	8211.90	0.038
潍坊市	6156.78	8629.40	2460975	5697998.00	65686.33	0.09	0.09	38.08	0.05	4.40	8528.00	7929.80	0.027
济宁市	4930.58	5873.10	642353	4000166.00	59077.87	0.10	0.08	44.07	0.06	7.10	8923.60	5486.80	0.012
泰安市	3651.53	1944.40	238501	2195269.00	64743.44	0.04	0.06	47.05	0.06	5.80	3303.50	3672.50	0.008
威海市	3641.48	3262.20	2106756	2844414.00	128674.2	0.06	0.08	62.79	0.07	7.50	4030.50	3682.00	0.035
日照市	2202.17	2637.20	1359363	1597723.00	75151.69	0.10	0.07	41	0.06	6.30	3364.40	2530.60	0.029
莱芜市	1005.65	2093.90	167930	625687.00	72926.03	0.07	0.06	44.77	0.04	7.20	1330.20	1033.80	0.012
临沂市	4717.80	9275.40	1021656	3118367.00	44407	0.08	0.07	27.44	0.05	7.80	5290.50	6371.60	0.007
德州市	3380.30	3076.80	442662	2025166.00	58180.72	0.08	0.06	32.64	0.07	7.30	4324.90	3456.00	0.033
聊城市	3152.15	3203.20	738360	1942703.00	51891.51	0.06	0.06	36.53	0.05	−4.30	4257.40	3505.80	0.004
滨州市	2640.52	8031.20	1240483	2405395.00	67317.27	0.06	0.09	28.79	0.02	−16.80	7332.70	2875.10	0.030
菏泽市	3078.78	4065.20	773884	2060321.00	35125.84	0.06	0.07	25.33	0.07	8.00	3475.00	3905.30	0.004

第六章 新旧动能转换下高质量发展评价——以山东新旧动能转换综合试验区为例

表6-19 山东省各地区高质量发展指标原始数据（附表）

地区	每万人拥有研发人员数量 X52	发明专利授权量 X53	R&D经费内部支出占地区生产总值比重 X54	城镇居民人均可支配收入 X61	一般公共预算收入占生产总值比重 X62	居民人均社会消费品零售额 X71	城镇居民人均可支配收入占人均GDP比重 X72	城镇居民人均消费支出 X73	"蓝天白云繁星闪烁"达标天数比例 X81	建成区绿化覆盖率 X82	可吸入颗粒物（PM2.5）浓度降低率 X83	工业固体废物综合利用率 X91	主要污染物排放总量削减率 X92	单位GDP能耗降低率 X93
济南市	118.00	4887.00	0.03	50146.00	0.10	59037.85	0.48	32977.00	0.73	0.98	13.70	0.90	0.16	12.29
青岛市	98.00	6496.00	0.02	50817.00	0.10	51544.05	0.40	32890.00	0.90	0.68	5.30	0.92	0.37	2.7
淄博市	92.00	1250.00	0.03	42277.00	0.08	45020.63	0.39	26973.00	0.60	0.60	10.80	0.87	0.45	4.78
枣庄市	25.00	228.00	0.01	32001.00	0.06	24197.29	0.52	18549.00	0.57	0.70	9.10	0.90	0.42	2.95
东营市	63.00	401.00	0.02	47912.00	0.06	39915.75	0.25	28900.00	0.80	0.63	13.10	0.90	0.45	2.68
烟台市	64.00	1364.00	0.02	44875.00	0.08	43239.21	0.41	29495.00	1.00	1.00	4.30	0.68	0.39	3.45
潍坊市	37.00	1612.00	0.02	39042.00	0.09	28888.72	0.59	24417.00	0.67	0.62	7.90	0.84	0.41	4.16
济宁市	33.00	621.00	0.02	34796.00	0.08	27415.50	0.59	20825.00	0.60	0.85	13.50	0.95	0.43	2.22
泰安市	44.00	523.00	0.02	35196.00	0.06	28258.69	0.54	20862.00	0.53	0.96	1.20	0.97	0.34	2.28
威海市	76.00	642.00	0.02	45896.00	0.08	51789.75	0.36	29975.00	1.00	0.87	9.40	0.80	0.21	4.4
日照市	40.00	300.00	0.02	33280.00	0.07	26417.09	0.44	20573.00	0.87	0.93	9.40	0.72	0.32	-8.42
莱芜市	63.00	238.00	0.03	37401.00	0.06	27060.19	0.51	21304.00	0.60	0.79	5.90	0.98	0.10	4.25
临沂市	25.00	538.00	0.02	35727.00	0.07	23363.61	0.80	17090.00	0.60	0.67	7.20	0.89	0.24	5.43
德州市	35.00	286.00	0.02	26562.00	0.06	26256.63	0.46	16272.00	0.67	0.89	7.60	0.91	0.26	3.6
聊城市	26.00	388.00	0.02	27276.00	0.06	21966.42	0.53	15828.00	0.30	0.70	11.50	0.66	0.20	11.22
滨州市	45.00	330.00	0.02	35049.00	0.09	25333.08	0.52	23097.00	0.63	0.87	10.80	0.58	0.37	4.91
菏泽市	10.00	234.00	0.01	26176.00	0.07	20665.94	0.75	16787.00	0.30	0.85	7.20	0.96	0.43	3.91

观察原始数据可以发现，已收集数据由 17 个观测个体、27 个变量组成。本节采用系统聚类法 Ward 算法进行聚类分析[1]，各点间的距离采用欧式距离法进行定义，即在 n 维空间里，两点 $A=(a_1, a_2, \cdots, a_n)$ 和 $B=(b_1, b_2, \cdots, b_n)$ 之间的距离为[2]

$$|AB| = \sqrt{\sum_{k=1}^{n}(a_k - b_k)^2}$$

如图 6-1 所示，Ward 法聚类分析将山东省 17 个地市分为四类，分类结果较为清晰。

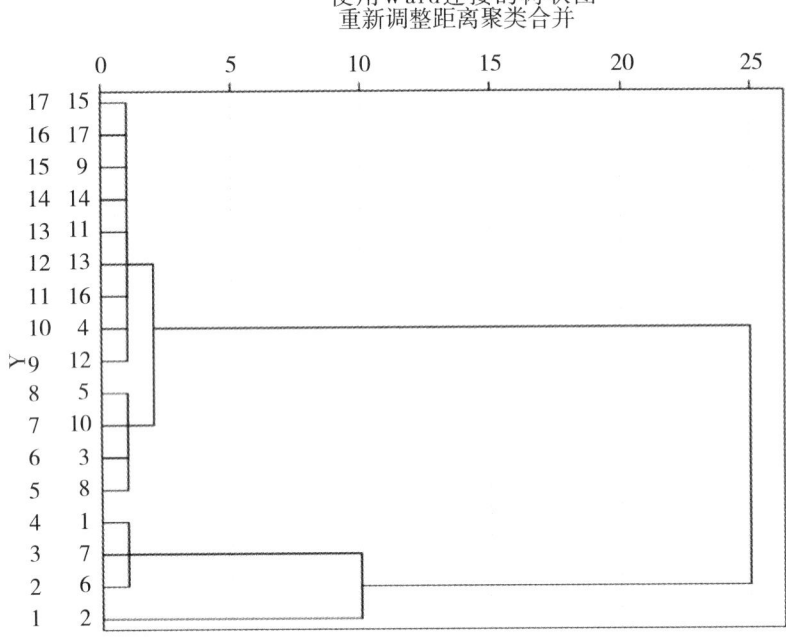

图 6-1　Ward 法下 17 个地市的聚类分析图

由聚类分析的结果可以看出，自成一类的城市为青岛市，其经济高质量发

---

[1] 张静.资源型大省生态文明建设评价及绿色经济发展路径研究[D].北京：中国地质大学,2019.
[2] 雷平,顾新悦."一带一路"沿线国家经济发展水平的综合评价：基于聚类分析和因子分析[J].对外经贸,2020（2）：10-15.

展的相关指标在全省处于领先地位；第二类城市包括济南、烟台、潍坊，其相关指标在全省处于前列；第三类城市包括淄博、威海、济宁、东营，这些地区经济高质量发展的相关指标在全省处于中等水平；第四类城市包括滨州、临沂、德州、日照、枣庄、泰安、莱芜、聊城、菏泽，这些地区的相关指标在全省相对较低。

（二）专家赋分法综合评价

基于表 6-18、表 6-19 的原始指标数据，依据德尔菲法的基本原理，我们采用专家赋分法对各地区高质量发展水平进行综合评价。首先，在相关研究总结梳理及专家赋分的基础上，确定各因素相关指标的权重。其中，经济发展实力指标权重为 40%，经济增长潜力指标权重为 30%，生活富裕程度指标权重为 15%，绿色发展水平指标权重为 15%[1]。具体指标权重值如表 6-20 所示。

表 6-20 高质量发展评价指标权重赋值

评价类别	评价指标	评价权重
经济发展实力指标（40%）	X11：地区生产总值（亿元）	5
	X12：规模以上工业企业主营业务收入（亿元）	5
	X13：进出口总额（万美元）	5
	X14：一般公共预算收入（万元）	5
	X21：人均地区生产总值（元/人）	4
	X22：规模以上服务业营业收入占生产总值比重（%）	4
	X23：一般公共预算收入占生产总值比重（%）	4
	X31：土地产出率(万元/公顷)	4
	X32：规模以上工业产值利润率（%）	4

---

[1] 张静.资源型大省生态文明建设评价及绿色经济发展路径研究[D].北京：中国地质大学,2019.

续表

评价类别	评价指标	评价权重
经济增长潜力指标（30%）	X41：固定资产投资增长速度（%）	4
	X42：规模以上工业企业资产合计（亿元）	4
	X43：金融机构本外币各项存款余额（亿元）	4
	X51：科学技术支出占一般公共预算支出比重（%）	4
	X52：每万人拥有研发人员数量（人）	5
	X53：发明专利授权量（件）	4
	X54：R&D经费内部支出占地区生产总值比重（%）	5
生活富裕程度指标（15%）	X61：城镇居民人均可支配收入（元/人）	3
	X62：一般公共预算收入占生产总值比重（%）	3
	X71：居民人均社会消费品零售额（元/人）	3
	X72：城镇居民人均可支配收入占人均GDP比重（%）	3
	X73：城镇居民人均消费支出（元/人）	3
绿色发展水平指标（15%）	X81："蓝天白云繁星闪烁"达标天数比例（%）	3
	X82：建成区绿化覆盖率（%）	3
	X83：可吸入颗粒物（PM2.5）浓度降低率（%）	3
	X91：工业固体废物综合利用率（%）	2
	X92：主要污染物排放总量削减率（%）	2
	X93：单位GDP能耗降低率（%）	2

其次，基于评价指标权重，对山东省各地市相关指标数值进行评价。评价的标准是在各指标权重值范围内，根据指标原始数值由高到低排序，以均值为中线，按其分布区间逐一评分，各指标具体得分如表6-21所示。

表 6-21 山东省各地区高质量发展指标得分

地区	X11	X12	X13	X14	X21	X22	X23	X31	X32	X41	X42	X43	X51	X52	X53	X54	X61	X62	X71	X72	X73	X81	X82	X83	X91	X92	X93
济南	4.5	2.4	2.2	4.5	2.3	3	3.8	3.5	2.2	4	1.7	4	2	5	3.8	4.8	2.8	3	3	1.4	2	2	2.8	3	1.3	0.4	2
青岛	5	5	5	5	3.2	2.2	4	4	1.9	3.4	4	3.8	2.8	4.5	4	3.8	3	3	2.5	0.9	2.8	2.8	1.1	0.7	1.5	1.3	0.5
淄博	2.9	2.8	2.3	2.5	2.3	4	1.9	2.9	1.7	2.5	1.9	2.5	2.1	3.6	1.7	4	1.8	2	2.1	0.8	1.7	1.2	0.6	2	1	2	1.6
枣庄	1.7	1.6	1.3	1.4	1.3	0.7	1.4	2.2	3	0.6	1	1.1	1.5	1.5	0.4	1.3	0.7	1	0.6	1.8	0.9	0.8	1.3	1.7	1.3	1.7	0.6
东营	2.6	3.1	3.6	2.2	4	0.9	1.1	2.1	1.2	1.2	2.5	1.4	1.8	2.7	1.1	1.5	2.5	1	1.7	0.6	2	2.3	0.9	2.6	1.3	2	0.4
烟台	4	4.5	4	4	2.7	1.4	2.8	2.4	2.8	2.4	3.5	1.8	4	2.9	2.5	3.5	2.1	2	2	1.1	2.3	3	3	0.6	0.6	1.5	0.7
潍坊	3.9	3.9	3.5	3.9	1.6	1	3.8	1.5	1.7	2.3	3.2	1	2.6	2	3.7	2.3	1.9	2.9	1.6	2.7	1.8	1.9	0.9	1.6	1.1	1.7	1.4
济宁	2.9	2.7	1.7	2.9	1.2	1.8	2.6	1.6	4	2.8	3.2	2.8	1.7	1.7	1.4	1.7	0.9	2	1.2	2.3	1.1	1	1.7	2.8	1.7	1.8	0.2
泰安	2.3	1.7	1.5	2	1.4	0.6	1.8	3.2	1.1	1	1.4	1	2.1	1.2	2.6	1	1	1	1	1	1	2.6	0.7	1	1.9	1	0.3
威海	2.2	2.2	2.7	2.3	3.3	1.3	2.5	2.8	2.6	3.1	1.4	1.5	3.8	3.5	1.5	1.4	2.2	2	2.6	0.7	2.5	3	2	1.9	0.8	0.6	1.5
日照	1.6	1.9	2.3	1.6	1.8	1.9	1.9	1.5	2.4	2.5	1.2	1.3	2.6	2	0.8	3.3	0.8	1.2	0.9	1.2	1	2.6	2.4	1.9	0.7	0.9	0.1
莱芜	1.5	1.8	1.4	1.4	1.7	1.5	1.6	1.7	1.4	2.9	0.9	1.7	1.6	2.7	0.6	5	1.3	1	1.1	1.6	1.3	1	1.4	0.8	2	0.3	1.4
临沂	2.7	4	2	2.4	0.9	1.6	1.7	1.1	1.7	3.3	1.8	1.6	1.3	1.4	1.3	1	3	1.2	1.2	0.5	3	0.8	0.9	1	1.1	1.2	0.7	1.8
德州	2.1	2	1.6	1.8	1.1	1.7	1.2	1.2	3.4	3	1.6	2.4	3.5	1.8	0.7	1.9	0.5	1	0.8	1.3	0.6	1.7	2.2	1.2	1.4	0.8	0.8
聊城	2	2.1	1.8	1.7	1	1.1	1.5	1.3	1.5	1.8	1.5	0.8	1	1.6	1	1.6	0.6	1	0.5	1	0.6	1.2	2.4	0.5	0.5	1.9
滨州	1.8	3.2	2.1	2.1	1.6	1	3.4	1.5	1.2	2.6	1.2	2	0.9	2.4	1	3	2.2	0.9	2.4	1	2.5	0.7	1.7	1.4	1.2	0.4	1.3	1.7
菏泽	1.9	2.3	1.9	1.9	0.8	1.2	1.8	0.9	3.8	3.5	1.3	1.9	1.2	1.3	0.5	1.2	0.4	1.2	0.3	2.8	0.7	0.5	1.7	1	1.8	1.8	0.9

根据山东省各地区高质量发展指标得分情况，我们对各地区整体发展水平进行综合评价，并根据综合评价结果进行分类，具体结果如表 6-22 所示。

表 6-22　2018 年山东省各地区高质量发展水平综合评价

地区	综合得分	综合评价结果
青岛市	81.70	高质量发展水平高
济南市	77.40	高质量发展水平良好
烟台市	68.10	
潍坊市	61.40	
淄博市	58.40	高质量发展水平中等，有很大上升空间
威海市	57.90	
济宁市	53.50	
东营市	50.30	
滨州市	46.70	高质量发展水平较低，亟待提高
临沂市	45.20	
日照市	44.30	
德州市	43.30	
莱芜市	42.60	
泰安市	41.20	
菏泽市	40.50	
聊城市	34.90	
枣庄市	34.40	

表 6-22 中的 2018 年山东省各地区高质量发展水平综合评价结果显示，各地市根据高质量发展水平的比较大体可分为四类：第一类为青岛市，综合评价得分为 81.70 分，高质量发展水平在全省领先；第二类为济南、烟台、潍坊三个城市，济南市综合评价得分 77.40 分，烟台、潍坊两市的综合评价得分均在 60.00 分以上，这些城市的相关指标在全省处于前列，高质量发展水平良好；第三类为淄博、威海、济宁、东营四个城市，综合评价得分均在 50.00 分以上，

这些城市的相关指标在全省处于中等水平，高质量发展水平中等，有很大上升空间；第四类共包含九个城市，依次为滨州、临沂、日照、德州、莱芜、泰安、菏泽、聊城、枣庄，这些城市的综合评价得分均在50.00分以下，相关指标在全省处于较低水平，高质量发展水平相对较低，亟待改善和提高。

三、典型区域高质量发展水平比较分析

（一）济青烟高质量发展水平分析

从综合评价结果可以看出，济青烟三市的经济规模、经济发展水平、投资强度、创新活力等较为突出。2018年，济南、青岛、烟台三市的地区生产总值占全省比重分别为10.09%、15.4%、10.06%，三市合计比重达35.55%；进出口总额占全省比重分别为4.51%、27.52%、15.79%，合计比重达47.82%；一般公共预算收入占全省比重分别为12.05%、19.71%、10.19%，合计比重达41.95%；固定资产投资增长速度占全省比重分别为23.65%、19.46%、14.78%，合计比重达57.89%；金融机构本外币各项存款余额占全省比重分别为17.73%、16.75%、8.53%，合计比重达43.01%；每万人拥有研发人员数量占全省比重分别为13.20%、10.96%、7.16%，合计比重达31.32%；发明专利授权量占全省比重分别为24.03%、31.94%、6.71%，合计比重达62.68%。三市规模以上工业企业主营业务收入占全省比重分别为5.58%、11.38%、10.63%，合计比重为27.59%；人均地区生产总值占全省比重分别为7.38%、8.96%、7.71%，合计比重为24.05%；规模以上服务业营业收入比例占全省比重分别为12.95%、7.62%、3.56%，合计比重为24.13%；一般公共预算收入比例占全省比重分别为7.56%、8.09%、6.41%，合计比重为22.06%；土地产出率占全省比重分别为11.19%、12.11%、6.44%，合计比重为29.74%；规模以上工业产值利润率占全省比重分别为6.19%、5.72%、7.03%，合计比重为18.94%；规模以上工业企业资产合

计占全省比重分别为5.23%、13.37%、10.73%，合计比重为29.33%；科学技术支出比例占全省比重分别为6.14%、8.58%、11.36%，合计比重为26.08%；R&D经费内部支出比例占全省比重分别为7.73%、7.06%、6.95%，合计比重为21.74%。

与之相反的是，三市因城镇人口基数大、工业产业发达，在城镇居民生活水平、节能环保等方面表现中等。2018年，济南、青岛、烟台三市的城镇居民人均可支配收入占全省比重分别为7.78%、7.89%、6.96%，合计比重为22.63%；居民人均社会消费品零售额占全省比重分别为10.35%、9.04%、7.58%，合计比重为26.97%；城镇居民人均可支配收入比例占全省比重分别为5.58%、4.66%、4.78%，合计比重为15.02%；城镇居民人均消费支出占全省比重分别为8.31%、8.29%、7.43%，合计比重为24.03%；"蓝天白云繁星闪烁"达标天数比例占全省比重分别为6.45%、7.92%、8.80%，合计比重为23.17%；建成区绿化覆盖率占全省比重分别为7.19%、4.98%、7.34%，合计比重为19.51%；可吸入颗粒物（PM2.5）浓度降低率占全省比重分别为9.26%、3.58%、2.91%，合计比重为15.75%；工业固体废物综合利用率占全省比重分别为6.22%、6.36%、4.72%，合计比重为17.30%；主要污染物排放总量削减率占全省比重分别为2.88%、6.60%、6.95%，合计比重为16.43%；单位GDP能耗降低率占全省比重分别为18.40%、4.04%、5.16%，合计比重为27.60%。

总体而言，在山东新旧动能转换综合试验区建设过程中，济南、青岛、烟台的"三核"引领作用非常突出。2019年，济青烟三市的生产总值总额达到28838.1亿元，占全省生产总值的比重达到37.71%。2019年，三市生产总值、社会消费品零售额、进出口总额与去年同期相比，分别增长了6.3%、7.9%和6.5%；对全省经济增长、消费品零售额增长、进出口增长的贡献率分别达到48.7%、46.3%和54.3%。

（二）聊城、枣庄高质量发展水平分析

从综合评价结果可以看出，聊城、枣庄两市在节能环保、宜居程度、经济发展质量效益方面发展相对较好。2018年，两市的单位GDP能耗降低率占全省比重分别为16.79%、4.42%，合计比重为21.21%；工业固体废物综合利用率占全省比重分别为4.58%、6.23%，合计比重为10.81%；主要污染物排放总量削减率占全省比重分别为3.56%、7.51%，合计比重为11.07%；"蓝天白云繁星闪烁"达标天数比例占全省比重分别为2.64%、4.99%，合计比重为7.63%；建成区绿化覆盖率占全省比重分别为5.15%、5.19%，合计比重为10.34%；可吸入颗粒物（PM2.5）浓度降低率占全省比重分别为7.78%、6.15%，合计比重为13.93%；土地产出率占全省比重分别为4.16%、6.00%，合计比重为10.16%；规模以上工业产值利润率占全省比重分别为5.07%、7.50%，合计比重为12.57%。

与之相反的是，两市在经济规模、发展水平、投资强度、创新活力等方面，发展相对较差。2018年，两市的地区生产总值占全省比重分别为4.05%、3.09%，合计比重为7.13%；进出口总额占全省比重分别为2.53%、0.55%，合计比重为3.08%；一般公共预算收入占全省比重分别为3.11%、2.35%，合计比重为5.46%；固定资产投资增长速度占全省比重分别为–10.59%、–18.77%，合计比重达–29.36%；金融机构本外币各项存款余额占全省比重分别为3.64%、2.12%，合计比重为5.76%；每万人拥有研发人员数量占全省比重分别为2.91%、2.80%，合计比重为5.71%；发明专利授权量占全省比重分别为1.91%、1.12%，合计比重为3.03%；规模以上工业企业主营业务收入占全省比重分别为3.46%、1.19%，合计比重为4.65%；人均地区生产总值占全省比重分别为3.64%、4.29%，合计比重为7.93%；规模以上服务业营业收入比例占全省比重分别为3.11%、2.70%，合计比重为5.81%；一般公共预算收入比例占全省比重分别为4.86%、4.82%，合计比重为9.68%；规模以上工业企业资产合计占全省比重分别为4.37%、

1.65%，合计比重为6.02%；科学技术支出比例占全省比重分别为1.04%、3.20%，合计比重为4.24%；R&D经费内部支出比例占全省比重分别为5.43%、4.01%，合计比重为9.44%；城镇居民人均可支配收入占全省比重分别为4.23%、4.97%，合计比重为9.20%；居民人均社会消费品零售额占全省比重分别为3.85%、4.24%，合计比重为8.09%；城镇居民人均可支配收入比例占全省比重分别为6.16%、6.13%，合计比重为12.29%；城镇居民人均消费支出占全省比重分别为3.99%、4.67%，合计比重为8.66%。

总体而言，聊城、枣庄两市的高质量发展相关指标得分相对较低，综合评分均低于35.00分。与省内先进地市相比，相关指标仍有很大差距（具体对比详见表6-23）。今后应加大经济发展力度，提升经济发展水平，增加投资强度，增强创新活力，进一步改善城镇居民生活水平，全面提升城市发展质量。

表6-23 典型区域高质量发展指标占全省比重对比

高质量发展指标	济南	青岛	烟台	聊城	枣庄
地区生产总值比重（%）	10.09	15.41	10.06	4.05	3.09
规模以下工业企业主营业务收入比重（%）	5.58	11.38	10.63	3.46	1.59
进出口总额比重（%）	4.51	27.52	15.79	2.53	0.55
一般公共预算收入比重（%）	12.05	19.71	10.19	3.11	2.35
人均地区生产总值比重（%）	7.38	8.96	7.71	3.64	4.29
规模以上服务业营业收入比例比重（%）	12.95	7.62	3.56	2.11	2.7
一般公共预算收入比例比重（%）	7.56	8.09	6.41	4.86	4.82
土地产出率比重（%）	11.19	12.11	6.44	4.16	6.00
规模以上工业产值利润率比重（%）	6.19	5.72	7.03	5.07	7.50
固定资产投资增长速度比重（%）	23.65	19.46	14.78	-10.59	-48.77
规模以上工业企业资产合计比重（%）	5.23	13.37	10.73	4.37	1.65

续表

高质量发展指标	济南	青岛	烟台	聊城	枣庄
金融机构本外币各项存款余额比重（%）	17.73	16.75	8.53	3.64	2.12
科学技术支出比例比重（%）	6.14	8.58	11.36	1.04	3.20
每万人拥有研发人员数量比重（%）	13.20	10.96	7.16	2.91	2.80
发明专利授权量比重（%）	24.03	31.94	6.71	1.91	1.12
R&D经费内部支出比例比重（%）	7.73	7.06	6.95	5.43	4.01
城镇居民人均可支配收入比重（%）	7.78	7.89	6.96	4.23	4.97
居民人均社会消费品零售额比重（%）	10.35	9.04	7.58	3.85	4.24
城镇居民人均可支配收入比例比重（%）	5.58	4.66	4.78	6.16	6.13
城镇居民人均消费支出比重（%）	8.31	8.29	7.43	3.99	4.67
"蓝天白云繁星闪烁"达标天数比例比重(%)	6.45	7.92	8.80	2.64	4.99
建成区绿化覆盖率比重（%）	7.19	4.98	7.34	5.15	5.19
可吸入颗粒物（PM2.5）浓度降低率比重（%）	9.26	3.58	2.91	7.78	6.15
工业固体废物综合利用率比重（%）	6.22	6.36	4.72	4.58	6.23
主要污染物排放总量削减率比重（%）	2.88	6.60	6.95	3.56	7.51
单位GDP能耗降低率比重（%）	18.40	4.04	5.16	16.79	4.42

第七章

新旧动能转换下山东省高质量发展路径

第七章 新旧动能转换下山东省高质量发展路径

第一节 山东省高质量发展的方向与原则

一、山东省高质量发展的定位与方向

当前，我国经济正在向高质量发展阶段过渡和迈进，转向高质量发展是我们直面新时代和突破发展瓶颈的紧迫任务。任保平指出，高质量发展是经济的总量与规模增长到一定阶段后，"经济结构优化、新旧动能转换、经济社会协同发展、人民生活水平显著提高的结果"[1]。高质量发展的特征主要体现在：一是产业结构实现合理化和高级化，产业形态呈现出从低级向中级、高级不断攀升的过程；二是创新成为推动经济高质量发展的第一动力，将为经济发展创造出新的增长点；三是实现供给体系质量的提升，要素质量及配置效率将得到进一步提升；四是人民对美好生活的需要将得到不断满足，改善民生和富民产业将成为民生工作的重点，人民生活质量将得到进一步提高。

在庆祝改革开放40周年之际，习近平总书记在博鳌亚洲论坛2018年年会开幕式上的主旨演讲和在庆祝海南建省办特区30周年大会重要讲话中，深情回顾中国开启改革开放的伟大历程，深刻总结40年来推进改革开放取得的巨大成就和积累的宝贵经验，郑重宣示中国坚定不移推进改革开放的决心和信心。2018年6月，习近平总书记在山东视察时强调，山东要主动融入国家开放大局，提高开放水平，扩大高质量招商引资，深度融入"一带一路"建设，把山东打造成为对外开放的新高地。

---

[1] 任保平.高质量发展的目标要求和战略重点:高质量发展的理论基础与衡量标准[M].北京：中国发展出版社,2019.

高质量发展的本质内涵，就是以满足人民日益增长的美好生活需要为目标的高效率、公平和绿色可持续的发展[①]。高质量发展是绝对和相对的统一，是质量与数量的统一。张军扩（2019）等研究认为，高质量发展的内涵具体可体现为以下方面：其一，资源配置效率高，经济运行平稳，国民经济主导产业产品的供给和需求大体平衡；其二，工农业产品和服务的质量不断提高，产品和服务能够适应市场标准可接受的程度，符合国内外主流市场的要求；其三，技术水平不断升级，产业升级对技术的需求基本能够得到满足；其四，制约人民群众生活质量的突出短板得以补齐，通过深化改革和调整政策，能够补齐群众反映强烈的短板问题；其五，现代化诸方面的均衡发展，经济建设、政治建设、文化建设、社会建设、生态建设五大领域协调推进[②]；其六，国土空间上的均衡发展，城乡和区域间的生活水平和基本公共服务水平大体实现均等化；其七，更加公平的成果分享及绿色可持续的发展。

推动高质量发展是一个系统性工程，不可能一蹴而就，要保持战略定力、战略耐心，持续用力、久久为攻，克服速度焦虑、数字情结，在一定程度上淡化对增长速度的追求，更多地追求有质量、有效益的速度。财税是检验高质量发展的"试金石"，应按照产业政策精准突破的要求，以财税贡献率为重点，积极引进"亩均效益"理念，统筹考虑经济、社会和生态效益，优化财政资金、土地、排放等要素配置，发展财政的"风向标"作用，倒逼企业转型升级，推动产业向全球价值链高端攀升。

推动山东省高质量发展，就是要以习近平新时代中国特色社会主义思想为指引，学习贯彻习近平总书记视察山东重要讲话精神，落实省委十一届五中全会和市委十二届六次全体会议精神，推动思想再解放，开放再提高，坚持扩大开放与深化改革相互促进，高水平引进来与大规模走出去良性互动，经济领域

[①] 国务院发展研究中心课题组.高质量发展的目标要求和战略重点[M].北京：中国发展出版社,2019.

[②] 张军扩,侯永志,刘培林,等.高质量发展的目标要求和战略路径[J].管理世界,2019,35（7）：1-7.

开放与其他领域开放协同推进,为山东省高质量发展打下坚实基础[①]。

山东省要实现高质量发展的目标,从经济发展目标上,需要不断满足人民对美好生活的需要和不断增进人民的获得感;从发展方式目标上,需要从数量追赶转向质量追赶,形成质量追赶的新要求,构建质量追赶的产业体系,提升产业的国际竞争力和品牌影响力;从产业发展目标上,需要加快实现由要素密集型产业为主的产业体系转向以技术和知识密集型产业为主的产业体系,进一步培育产业价值链攀升的动力,推动产业逐渐向国际产业价值链高端迈进;从产品结构发展目标上,需要由目前低技术含量、低附加值产品为主的产品体系转向高技术含量、高附加值为主的产品体系[②],改变制造业传统结构,推动制造业价值链由低端向高端攀升。

二、山东省高质量发展的基本原则

山东省应进一步解放思想,转变观念,加快推进高质量发展。推进高质量发展要把握好以下原则。

第一,树立"一盘棋"思想。不同区域在推动高质量发展中有着不同的定位,承担着不同的责任,各地区要紧跟全省高质量发展思路,不能"各自为政"。要结合全省实际,自上而下形成共识,树立一个稳定的高质量发展目标,坚持"一盘棋"的思想,心往一处想,劲往一处使。

第二,克服"速度"情结。当前,推进高质量发展是实现经济振兴的主攻方向,但从时间上来看,是一场绵绵用力、久久为功的持久战,绝不可能一蹴而就,也不可能立竿见影地改善当前的宏观经济格局。高质量发展不是说速度不重要,而是追求的目标不再仅仅是速度,要在稳定经济增长的前提下,坚持质量第一、效益优先,更多地在建设现代化经济体系上下功夫。目前,山东省经济发展正

---

① 关于构建新体制培育新优势加快全市开放发展的意见[N].潍坊日报,2016-08-10.
② 用新发展理念推进高质量发展[EB/OL].http://blog.sina.com.

处于"减速转型"期，发展速度在一定范围内出现下降是正常合理的，能给经济转型腾挪空间，有利于实现资源高利用率、经济高质量增长。因此，要大力解放思想，克服"速度"情结，在观念和思想上真正转过弯来。在制定经济发展目标时，要主要考核质量、效益是否能够提升，而不是达到什么速度。

第三，注意把握好高质量发展的速度与进度。推进高质量发展，要突出关键环节，确定好哪些是应该干的、亟须干的、能干成的工作，统筹安排优先顺序。要充分梳理当前发展现状[①]，既要找出优势，更要找出不平衡不充分的环节，不能"眉毛胡子一把抓"，要讲究科学方法论，抓关键、抓重点，四两拨千斤。要注重适度超前、不滞后于实践的发展，也不能跨越发展阶段，应坚持可持续、不冒进、不急于求成的发展。

第四，敢于先行先试。在当前，开拓思维、创新模式，运用新的方法、注入新的思维，是解决现实困难、实现高质量发展的一剂良药，改革创新也成为各地区发展的最大共识和自觉行动。在困难面前，要集思广益，紧紧围绕"先行"，进一步深化改革和试点试验，敢先行、真先行，在重点领域和关键环节改革上取得新突破，事事敢为"新"，树立样板和标杆。

第二节　山东省高质量发展的建设路径

国家对高质量发展的方向已非常明确，并做了具体安排部署，重点是推动八项重点工作：深化供给侧结构性改革；激发各类市场主体活力；实施乡村振兴战略；实施区域协调发展战略；推动形成全面开放新格局；提高保障和改善

---

① 用新发展理念推进高质量发展[EB/OL].https://wenku.baidu.

第七章 新旧动能转换下山东省高质量发展路径

民生水平;加快建立多主体供应、多渠道保障、租购并举的住房制度;加快推进生态文明建设[①]。新旧动能转换下实现经济高质量发展可以围绕以下路径:通过提高效率和集约化程度来实现高质量发展,通过经济结构优化来实现高质量发展,通过增长动力转换来实现高质量发展。

一、加快推进高质量发展的产业支持

山东省应全面贯彻落实党的十九大精神,牢牢把握稳中求进的工作总基调,按照高质量发展的要求,加快实施新旧动能转换重大工程,全力推动质量变革、效率变革、动力变革[②],实现经济平稳健康高质量发展。

(一)加快推进产业结构向中高端突破

主要做好以下几方面工作。

第一,加快产业结构向高端化转型。以建设现代化经济体系为指引,强化科技创新、现代金融、人力资源全要素协同支持[③],加快形成传统产业高端、新兴产业壮大、低效落后产能基本淘汰出清的现代工业新格局。突出抓好化工产业安全生产转型升级专项方案的组织实施,加快实现山东省化工产业安全发展、绿色发展、高端发展。

第二,加快生产方式向智能化转型。重点是以智能制造为主攻方向,深入推进两化融合。出台山东省"互联网+"先进制造业实施意见,制订"企业上云"三年行动方案,推动大数据、云计算、人工智能和实体经济深度融合。

第三,加快发展方式向绿色化转型。强化重点领域节能,提高能源利用效率,大力发展循环经济和节能环保产业,广泛推广节能环保技术、产品和装备,

---

① 中央经济工作会议在北京举行[N].中国农资,2017-12-22.
② 王萌,刘涛.农业领域国家科技奖励成果培育经验和建议:以中国农业科学院为例[J].农业科技管理,2019,038(006):41-44.
③ 人民日报社论.牢牢把握高质量发展这个根本要求[N].现代企业,2017-12-15.

建立绿色制造体系。

第四，加快盈利模式向服务化转型。重点推广创新设计、定制化服务等服务型制造重点模式，推进企业树立服务化理念，聚焦产品全生命周期，加快向产业价值链两端延伸。

（二）加快推进产业组织方式向中高端突破

山东省应加强企业梯队培育，打造一支由千亿级、百亿级行业龙头企业和各级"隐形冠军"企业构成的企业联合舰队，由此推进产业组织方式向中高端转型。

其一，不断完善行业龙头企业群、"隐形冠军"企业群"两群"企业发展协调推进机制，对确定的龙头企业、"隐形冠军"企业，实行集中包靠，集中资源，重点培植，提升工业核心竞争力。

其二，精准支持企业发展。坚持问题导向，依托企业问题直报平台，利用"四级"会商解决机制实施好精准服务。持续抓好企业家队伍建设，培养造就一批优秀企业家。

其三，持续推进改革改制。加快推进电力体制改革，扩大跨省电力交易规模。积极推进规模企业规范化公司制改制，确保三年行动计划任务目标百分之百完成。

（三）加快推进产品品质向中高端突破

应加快实现由经营产品向经营品牌转变，逐步改变产品质量高端但品牌低端且附加值较低的现状。深入推进"增品种、提品质、创品牌"，提高企业产品适应高端化、个性化消费趋势的能力。积极培创以消费产品为主导的精品产业集群区域品牌，支持诸如潍柴动力、豪迈科技、孚日家纺等重点企业争创"山东百年品牌"。积极组织企业参加重点品牌会展，借助网上工业展览馆、"好品山东"等平台，推动规模以上企业网上免费展示全覆盖，拓宽企业品牌推广渠道。

（四）加快推进技术水平向中高端突破

山东省应把技术创新、技术改造作为工业发展的关键，进一步完善以企业为主体、市场为导向、产学研深度融合的制造业创新体系，以新技术、新工艺、新装备支撑工业向中高端迈进。

其一，打造高水平制造业创新平台。促进已运营的高水平创新中心专业化、规范化。梯次做好省级、国家级企业技术中心、工业设计中心培育工作，不断提升企业创新能力。

其二，深化政产学研协同创新。重点组织好与高校、科研机构的对接合作，跟踪落实前期合作项目成果，确保项目落地实施。组织泰山产业领军人才申报，培育引进一批高层次人才，力争在关键共性技术上有所突破。

其三，突破发展工业设计。继续举办省级、市级工业设计大赛，积极培育第三方工业设计机构，扶持工业设计实力突出的企业设立专门设计机构，承接设计服务外包业务。完善灵狮国际创意港、3D打印服务中心等公共服务平台，探索线上线下相结合的服务模式。

其四，推进实施重大项目。聚焦新能源、汽车制造、高端化工、虚拟现实、智能制造等重点领域，抓好全省技术改造项目和技术创新项目，增强发展后劲。

（五）加快推进园区建设向中高端突破

山东省应加快推动园区向集群化、链条化方向发展，实现产业发展的集群集约。

其一，建设一批配套产业园。重点抓好诸如潍柴集团全球配件分销中心、盛瑞传动自动变速器配套产业园、北汽福田汽车工业园、大洋泊车配套产业园、比德文配套产业园等重点园区建设。

其二，打造特色产业聚集区。打造橡胶塑料、金属及特种材料产业、工艺园艺、车船及配件、木制品产业等重点产业集群,完善山东省特色产业园区功能。

其三,按照省化工园区新标准,设立、完善各地区化工园区,有计划、有步骤地推进化工企业入园发展。

二、加快推进高质量发展的人才支持

山东省应坚持围绕中心、服务大局,聚焦"双招双引"攻坚行动,突出人才强企,突出高精尖缺,突出服务改善,加快推进高质量发展的人才支撑。

第一,突出解放思想。坚持"走出去"与"请进来"相结合,积极引导专家人才和人才工作者牢固树立新发展理念,定期组织到国内发达地区和高端人才汇聚高地学习考察,开阔视野眼界,学习先进经验。常态化举办高端人才论坛,定期邀请国内外知名专家学者来鲁交流,促进本省人才素质提升。

第二,突出招才引智。围绕主导产业、新兴产业和新动能培育,充分利用柔性引才、节会引才、活动引才、大赛引才、桑梓引才等方式招引人才。在会同人社部门抓好"名校直通车"常态化的同时,会同科技部门推进"走进大院大所"常态化,会同教育部门推进"千万英才校友山东行"常态化,会同工信部门抓好企业家队伍建设,激发企业家引才育才创造力,培养造就一大批人才强企典范。

第三,突出重点人才工程。集中精力抓好国家"千人计划"、省"一事一议"顶尖人才、泰山产业领军人才蓝色专项等纳入省考核的重点工程,探索常态化举办国际人才创新创业大赛,启动市级"一事一议"引才推荐申报工作。

第四,突出优化生态。发挥好高层次人才服务专区和高层次人才发展促进会的积极作用,梳理形成人才专员服务清单,畅通人才服务绿色通道,着力推动人才服务"一次办好",加快人才服务流程再造。加强科技人才金融服务创新,加大人才工作宣传力度,着力营造人人重视招才引智、人人尊重人才的浓厚氛围。

三、加快推进高质量发展的金融支持

（一）加大措施，全面开展银企对接活动

组织召开金融支持新旧动能转换和"高品质城市"建设对接会，引导金融机构围绕重点项目，加快信贷资金的投放进度，确保完成全年目标任务。对签约的项目建立调度督导和通报制度，加大对各银行项目资金到位情况的调度力度，确保资金投放力度与项目进展同步。

（二）全面落实国务院关于支持小微企业发展和乡村振兴的各项政策措施

山东省应持续推进供应链金融服务工作，借助应收账款融资服务平台，开展"应付账款票据化，解决中小微企业融资难"专项行动。组织开展"金融助推乡村振兴示范县"活动，继续深入推进"农地"抵押贷款试点和农村集体资产股份权能改革试点工作。深入推进普惠金融与智慧医疗深度融合，2020年实现"支付服务＋智慧医疗"模式行政村全覆盖。开展征信窗口服务标准化建设，推动商业银行代理征信查询服务试点工作。持续推进各地区普惠金融综合示范区建设，积极打造普惠金融特色品牌。

（三）引导企业积极应对贸易摩擦

引导企业积极应对贸易摩擦，主要采取以下几方面措施。

其一，制定应急预案。密切关注国家层面在中美贸易谈判、国际交流以及通过WTO贸易规则维护企业权益的动态，引导企业制定应对措施和应急预案，防范中美贸易政策变动风险。

其二，引导涉外企业积极拓展新兴出口市场和替代市场，重点开拓"一带

一路"沿线国家目标市场,降低对美贸易依存度。

其三,推进产业结构调整。引导企业加快新旧动能转换升级,加大科技创新投入,提高产品附加值和竞争力,提高在国际谈判中的话语权。

其四,引导企业充分利用政策红利,降低财务成本,引导企业通过境外融资、借用外债、运用外汇衍生产品等方式降低资金成本。

四、加快推进高质量发展的科技支持

加快推进高质量发展的科技支持,主要做好以下几方面的工作。

第一,加强科技创新战略实施的组织保障。应进一步强化对科技创新工作的组织领导,发挥各地区创新发展委员会的组织协调作用,优化创新发展顶层设计,定期召开会议研究解决高品质城市建设中的科技创新问题。建立健全协调推进机制,对照目标任务,建立责任分工,细化工作方案,加强工作调度和推进,确保完成高质量发展过程中科技创新工作的各项任务。加大考核力度,定期对三年行动方案的各项目标完成情况进行考核,确保行动方案落地见效。

第二,促进科技与金融深度结合。各地市应进一步加强与各大银行的协作配合,将本市优势项目和企业积极推荐给银行,推动银行加大对科技型中小微企业的贷款力度,着力解决科技型中小微企业"轻资产、贷款难"的问题。继续拓宽科技型企业融资渠道,创新科技信贷模式,支持商业银行设立科技银行,开展针对科技型中小微企业的融资服务。依托金控集团,运作好国信创投基金,加强与国家、省级创新引导基金联动,逐步扩大各类创新基金规模。

第三,营造科技创新的良好环境。应继续加大科技创新相关政策落实的督导力度,确保高新技术企业税收减免、企业研发费用税前加计扣除等各项政策不折不扣落到实处。积极推进科技系统业务工作"流程再造",简化服务环节,提高服务质量,着力为创新发展提供"一站式""保姆式"服务。进一步加强科学普及,提升全民科学素质。大力弘扬鼓励创新、宽容失败的理念,打造人人关注创新、人人支持创新、人人参与创新的良好局面，营造创新创业的良好社会氛围。

第三节　山东省高质量发展的环境保障

一、进一步解放思想，打造敢闯敢干的办事环境

在山东省经济发展过程中，思想不够解放、观念变革不深、发展理念落后等问题，一直是山东省与先进地区存在差距的根源。山东省要实现在高质量建设过程中走在前列的目标，必须从根源上入手，在思想解放上开展一场深刻的自我革命，营造敢于闯、敢于试、敢于改的办事创业氛围。

一方面，更新发展理念。在全省开展新一轮解放思想大讨论，深入查找思想观念、精神状态、视野境界等方面的问题和差距，着力破满、破旧、破窄、破僵，开阔视野、开阔思路，确立新理念、新思想，切实增强敢为人先、勇于探索的志气和勇气。牢固树立"法无禁止皆可行"的理念，鼓励在体制机制、管理服务等方面大胆创新、先行先试，着力在一些重点领域实现突破。

另一方面，狠抓作风转变。持续深化"作风建设年"活动，以担当作为、真抓实干、勇于争先的过硬作风狠抓工作落实。强化标准导向，坚持"走在前列"的目标定位，持续学习提升落实。其他地市可借鉴济南市的做法，由市纪委、市监察委组织对全市干部作风进行暗访，并拍摄专题片，集中曝光一批破坏营商环境的反面典型，让失责必问、问责必严成为常态。

二、深化放管服改革，打造高效便捷的政务环境

近期，国家及山东省先后就推进审批服务便民化分别出台了指导意见和实施方案，足见政务环境的重要性，它也是打造一流营商环境的关键所在。山东省应继续深化放管服改革，着力打造高效便捷的政务环境。

第一，推进"一次办好"改革。山东省应对标世界银行营商环境评价指标体系，对标先进地区，落实国务院关于放宽市场准入"只进一扇门""最多跑一次"等"六个一"的要求[①]，在全省开展"一次办好"改革，秉承"应办尽办"的原则，拿出"说办就办"的效率，实现"一次办成"的目标，建设人民满意的服务型政府。

第二，健全"一次办成"的服务网络和办理流程。对审批事项再清理、再精简，实现"一口受理、一次办成"，力争市、县政务服务大厅基本实现"一窗受理"服务。实施关联事项"一链办理"，把分散在不同部门的事项按链条进行优化整合，将"一事一流程"整合为"多事一流程"[②]，推行一次告知、一表申请。

第三，搭建"一网通办"的线上平台[③]。各地区应根据全省统一安排部署，试点开展电子证照、电子印章应用，完成省政务服务平台与各地区部门自建系统的对接整合，基本实现行政许可事项和依申请办理的公共服务事项网上服务全覆盖。继续推进政务服务热线"一线连通"[④]，政府部门（单位）热线原则上全部实现"12345"一号呼叫。

第四，制定"实战实用"的政策体系。凡是"外地能办的，山东也能办，而且要办得更好"，决不让政策躺在"抽屉"里，确保政策落地实施。

---

① 关于深化"一次办好"改革深入推进审批服务便民化实施方案[J]. 山东人力资源和社会保障, 2018（9）: 54-58.
② 深化"一次办好"改革 烟台推进审批服务便民化[EB/OL]. http://www.jiaodong.
③ 山东搭建"一次办好"改革框架体系 9月底前实现全覆盖[EB/OL]. https://sd.dzwww.com.
④ 山东深化"一次办好"改革 推进审批服务便民化[EB/OL]. http://sd.iqilu.com.

三、提高服务意识，打造周到细致的服务环境

完善的服务是经济高质量发展的吸引力、创造力及竞争力，优质的服务才能吸引更多的投资。

第一，开展服务企业行动。商业发展、企业发展与每个人息息相关，各地区应进一步强化为企业服务的意识，营造尊重企业和企业家的良好氛围。深入开展领导干部帮扶"千家企业"活动，如潍坊市对孚日集团战略规划研究、豪迈集团中试平台建设的服务，盯紧重点企业、大企业，一企一策，靠上服务，切实帮助企业解决实际困难和问题，推动企业健康发展。进一步落实好支持非公有制经济健康发展的意见，从体制机制上创造公平竞争的条件，破除市场准入种种限制[1]，为民营企业发展搞好服务、创造环境，构建亲清新型政商关系[2]。

第二，强化要素保障。各地区要进一步创新思路，努力破解土地、资金、能源等制约，通过盘活原有厂房、城乡土地增减挂钩等措施，努力保障项目用地需求。进一步加强金融创新，发展多层次资本市场，争取更多的企业完成首发上市，推动企业在"新三板"和区域性股权交易市场挂牌。统筹好煤、电、油、气、新能源等各项能源供应，大力优化供给结构，拓展多途径供给渠道，进一步提高供应质效。

第三，优化法治环境。各地区应切实维护市场秩序，严肃查处各类破坏市场秩序和营商环境违法违规行为，加强治安整治，依法严厉打击侵犯知识产权、制售伪劣商品、恶意欠薪、强买强卖等行为[3]。

---

[1] 张兴军.直面问题的政绩观[J].中国经济信息,2018（5）:5.
[2] 用好改革开放"关键一招"[N].青岛日报,2018-02-27.
[3] 王端鹏,王彬.深化"一次办成"改革 打造与省会地位相匹配的良好营商环境[N].济南日报,2018-06-21.

四、强化创新驱动，打造创新创业环境

创新是引领发展的第一动力，也是山东省与其他地区竞争的核心资源。习近平总书记强调，技术是买不来的。近期持续的中美贸易战也证明了这一点，没有创新，没有核心技术，就会受制于人。山东省应进一步强化创新驱动，为高质量发展打造创新创业的良好环境。

第一，加大技术创新。技术攻关的关键在于企业，特别是拥有技术研发能力的大企业，很多中小企业往往缺乏技术创新活动，仍旧是以购买、复制已研发的技术为主。在加快技术创新方面，各地区应充分利用有限的财力，与重点企业协同研究，确定当地重点攻关的关键技术，集中优势资源要素，实施定向突破。

第二，支持企业创新。各地区应落实好"创新券"、创投基金、税收抵扣等财政扶持措施，支持规模以上企业建立自己的技术创新体系，提高当地企业创新力。如潍坊市积极制定相关激励政策，充分发挥好潍柴动力国家商用汽车动力系统总成工程技术研究中心、盛瑞传动自动变速器工程技术研究中心等平台的创新辐射功能。

第三，加强创新平台建设。各地区要进一步提升科技孵化器运行水平，突出配套设施、孵化能力、创业环境、种子筛选等环节，精准扶持一批高端科技企业[①]。进一步完善公共服务平台，强化诸如山东半岛蓝色工程实验室、生物医药研发中心等公共研发平台建设，为行业创新提供有力的技术支撑。

第四，深入推进创业孵化。近年来，山东省各地区各个领域都涌现出一批成立时间短、企业规模小，但发展潜力大的中小企业。诸如山东海福德机械有限公司（济南市）、山东金城柯瑞化工有限公司（淄博市）、山东山森数控技术有限公司（枣庄市）、山东恒业石油新技术应用有限公司（东营市）、山东鲁鑫贵金属有限公司（烟台市）、山东润科化工股份有限公司（潍坊市）、山东光大线路

---

① 孙孔嘉.唯创新者强　唯创新者胜[J].潍坊日报,2017-01-15.

器材优先公司（济宁市）、山东海天智能工程有限公司（泰安市）、威海万丰镁业科技发展有限公司（威海市）、山东鼎新电子玻璃集团有限公司（日照市）、山东鼎裕生物能源有限公司（莱芜市）、山东方圆建筑材料有限公司（临沂市）、山东瑞博龙化工科技股份有限公司（德州市）、山东天泰钢塑有限公司（聊城市）、山东滨州智源生物科技有限公司（滨州市）、山东金博利达精密机械有限公司（菏泽市）等，这些企业在特定细分领域掌握核心技术，是行业发展的"隐形冠军"。但中小企业在创业初期，往往面临缺资金、缺市场、缺人才等方面的困境，各地区要在兑现政府出台的扶持政策基础之上，引导金融机构、行业协会、县市区政府等，将精力适度向初创企业倾斜，培育一批优质的第二梯队企业。

五、加强诚信体系建设，打造诚信发展环境

人无信不立，市则无信不强。现在城市之间的竞争，在资源趋紧、政策趋同的背景下，诚信就成为城市发展的最大优势。2018年，山东省威海市、潍坊市成功获批全国首批12个国家级社会信用建设示范城市，各地区也要加强诚信体系建设，在全国打造"信用城市"品牌，打造城市高质量发展独特的软实力。

第一，抓好信用信息的归类整合。当前，虽然各地区均已归集当地各部门数亿条信用信息数据，但这些信用资料往往标准不一致、端口不一致，很难实现大的利用。在今后的发展中，各地区应设计统一的体例，做好大量信用信息的规范与整理。

第二，抓好失信联合惩戒。失信联合惩戒是经过实践证明的改善诚信环境最见效的措施，各地区应将失信联合惩戒制度扩展到全行业、全领域。以潍坊、威海为例，这两个城市与青岛共同制定并全面落实《青潍威信用体系建设合作备忘录》，协同开展联合惩戒工作[1]，加大了联合惩戒的覆盖范围。

第三，抓好守信联合奖励。各地区应通过正面激励，激发广大企业、群众的诚信行为。同时，借鉴苏州、杭州等地经验做法，深层次开发适合本土企业

---

[1] 朱民原.潍坊：品质新城的好信用[N].中国城市报,2018-09-17.

和居民需求的"诚信分"应用体系,真正将诚信力转换为生产力[①]。

六、加快高品质城市建设,打造宜居宜业环境

近年来,山东省的高品质城市建设取得了较大的进展,城市发展使居民生活变得更加美好。但总体看,与宜居宜业的要求相比,山东省的发展短板也很突出。在今后的城市发展中,应着力做好以下方面,进一步打造宜居宜业的发展环境。

第一,改善公共服务环境。近年来,随着城区的发展,区与区之间的发展界限逐渐淡化。各地区还是应该树立全局化观念,统一谋划布局公交、路网、管网等公共基础设施,统一谋划布局教育、医疗、金融等公共服务资源,统一谋划设计好城区生产、生活功能区定位。

第二,改善生态环境。应坚持绿色发展、保护优先、"三生"融合,加快实施以绿色化为目标的新旧动能转换,扎实推进绿色发展专项行动,全力开展环保突出问题综合整治攻坚。通过实施逐步加严的环保标准,推动高污染、高耗能企业及"散乱污"企业的市场出清。在化工产业转型升级方面,聚焦"大园区、大企业、大项目"发展。在园区发展上,集中精力将省规划批复的大园区打造成高端化工聚集区;在企业发展上,抓好与大型央企的对接合作,争取央企投资;在项目建设上,重点推进诸如中化弘润乙烯项目、鲁清石化乙烯一体化项目、山东化工原料基地等重点项目建设。

第三,强化社会治理。山东省各地区在城市高质量发展进程中,仍存在很多社会治理问题,并呈现出"跨县域、分散化"的新趋势。针对这些新问题,一方面,各地区应运用数字化、网络化手段,加强动态监测和实时服务;另一方面,应打破县域界限,比如针对跨县域的治安案件、污染问题等,应多从全市角度统筹社会服务力量,探索建立全市统筹的体制机制[②]。

---

① 王端鹏,王彬.深化"一次办成"改革 打造与省会地位相匹配的良好营商环境[N].济南日报,2018-06-21.
② 关于构建新体制培育新优势加快全市开放发展的意见[N].潍坊日报,2016-08-10.

参考文献

［1］余典范.2017中国产业发展报告：新旧动能转换[M].上海：上海人民出版社，2017.

［2］国家发展和改革委员会产业经济与技术经济研究所.中国产业发展报告2018：迈向高质量发展的产业新旧动能转换[M].北京：经济科学出版社，2018.

［3］埃森哲中国.新动能[M].上海：上海交通大学出版社，2017.

［4］埃森哲中国.展望新动能[M].上海：上海交通大学出版社，2017.

［5］宁吉喆.新产业新业态新模式统计探索与实践[M].北京：中国统计出版社，2017.

［6］赵弘.北京大城市病治理与京津冀协同发展[J].经济与管理，2014（3）:5–9.

［7］马俊炯.京津冀协同发展产业合作路径研究[J].调研世界，2015（2）:3–9.

［8］高素英，张烨，许龙，等.协同发展视野下京津冀产业协同路径研究：以轨道交通产业为例[J].天津大学学报：社会科学版，2016，18（6）:529–534.

［9］郭益灵，周勇.科技战略与创新政策文集（2017—2018）：基于山东的视角[M].北京：经济管理出版社，2018.

［10］综合开发研究院.新经济与旧体制[M].北京：中国经济出版社，2018.

［11］鲁春丛.发展信息经济促进新旧动能转换[J].世界电信，2016（3）：6–11.

［12］沈文玮.建设现代化经济体系的理论与实践认识[J].中国特色社会主义研

究，2018（2）：46-51.

[13] 李毅中. 补短板促进新旧动能转换 [J]. 中国经贸导刊，2016（10）：41-42.

[14] 汪燕. 迈出新旧动能转换的坚实步伐 [J]. 浙江经济，2016（20）：41.

[15] 李克强. 加快新旧动能转换步伐 [J]. 经济技术协作信息，2016（3）：42.

[16] 刘现伟. 新时代亟须推动民营经济高质量发展 [N]. 经济参考报，2019-02-27.

[17] 李克强. 加快新旧动能转换步伐 [J]. 中国应急管理，2016（2）：6.

[18] 卢青. 湖北发展新旧动能转换研究 [J]. 咨询与决策，2016（12）：74-75.

[19] 武文卿. 降成本促新旧动能转换 [J]. 中国招标，2016（30）：11-13.

[20] 李克强. 攻坚克难推进改革　加快新旧动能转换 [J]. 紫光阁，2016（2）：9.

[21] 李盛霖. 着力加快新旧动能转换：对经济工作的几点建议 [J]. 中国人民大学，2016（17）：13.

[22] 任建华，杨益波. 余斌. 中国经济正在闯"新旧动能转换"关 [J]. 中国产业经济动态，2016（18）：13-14.

[23] 许宪春. 当前是工业新旧动能转换期 [J]. 装备制造，2016（7）：66.

[24] 李克强. 攻坚克难推进改革　加快新旧动能转换 [J]. 经济形势瞭望，2016（2）：20-21.

[25] 李克强：中国经济处于新旧动能转换和转型升级期 [J]. 知识经济，2016（7）：10.

[26] 马延明，刘庭兵，史永立，等. 供给侧改革背景下产能过剩测度及去产能路径研究：以陕西省为例 [J]. 西部金融，2016（10）:35-41.

[27] 周晓艳，华敏，秦雅雯，等. 长江中游城市群空间联系研究 [J]. 长江流域资源与环境，2016，25（10）:1492-1500.

[28] 王得新. 我国区域协同发展的协同学分析：兼论京津冀协同发展 [J]. 河北经贸大学学报，2016，37（03）:96-101.

［29］董慧梅,丁毅.电子信息产业"供给侧改革"政策研究[J].科技进步与对策,2016,33（09）：91-95.

［30］胡亚兰,鲍金红.我国农村物流发展现状、商业保险模式与优化策略:基于供给侧改革视角的研究[J].现代经济探讨,2018（12）:55-59.

［31］杨运韬,陈景新,张月如.京津冀与长江经济带区域创新效率比较研究[J].中国经贸导刊：理论版,2017（35）:52-53.

［32］何雄伟.优化空间开发格局与长江经济带沿江地区绿色发展[J].鄱阳湖学刊,2017（06）:50-58.

［33］盛方富,李志萌.创新一体化协调机制与长江经济带沿江地区绿色发展[J].鄱阳湖学刊,2017（06）:44-49.

［34］谷玉辉,吕霁航.长江中游城市群协调发展存在的问题及对策探析[J].经济纵横,2017（12）:117-122.

［35］董树功.协同与融合:战略性新兴产业与传统产业互动发展的有效路径[J].现代经济探讨,2013（02）:71-75.

［36］王莉红.中国大陆地区平板显示产业与半导体产业协同发展的思考[J].集成电路应用,2013（10）:12-15.

［37］朱传言,肖峋.京津冀电子信息产业协同创新机制构建[J].人民论坛,2015（05）:217-219.

［38］吕小柏,吴友军.武汉东湖新技术开发区近十年技术进步特征及政策建议[J].开发研究,2016（02）:32-35.

［39］李建平.产能过剩破解与产业集群协同发展研究：以河南汽车产业集群为例[J].山东财经大学学报,2016,28（02）:41-47.

［40］罗巍,张阳,唐震.中国供水–用水复合系统协同度实证研究[J].干旱区资源与环境,2016,30（03）:1-6.

［41］金国军.打造"光谷"南昌高新区力争光电产业破千亿[N].中国工业报,2016-03-18.

［42］王莉莉，肖雯雯.基于投入产出模型的中国海洋产业关联及海陆产业联动发展分析[J].经济地理，2016，36（01）:113-119.

［43］魏丽华，李书锋.协同发展战略下京津冀跨区域临空产业布局分析：基于"行政区经济"向"产业区经济"转变的视角[J].经济研究参考，2014（63）:43-49.

［44］刘雪芹，张贵.京津冀区域产业协同创新能力评价与战略选择[J].河北师范大学学报：哲学社会科学版，2015，38（01）:142-148.

［45］郭爱君，毛锦凰.丝绸之路经济带建设中的我国节点城市产业定位与协同发展研究[J].西北大学学报：哲学社会科学版，2015，45（04）:18-27.

［46］李大立，李正良.信息产业特点及湖南信息产业发展研究[J].湖南经济，2002（03）:11-13.

［47］李铁伦.中国制造业产能过剩的测度及其影响因素分析[D].济南：山东大学，2016.

［48］钟山.开放型经济研究分析[M].北京：中国对外经济贸易出版社，2003.

［49］李明武.外向型经济与开放型经济[J].生产力研究，2011（1）：30-32.

［50］宗勇.重庆内陆开放型经济发展模式研究[D].重庆：西南大学，2010.

［51］河源市人民政府.设立河源综合保税区可行性研究报告[R].2017.

［52］陈德敏，谭志雄.区域合作与重庆内陆开放型经济发展的路径选择[J].中国科技论坛，2009（9）：78-91.

［53］郭显光.开放型经济的比较[J].数量经济技术经济研究，2003（5）：23-26.

［54］戴铭.常州市开放型经济发展战略研究[D].南京：南京理工大学，2007.

［55］兰宜生.对外开放度与地区经济增长实证分析[J].统计研究，2002（2）：19-22.

［56］郭研，张立光.我国经济开放度的度量及其与我国经济增长的实证分析[J].统计研究，2004（4）：26-30.

[57] 张幼文. 中国开放型经济发展的新阶段 [J]. 毛泽东邓小平理论研究，2007（2）：1-9.

[58] 谭力文. 改革开放以来中国管理学发展的回顾与思考 [J]. 武汉大学学报，2013（1）：79-86.

[59] 武玉英，龙海云，蒋国瑞. 京津冀新能源汽车产业协同发展对策研究 [J]. 科技管理研究，2015，35（12）:71-75.

[60] 江风益，刘军林，王立，等. 硅衬底高光效 GaN 基蓝色发光二极管 [J]. 中国学：物理学力学天文学，2015，45（06）:19-36.

[61] 卫平，郭江. 供给侧视角的我国高技术产业产能过剩测度与影响因素 [J]. 产经评论，2017（5）:123-132.

[62] 韩国高，高铁梅，王立国. 中国制造业产能过剩的测度、波动及成因研究 [J]. 经济研究，2011（12）:18-31.

[63] 程俊杰. 中国转型时期产业政策与产能过剩：基于制造业面板数据的实证研究 [J]. 财经研究，2015（8）:131-144.

[64] 国家统计局. 2009 年上半年经济述评之十五：破解产能过剩困局 [EB/OL]. http://finance.sina.com.cn/roll/20090902/13286697092.shtml.

[65] 廖忠群. 从产业链的角度认识和分析广西电子信息产业 [J]. 广西科学院报，2005（S1）:29-31.

[66] 周璇. 知识溢出下区域技术创新驱动产业结构优化升级的空间效应研究 [D]. 南昌：江西财经大学，2017.

[67] 朱伟珠，李春发. 我国区域技术创新与新一代信息技术产业协调发展的动态演进研究 [J]. 现代情报，2017，37（05）:137-144.

[68] 陈婷，郑宝华. 产业协同研究综述 [J]. 商业经济，2017（3）:49-53.

[69] 梁琦. 中国制造业分工、地方专业化及其国际比较 [J]. 世界经济，2004（12）:32-40.

[70] 王晓玲，孙德林. 江西电子信息产业的比较研究与发展对策 [J]. 企业经济，

2003（12）:179-180.

［71］季国平.中国新型显示产业的现状与发展[J].现代显示，2003（06）:4-6.

［72］魏丽华.京津冀产业协同发展的困境分析[J].开发研究，2016（02）:117-121.

［73］张明之.区域产业协同的类型与运行方式：以长三角经济区产业协同为例[J].河南社会科学，2017，25（04）:79-85.

［74］綦良群，王成东.产业协同发展组织模式研究：基于分形理论和孤立子思想[J].科技进步与对策，2012，29（16）:40-44.

［75］唐少清，姜鹏飞，李剑玲.京津冀地区产业协同机制研究[J].区域经济评论，2017（01）:81-88.

［76］王晓婷，邹昭晞.京津冀协同创新共同体下高端装备制造业发展研究[J].学习与探索，2017（08）:134-140.

［77］刘景枝，亢学军.河北推动京津冀文化产业协同发展路径创新研究[J].领导之友，2017（19）:63-69.

［78］刘秉镰，孙哲.京津冀区域协同的路径与雄安新区改革[J].南开学报：哲学社会科学版，2017（04）:12-21.

［79］高卷.京津冀协同发展背景下雄安新区发展思路研究[J].经济与管理评论，2017，33（06）:130-136.

［80］吴敬链，厉以宁，林毅夫，等.供给侧改革：引领"十三五"[M].北京：中国财政出版社，2016.

［81］鞠立新.略论协同推进长江经济带供给侧结构性改革[J].上海商学院学报，2016，17（03）:1-8.

［82］国家行政学院经济学教研部.中国供给侧结构性改革[M].北京：人民出版社，2016.

［83］国务院.国务院关于印发中国(湖北)自由贸易试验区总体方案的通知[Z].2017-03-15.

［84］乔玉婷,鲍庆龙,李志远.新常态下军民融合协同创新与战略性新兴产业成长研究：以湖南省为例[J].科技进步与对策,2016,33（09）:103-107.

［85］梁中.基于生态学视角的区域主导产业协同创新机制研究[J].经济问题探索,2015（06）:157-161.

［86］何涛,姜宁川,庞霓红.纺织服装产业信息化的供给侧改革[J].纺织导报,2016（04）:84-87.

［87］武文卿.改革供给侧构建制造业创新生态[J].中国招标,2016（20）:11.

［88］刘庆振."互联网+"时代的京津冀媒介产业协同发展研究[J].教育传媒研究,2016（05）:47-50.

［89］张荣."互联网+"背景下农村物流发展研究[J].中外企业家,2018（32）:33-36.

［90］张天佐.农业生产性服务业是振兴乡村的大产业[J].农村经营管理,2018（12）:49-53.

［91］郭海红.互联网驱动农业生产性服务创新：基于价值链视角[J].农村经济,2019（01）:89-93.

［92］徐力行,高伟凯.产业创新与产业协同：基于部门间产品嵌入式创新流的系统分析[J].中国软科学,2007（06）:131-134.

［93］叶提芳.新常态下国际贸易对中国产业结构变迁的影响研究[M].武汉：华中科技大学出版社,2017.

［94］国务院研究室编写组.十二届全国人大四次会议《政府工作报告》学习问答2016[M].北京：中国言实出版社,2016.

［95］金学芳.基于协同论的企业并购对技术创新绩效影响研究[D].天津：天津工业大学,2017.

［96］刘守英.百名学者前瞻中国经济[M].北京：中国发展出版社,2016.

［97］邓丽姝.京津冀产业协同发展战略研究[J].生产力研究,2017（07）:64-69.

[98] 马丽,李林,黄冕.发达国家产业协同创新对中部区域产业创新的启示[J].科技进步与对策,2014,31(23):33-37.

[99] 熊励,周璇,金晓玲,等.基于云服务的数字内容产业协同创新与创新绩效实证研究[J].科技进步与对策,2014,31(02):58-65.

[100] 王艳,纪志成.基于大数据的物联网产业协同创新平台研究[J].贵州社会科学,2015(06):139-143.

[101] 侯海东,张会议.自组织视域下的京津冀区域战略性新兴产业协同发展研究[J].职业时空,2013,9(11):92-95.

[102] 王晓亮,王英.区域开放型经济发展水平评价指标体系构建[J].地域研究与开发,2013(03):27-31.

[103] 常冬雪,袁玉龙.长江经济带中心城市经济联系度分析[J].北方经贸,2015(08):88-89.

[104] 王欣亮.比较优势、产业转移与区域经济协调发展研究[D].西安:西北大学,2015.

[105] 李佩.长江中游城市群经济联系及其区域整合研究[D].南昌:江西师范大学,2015.

[106] 邓淑玲,石良武.湖南信息产业发展选择分析[J].企业技术开发,2015,34(13):1-3.

[107] 程可心,张菁.江西省新一代信息技术产业科技创新战略研究[J].科技广场,2015(04):113-118.

[108] 国务院发展研究中心《进一步化解产能过剩的政策研究》课题组.当前我国产能过剩的特征、风险及对策研究:基于实地调研及微观数据的分析[J].管理世界,2015(04):1-10.

[109] 程俊杰.转型时期中国产能过剩测度及成因的地区差异[J].经济学家,2015(03):74-83.

[110] 臧维,秦凯,于畅.基于资源视角的京津冀高新技术产业协同创新研究[J].

华东经济管理，2015，29（02）:47-54.

[111] 王辉,张月友.战略性新兴产业存在产能过剩吗：以中国光伏产业为例[J].产业经济研究，2015（01）:61-70.

[112] 刘英基.高技术产业技术创新、制度创新与产业高端化协同发展研究：基于复合系统协同度模型的实证分析[J].科技进步与对策，2015，32（02）:66-72.

[113] 李春成,杨晓敏.产业集群协同创新模式比较研究：基于三个LED产业基地的案例[J].科技进步与对策，2015，32（05）:59-63.

[114] 董明芳,袁永科.基于直接分配系数的产业分类方法[J].统计与决策，2014（24）:37-39.

[115] 吴莲贵.湖南省新一代信息技术产业发展路径与对策研究[J].现代企业教育，2014（24）:520-521.

[116] 杨晓敏.基于创新链的产业集群的协同创新研究[D].天津：河北工业大学，2015.

[117] 赵巾帼,罗庆云.加快湖南省新一代信息技术发展创新人才培养研究[J].科技创新导报，2014，11（32）:173-174.

[118] 苏文龙.中国工业产能过剩的测度[D].大连：东北财经大学，2015.

[119] 奚琳琳.中国光伏产业产能过剩问题研究[D].南京：南京财经大学，2015.

[120] 李伟锋.湖南电子信息业活力迸发[N].湖南日报,2014-10-12（001）.

[121] 孙久文,张红梅.京津冀一体化中的产业协同发展研究[J].河北工业大学学报：社会科学版，2014，6（03）:1-7.

[122] 宋增文.基于投入产出模型的中国旅游业产业关联度研究[J].旅游科学，2007（02）:7-12.

[123] 樊华,陶学禹.复合系统协调度模型及其应用[J].中国矿业大学学报，2006（04）:515-520.

[124] 罗兴鹏,张向前.福建省民营企业产业升级协同创新机制研究[J].华东

经济管理，2014，28（01）:119-122.

[125] 李海东,王帅,刘阳.基于灰色关联理论和距离协同模型的区域协同发展评价方法及实证[J].系统工程理论与实践，2014，34（07）:1749-1755.

[126] 程俊杰.中国转轨时期产能过剩测度、成因及影响[D].南京：南京大学，2014.

[127] 高丁.基于产业链视角的LED产业发展建议[J].电子制作，2014（12）:81.

[128] 韦素华,雷文平.浅析武汉光电子信息产业发展的机遇与挑战[J].中国市场，2014（22）:52-53.

[129] 黄华色.我国电子信息产业的协同创新研究[D].衡阳：南华大学，2014.

[130] 全诗凡.基于区域产业链视角的区域经济一体化[D].天津：南开大学，2014.

[131] 马威.高技术产业内协同创新程度研究分析[D].合肥：中国科学技术大学，2014.

[132] 何胜,唐承丽,周国华.长江中游城市群空间相互作用研究[J].经济地理，2014，34（04）:46-53.

[133] 王来军.基于创新驱动的产业集群升级研究[D].北京：中共中央党校，2014.

[134] 吴淑娟,吴海民.基于DEA模型的LED企业规模效率评价研究：以我国上市公司为例[J].发展研究，2014（03）:72-76.

[135] 刘莹.基于哈肯模型的我国区域经济协同发展驱动机制研究[D].长沙：湖南大学，2014.

[136] 刘耀彬,戴璐,庄小文.开放经济下贸易、环境与城市化协调评价与情景模拟：以长三角（16城市）为例[J].华东经济管理，2013（05）:28-33.

[137] 郑吉昌.经济全球化背景下中国开放型经济的发展[J].技术经济与管理研究，2003（5）：9-11.

[138] 张幼文. 实现对外开放的可持续发展 [N]. 文汇报, 2007-03-05.

[139] 卢阳春, 潘峰. 我国新型显示器件国际竞争力研究：基于钻石模型的视角 [J]. 现代产业经济, 2013（08）:19-29.

[140] 吕海军. 我国LED产业发展现状及未来发展展望 [J]. 照明工程学报, 2013, 24（03）:6-10.

[141] 周志太. 基于经济学视角的协同创新网络研究 [D]. 长春：吉林大学, 2013.

[142] 姜江. 长株潭产业集群创新系统研究 [D]. 长沙：中南大学, 2013.

[143] 冯梅, 陈鹏. 中国钢铁产业产能过剩程度的量化分析与预警 [J]. 中国软科学, 2013（05）:110-116.

[144] 陈杰, 贺正楚, 吴艳, 等. 新一代信息技术产业布局研究：产业集群的视角 [J]. 系统工程, 2013, 31（04）:122-126.

[145] 李红锦, 李胜会. 战略性新兴产业创新效率评价研究：LED产业的实证分析 [J]. 中央财经大学学报, 2013（04）:75-80.

[146] 张二震, 方勇. 经济全球化与中国对外开放的基本经验 [J]. 南京大学学报, 2008（4）：5-14.

[147] 匡海波, 刘天寿, 刘家国, 等. 基于PCA-TOPSIS的自贸区开放水平测度研究 [J]. 科研管理, 2018, 39（3）：69-79.

[148] 曾志兰. 中国对外开放思路创新的历程：从外向型经济到开放型经济 [J]. 江汉论坛, 2003（11）：17-20.

[149] 钟荣丙. 战略性新兴产业协同创新的组织模式研究：基于长株潭城市群的实证分析 [J]. 改革与战略, 2013, 29（02）:114-118.

[150] 刘钒, 易晓波, 李光. 基于区域创新能力的长江中游城市群科技合作研究 [J]. 湖北社会科学, 2013（02）:47-51.

[151] 沈坤荣, 钦晓双, 孙成浩. 中国产能过剩的成因与测度 [J]. 产业经济评论, 2012, 11（04）:1-26.

[152] 孙鹏. 基于复杂系统理论的现代物流服务业与制造业协同发展研究 [D]. 长沙：中南大学，2012.

[153] 谢乐乐. 浙江制造业产能过剩的测度、成因及对策 [D]. 杭州：浙江工商大学，2012.

[154] 杨朝均，杨文珂，李宁. 中国区域对外开放度的差异分解及空间收敛性研究 [J]. 研究与发展管理，2018（1）：115-125.

[155] 蔡爱军，朱传耿. 我国开放型经济研究进展及展望 [J]. 地域研究与开发，2011，30（2）：6-11.

[156] 童中贤，刘晓，黄永忠. 环长株潭城市群融入长江中游城市群发展研究 [J]. 企业经济，2015（09）:29-33.

[157] 张淑莲，胡丹，高素英，等. 京津冀高新技术产业协同创新研究 [J]. 河北工业大学学报，2011，40（06）:107-112.

[158] 张轲. 湖南省信息服务产业竞争力评价及发展策略 [D]. 湘潭：湘潭大学，2012.

[159] 江西省发展和改革委员会课题组，周国兰. 江西战略性新兴产业发展研究 [J]. 经济研究参考，2012（26）:36-50.

[160] 王又花，肖华茂. 湖南信息产业集群发展研究 [J]. 科技管理研究，2012，32（08）:56-58.

[161] 张静晓，李慧，周天华. 我国建筑业产能过剩测度及对策研究 [J]. 科技进步与对策，2012，29（18）:44-47.

[162] 李兴华. 协同创新是加快推进 LED 产业发展的关键 [N]. 人民日报：海外版，2012-07-11（008）.

[163] 袁捷敏. 工业产能利用率估算方法实证研究 [J]. 商业时代，2012（19）:109-111.

[164] 金国军. 江西吉安打造全省最大电子信息产业基地 [N]. 中国工业报，2011-12-06（A04）.

[165] 李兴华. 协同创新推动 LED 产业 "两头突破" [N]. 科技日报, 2011-11-11（012）.

[166] 李胜会. 我国 LED 产业演进轨迹及其区域竞争评估 [J]. 改革, 2011（10）:37-45.

[167] 艾斌. 湖南电子信息产业强势崛起 [N]. 国际商报, 2011-10-13（B01）.

[168] 张卓颖, 石敏俊. 中国省区间产业内贸易与产业结构同构分析 [J]. 地理学报, 2011, 66（06）:732-740.

[169] 耿强, 江飞涛, 傅坦. 政策性补贴、产能过剩与中国的经济波动：引入产能利用率 RBC 模型的实证检验 [J]. 中国工业经济, 2011（05）:27-36.

[170] 陈威, 潘润秋, 王心怡. 中国省域对外开放度时空格局演化与驱动机制 [J]. 地理与地理信息科学, 2016, 32（3）:53-60.

[171] 赵颖. 产能过剩的定量测算及其与宏观经济的相关性研究 [D]. 合肥：安徽大学, 2011.

[172] 黄琳. 基于产业集群的上海 LED 产业发展研究 [J]. 世界地理研究, 2011, 20（01）:142-150.

[173] 丘海雄, 李敢. 我国 LED 产业发展的制约因素与对策分析：基于产业集群网络范式的解读 [J]. 经济地理, 2010, 30（10）:1675-1680.

[174] 刘耀彬, 胡观敏. 我国 LED 产业的发展现状、趋势及战略选择 [J]. 科技进步与对策, 2010, 27（12）:77-81.

[175] 王斌, 陶也青, 王龙. 武汉光电子信息产业发展及对策浅析 [J]. 科技管理研究, 2010, 30（12）:160-161.

[176] 俞妍. 基于产业集群角度的湖南省信息产业竞争力研究 [D]. 长沙：湖南师范大学, 2010.

[177] 王垚. 中国区域协调发展的测度方法及实证分析 [D]. 乌鲁木齐：新疆财经大学, 2010.

[178] 高伟凯, 徐力行, 魏伟. 中国产业链集聚与产业竞争力 [J]. 江苏社会科学,

2010（02）:80-88.

[179] 崔家率.我国钢铁行业产能过剩的形成机理及影响因素研究[D].兰州：西北师范大学，2016.

[180] 张亚明,刘海鸥,朱秀秀.电子信息制造业产业链演化与创新研究：基于耗散理论与协同学视角[J].中国科技论坛，2009（12）:38-42.

[181] 朱颖杰.江西电子信息产业竞争力研究[D].南昌：江西财经大学，2009.

[182] 吴守国.LED产业中国隐忧[J].新经济杂志，2009（08）:38-41.

[183] 金晓斌,易理强,王慎敏,等.基于协调发展视角的区域发展差异研究：以江苏省为例[J].长江流域资源与环境，2008（04）:511-516.

[184] 江飞涛.中国钢铁工业产能过剩问题研究[D].长沙：中南大学，2008.

[185] 许强,应翔君.核心企业主导下传统产业集群和高技术产业集群协同创新网络比较：基于多案例研究[J].软科学，2012，26（06）:10-15.

[186] 闫军印,梁波.基于投入产出模型的我国矿产资源产业关联度研究[J].当代经济管理，2013，35（03）:59-64.

[187] 张静晓,李慧.中国建筑业产能过剩的结构基础与指标测度[J].西安建筑科技大学学报：自然科学版，2013，45（01）:105-110.

[188] 肖琳子.湖南信息产业发展现状及其对策研究[J].现代经济：现代物业下半月刊，2007，6（02）:101-103.

[189] 肇启伟,付剑峰,刘洪江.科技金融中的关键问题：中国科技金融2014年会综述[J].管理世界，2015（3）:164-167.

[190] 周科.欧盟中小企业COSME计划的金融视角解读[J].金融教育研究，2018，31（3）:64-72.

[191] 刘志彪.建设现代化经济体系：基本框架、关键问题与理论创新[J].南京大学学报：哲学·人文科学·社会科学，2018，55（3）：5-12.

[192] 靳向宇,张滨,王超.以新发展理念为指引,建设珠海现代化经济体系[J].珠江论丛，2018（2）：37-45.

［193］李翀.我国对外开放程度的度量与比较[J].经济研究，1998（1）：33-37.

［194］徐朝晖，赵伟.中国区域经济国际开放指数探讨[J].统计与决策，2005（17）：6-8.

［195］匡小平.财政学[M].北京：清华大学出版社，2007.

［196］黄爱玲.国外运用税收促进高新技术产业发展对我国的启示[J].当代经济研究，2000（12）:65-67.

［197］邹宗峰，张鹏，佐思琪.LED产业集群中资源优化组织的关键路径：基于产业链创新协同平台视角[J].科技管理研究，2016，36（19）:190-195.

［198］黄群慧.论中国工业的供给侧结构性改革[J].中国工业经济，2016（09）:19-23.

［199］崔丽红.武汉东湖新技术开发区创新人才体系建设对策[J].中国商论，2016（23）:178-179.

［200］崔松虎，刘莎莎.京津冀高技术产业协同创新效应研究[J].统计与决策，2016（16）:135-138.

［201］董豪，曾剑秋，沈孟如.产业创新复合系统构建与协同度分析：以信息通信产业为例[J].科学学研究，2016，34（08）:1152-1160.

［202］朱斌，欧伟强.海峡两岸战略性新兴产业集群协同演进研究[J].科研管理，2016，37（07）:35-46.

［203］金学芳，侯家麟.并购企业的复合系统协同度研究[J].东南大学学报：哲学社会科学版，2016，18（S1）:44-46+51.

［204］胡学英.新常态下江西战略性新兴产业发展研究[J].九江学院学报：社会科学版，2016，35（02）:112-115.

［205］徐冠华.把自主创新摆在突出位置[J].中国科技产业，2006（3）：21-22.

［206］沈玲.我国农村基层民主政治建设及发展趋势分析[J].现代交际：下半月，2012（1）：114+113.

［207］宋丽莉.改革开放以来山东省潍坊农业的发展历程及启示[J].北京农业，

2011（15）：247.

［208］王岩.潍坊市现代农业发展研究[D].泰安：山东农业大学，2014.

［209］吴成昆.江西农村青年致富带头人胜任力模型构建及应用研究[D].南京：南京航空航天大学，2017.

［210］文锦菊，李跃军，吴胜锋.关于永州市耕地抛荒情况的调查研究[J].湖南行政学院学报，2012（5）:66-71.

［211］中共中央关于推进农村改革发展若干重大问题的决定[J].资源与人居环境，2008（21）:12-19.

［212］周志红.基于循环经济理念的山东省城市环境成本效率评价[J].山东纺织经济，2015（4）:11-13.

［213］刘升勤.新型城镇化发展的资源统筹与配置机制研究：以山东省潍坊市为例[D].青岛：中国海洋大学，2016.

［214］山东省人民政府办公厅.山东省人民政府办公厅关于潍坊国家农业开放发展综合试验区建设的实施意见[R].山东省人民政府公报，2019-02-20.

［215］中共潍坊市委，潍坊市人民政府.关于构建新体制培育新优势加快全市开放发展的意见[N].潍坊日报，2016-08-10.

［216］新华社.中央经济工作会议在北京举行[J].社会主义论坛，2021，（01）：6-9.

［217］中共山东省委办公厅，山东省人民政府办公厅.关于深化"一次办好"改革深入推进审批服务便民化实施方案[J].山东人力资源和社会保障，2018（9）：54-58.

［218］张兴军.直面问题的政绩观[J].中国经济信息，2018（5）：5.

［219］张颖洁.制造业成"互联网+"主战场 新一代信息技术加速渗透融合[N].通信信息报，2016-08-17.

［220］王端鹏，王彬.深化"一次办成"改革 打造与省会地位相匹配的良好营商环境[N].济南日报，2018-06-21.

[221] 孙孔嘉.唯创新者强 唯创新者胜[N].潍坊日报，2017-01-15.

[222] 尹婷婷,刘华强,高亮.招引"绣花功" 绽放"花千树"[N].潍坊日报，2019-07.

[223] 周锦江.高新区出台人才新政直指"紧缺急需"[N].潍坊日报，2018-04.

[224] 山东省人民政府.山东省人民政府关于打造"政产学研金服用"创新创业共同体的实施意见[R].山东省人民政府公报，2019-03-31.

[225] 山东省人民政府.山东省人民政府关于建立山东产业技术研究院推动创新发展的框架意见[R].山东省人民政府公报，2019-03-10.

[226] 马丽宁.人力资本投资对城市竞争力的影响研究[D].济南:山东师范大学，2010.

[227] 吴晓强,韩滨.全市工业转型升级加速推进[N].潍坊日报，2017-11-16.

[228] 张爱丰.坚持德才兼备、选贤任能[J].党课参考，2019（22）：89-97.

[229] 李传恒.实施园区循环化改造 创新潍坊循环经济发展新模式[J].中国经贸导刊，2014（36）：46-47.

[230] 焦玉莹.赣州旅游品牌的缺失及其完善[D].南昌：南昌大学，2019.

[231] 徐烜.中国海洋产业结构演进与趋势判断[J].中国国土资源经济，2019（12）：31-38.

[232] 王萌,刘涛.农业领域国家科技奖励成果培育经验和建议：以中国农业科学院为例[J].农业科技管理，2019（6）：41-44.

[233] 中国科学院中国现代化研究中心.中国现代化报告2012:农业现代化研究[R].2012.

[234] 叶文娟.全省科技工作会议召开[N].青海日报,2020-02-25.

[235] 安平年.关于学习习近平经济思想 做好经济统计工作的几点思考[J].中国统计，2019（11）：4-7.

[236] 蔡文龙.研究推进开发区体制机制改革创新工作[N].东营日报，2020-02-15.

[237] 周宁.高新技术企业中的科研与技术管理[J].科技创新与应用，2014（24）：264.

[238] 鲍金刚.国家大学科技园如何破解税收困境[J].人民论坛，2014（36）：68-69.

[239] 杨明吉.JNHD公司私募股权业务发展战略研究[D].淄博：山东理工大学，2018.

[240] 尹丽波.工业和信息化蓝皮书：世界信息技术产业发展报告（2016—2017）[R].北京：社会科学文献出版社，2017.

[241] 张红琴.创业动机、创业能力与创业绩效相关性分析[J].管理观察，2019（32）：57-59.

[242] 李思潼.粤港澳大湾区背景下珠三角营商环境分析[D].广州：广东外语外贸大学，2019.

[243] 丁洁.突出"三化牵引" 实现"智能"转型[N].太原日报，2020-01-07.

[244] 杜雨萌.供给侧改革再加码 力促制造业与互联网融合发展[N].证券日报，2016-05-21.

[245] 中华人民共和国农业部."十三五"全国农业农村信息化发展规划[J].中国食品，2016（19）：148-153.

[246] 孙冰,刘杨,谢玮,等.转战移动端：中国互联网站在"拐点"之上[J].中国经济周刊，2013（32）：50-53.

[247] 吴俊.关于建设现代化经济体系的研究[J].经济研究参考，2019（12）：41-54.

[248] 高培勇,杜创,刘霞辉,等.高质量发展背景下的现代化经济体系建设：一个逻辑框架[J].经济研究，2019，036（004）：37-39.

[249] 何立峰.优化政府职责体系[J].宏观经济管理，2019（12）：1-4.

[250] 李培峰.新时代文化产业高质量发展：内涵、动力、效用和路径研究[J].

重庆社会科学，2019（12）：113-123.

[251] 郭晨.地方债对区域经济发展质量的影响研究[D].武汉：华中科技大学，2019.

[252] 钞小静，薛志欣.新时代中国经济高质量发展的理论逻辑与实践机制[J].西北大学学报：哲学社会科学版，2018（6）：12-22.

[253] 张俊山.对新时代中国特色社会主义现代化经济体系建设的几点认识[J].经济纵横，2018（2）：1-9.

[254] 张占斌."四个坚持"推进经济高质量发展[N].经济日报，2020-01-08.

[255] 陈润羊.美丽乡村建设研究文献综述[J].云南农业大学学报：社会科学，2018（2）：8-14.

[256] 马涛.着力发挥社会主义基本经济制度显著优势[N].学习时报，2020-01-13.

[257] 何立峰.深化供给侧结构性改革　推动经济高质量发展[N].学习时报，2020-01-08.

[258] 新华社.习近平关于《中共中央关于坚持和完善中国特色社会主义制度推进国家治理体系和治理能力现代化若干重大问题的决定》的说明[J].新生代，2020（04）：2.

[259] ROUSSEEUW P ,SILHOUETTES A. Graphical Aid to the Interpretation and Validation of Cluster Analysis[J].Journal of Computational & Applied Mathematics，1987，20（20）:53-65.

[260] ADNER ,RON.Match your innovation strategy to your innovation ecosystem[J]. Harv Bus Rev，2006，84（4）:98-107.

[261] HERRENDORF B, ROGERSON R, VALENTINYI A.Growth and Structural Transformation[J]. Handbook of Economic Growth, 2014（02）：855-941.

[262] ALLEN F.Reputation and Product Quality[J].RAND Journal of Economics, 1984，15（3）:311-323.

[263] BUERA F, KABOSKI J.The Rise of the Service Economy[J].American Economic Review, 2012, 102（6）:2540-2569.

[264] DULLECK U,KERSCHBAMER R.On Doctors, Mechanics and Computer Specialists:The Economics of Credence Goods[J].Journal of Economic Literature, 2006（7）:5-42.

[265] TANRIVERDI H.Information technology relatedness, knowledge management capability and performance of multi-business firms[J]. Mis Quarterly, 2005, 29（2）: 311-334.

[266] SANTORO M D.Success breeds success:The linkage between relationship intensity and tangible outcomes in industry‐university collaborative ventures[J]. Journal of High Technology Management Research, 2000, 11(2): 255-273.

[267] BORGH M,CLOODT M,ROMME A. Value creation by knowledge‐based ecosystems:evidence from a field study[J]. R & D Management, 2012, 42（2）:150-169.

[268] YONGRAE CHO, EUISEOK KIM, WONJOON KIM.Strategy transformation under technological convergence: Evidence from the printed electronics industry[J].International Journal of Technology Management,, 2015（67）: 106-131.

[269] 蔡昉. 人口转变、人口红利与刘易斯转折点[J]. 经济研究, 2010, 45（4）: 4-13.

[270] 杜创. 价格管制与过度医疗[J]. 世界经济, 2013（1）: 116-140.

[271] 梁志康. 区域创新生态系统协同研究：以陕西省为例[D]. 西安：西安理工大学, 2019.

[272] 张水玲, 杨同毅, 王仁高, 等. 高校服务地方存在的问题与对策：以山东省高校为例[J]. 中国高校科技, 2017（12）: 66-69.

[273] 山东省人民政府. 山东省人民政府关于印发山东省"十三五"科技创新规划的通知 [R]. 山东省人民政府公报，2017-01-20.

[274] 凡一，何延海. 落子山东，意在全局 [J]. 金桥，2018（4）：48-53.

[275] 曹元梅. 四川地震灾区科技工作者创业意向影响因素研究 [D]. 成都：西南交通大学，2019.

[276] 杜创，蔡洪滨. 差异产品市场上的声誉锦标赛 [J]. 经济研究，2010（7）：130-140.

[277] 高培勇. 论完善税收制度的新阶段 [J]. 经济研究，2015（2）：4-15.

[278] 杜创. 动态激励与最优医保支付方式 [J]. 经济研究，2017（11）：88-103.

[279] 中国经济增长前沿课题组. 中国经济增长的低效率冲击与减速治理 [J]. 经济研究，2014（12）：4-17+13.

[280] 杜创，朱恒鹏. 中国城市医疗卫生体制的演变逻辑 [J]. 中国社会科学，2016（8）：66-89.

[281] 冯柏，温彬，李洪侠. 现代化经济体系的内涵、依据及路径 [J]. 改革，2018（6）：71-79.

[282] 中国经济增长前沿课题组. 突破经济增长减速的新要素供给理论、体制与政策选择 [J]. 经济研究，2015（11）：4-19.

[283] 袁胜超，戴贵宝，黄帅金，等. 高技术产业集聚对产学研协同创新的双重影响：基于直接和间接效应的经验证据 [J]. 科技管理研究，2018，38（07）：157-164.

[284] 樊传浩，许蕾，王济干. 市域协同创新水平动态评价及可视化分析：以江苏省13市为例 [J]. 科技进步与对策，2018，35（17）：42-49.

[285] 高培勇. 深刻理解社会主要矛盾变化的经济学意义 [J]. 经济研究，2017（12）：9-12.

[286] 高培勇. 中国财税改革40年：基本轨迹、基本经验和基本规律 [J]. 经济

研究，2018（3）：4-20.

［287］高培勇.理解和把握新时代中国宏观经济调控体系[J].中国社会科学，2018（9）：26-36.

［288］贺晓宇，沈坤荣.现代化经济体系、全要素生产率与高质量发展[J].上海经济研究，2018（6）：25-34.

［289］洪银兴.新时代的现代化和现代化经济体系[J].南京社会科学，2018（2）：1-6.

［290］刘志彪.建设现代化经济体系：基本框架、关键问题与理论创新[J].南京大学学报：哲学·人文科学·社会科学，2018，55（3）5-12.

［291］吴敬琏.中国增长模式抉择[M].上海：上海远东出版社，2013.

［292］袁富华，张平，刘霞辉，等.增长跨越：经济结构服务化、知识过程和效率模式补偿[J].经济研究，2016（10）：12-26.

［293］张静.资源型大省生态文明建设评价及绿色经济发展路径研究[D].北京：中国地质大学，2019.

［294］雷平，顾新悦."一带一路"沿线国家经济发展水平的综合评价：基于聚类分析和因子分析[J].对外经贸，2020（2）：10-15+9.

［295］吴俊.关于建设现代化经济体系的研究[J].经济研究参考，2019（12）：41-54.

［296］郭伟，杨弘业，李明浩.加快建设现代化经济体系的逻辑内涵、国际比较与路径选择[J].经济学家，2019（4）：59-70.

［297］周文，李思思.高质量发展的政治经济学阐释[J].政治经济学评论，2019（4）：43-60.

［298］逄锦聚，林岗，杨瑞龙，等.促进经济高质量发展笔谈[J].经济学动态，2019（7）：3-19.

［299］张军扩，侯永志，刘培林，等.高质量发展的目标要求和战略路径[J].管理世界，2019，35（7）：1-7.

[300] 张涵. 经济新常态下供给侧结构性改革路径研究 [D]. 青岛：青岛大学，2019.

[301] 张玲. 五大发展理念视角下山东省高质量发展评估研究 [J]. 经营与管理，2019（11）：88-93.

[302] 唐家容. 中国科技城创新主体协同度与创新绩效关系研究 [D]. 绵阳：西南科技大学，2017.

[303] 金江军. 新旧动能转换读本 [M]. 北京：中共中央党校出版社，2018.

[304] 方世南. 习近平生态文明思想对马克思主义规律论的继承和发展 [J]. 理论视野，2019（11）：48-53.

[305] 梁志康. 区域创新生态系统协同研究：以陕西省为例 [D]. 西安：西安理工大学，2019.

[306] 任保平，文丰安. 新时代中国高质量发展的判断标准、决定因素与实现途径 [J]. 改革，2018（4）：5-16.

附录一　××市高质量发展环境调研问卷

尊敬的女士/先生：

您好！我们正在进行一项有关××市经济高质量发展环境方面的调查，目的是想了解企业对当前××市投资软环境建设的看法和意见，进一步推动各级政府、各职能部门积极营造一个高效、便捷的投资环境，更好地服务地方经济的发展。

您的回答无所谓对错，只要真实地反映了您的情况和看法。为保证您的意见真实并消除您的顾虑，本问卷采用不记名的方式填报，我们对您的回答完全是保密的。请您放心地把最真实的想法和意见告诉我们。

调查要耽搁您一些时间，请您谅解。谢谢您的支持与合作！

一、企业基本情况

1. 贵公司（潍坊公司）注册时间 ＿＿＿＿＿＿＿＿ 年。
2. 贵公司投资总额 ＿＿＿＿＿＿ 万美元。
3. 贵公司最大外方股东的国别或地区：
　（1）港澳□　　（2）台湾地区□　　（3）日本□
　（4）韩国□　　（5）东南亚国家□　　（6）美国□
　（7）欧盟国家□　（8）其他欧洲国家□
　（9）其他国家或地区（请注明）＿＿＿＿＿＿＿＿

4. 贵公司所从事的行业：

（1）农林牧渔业□ （2）制造业□ （3）电力、燃气及水生产供应业□

（4）建筑业□ （5）房地产业□ （6）交通运输、仓储及邮政业□

（7）酒店、餐饮及娱乐业□ （8）批发和零售业□ （9）金融业□

（10）其他（请注明）_____

5. 贵公司当初来潍坊投资考虑的主要因素是（可多选）：

（1）投资政策比较优惠□ （2）地区的经济发展潜力□

（3）产业配套比较齐全□ （4）劳动力充足且工资较低□

（5）土地廉价且较易取得□ （6）地理位置较优越□

（7）原材料、辅助材料资源比较丰富□

（8）政府的工作效率□ （9）语言、文化背景□

（10）其他（请注明）_____

二、总体投资软环境

1. 您对目前贵公司所在地区投资软环境总体状况的评价：

（1）很好□ （2）较好□ （3）一般□ （4）较差□ （5）很差□

2. 您认为近几年贵公司所在地区投资软环境变化趋势如何？

（1）有明显改善□ （2）有一些改善□ （3）没有改善□

（4）有所恶化□ （5）严重恶化□

3. 您对贵公司在当地的投资信心：

（1）很强□ （2）较强□ （3）一般□

（4）较为缺乏□ （5）严重缺乏□

4. 从贵公司角度看，您认为当地产业配套情况：

（1）很好□ （2）较好□ （3）一般□ （4）较差□ （5）很差□

三、政策法规环境

1. 您对下列法规政策在相应选项的满意度是（用打分表示，最高 5 分，最低 1 分，请在所选分值画圈）：

评价项目 法规政策	完善性	配套性	统一性	公开性	公正性
设立经营	5 4 3 2 1	5 4 3 2 1	5 4 3 2 1	5 4 3 2 1	5 4 3 2 1
土地管理	5 4 3 2 1	5 4 3 2 1	5 4 3 2 1	5 4 3 2 1	5 4 3 2 1
环境保护	5 4 3 2 1	5 4 3 2 1	5 4 3 2 1	5 4 3 2 1	5 4 3 2 1
项目审批	5 4 3 2 1	5 4 3 2 1	5 4 3 2 1	5 4 3 2 1	5 4 3 2 1
税收优惠	5 4 3 2 1	5 4 3 2 1	5 4 3 2 1	5 4 3 2 1	5 4 3 2 1
财政优惠	5 4 3 2 1	5 4 3 2 1	5 4 3 2 1	5 4 3 2 1	5 4 3 2 1
劳动用工	5 4 3 2 1	5 4 3 2 1	5 4 3 2 1	5 4 3 2 1	5 4 3 2 1
产权保护	5 4 3 2 1	5 4 3 2 1	5 4 3 2 1	5 4 3 2 1	5 4 3 2 1
科技扶持	5 4 3 2 1	5 4 3 2 1	5 4 3 2 1	5 4 3 2 1	5 4 3 2 1
行业扶持	5 4 3 2 1	5 4 3 2 1	5 4 3 2 1	5 4 3 2 1	5 4 3 2 1

2. 您认为当地行政执法人员的无证执法现象：

（1）很严重□　（2）比较严重□　（3）一般□

（4）较少□　（5）不存在□

3. 您认为当地行政执法人员违反法定程序执法现象：

（1）很严重□　（2）比较严重□　（3）一般□

（4）较少□　（5）不存在□

4. 您认为当地执法人员行政执法自由裁量：

（1）很合理□　（2）比较合理□　（3）一般□

（4）较不合理□　（5）很不合理□

5. 您对当地政府和司法机关对投资者产权的保护力度：

（1）很满意□　（2）较为满意□　（3）基本满意□

（4）不满意□　（5）很不满意□

6. 当遇到行政人员违规违纪时，有没有地方受理您的投诉？

（1）有□　（2）没有□　（3）不知道该往哪里投诉□

如您有投诉的经历，您的投诉是否得到及时、妥善的处理？

（1）是□　（2）没有□

7. 贵公司是否与政府机构发生纠纷、争执？

（1）是□　（2）否□

如果是，是否有其他政府部门或上级领导可以帮忙解决或处理？

（1）是□　（2）否□

如果是，贵公司是否使用过这种渠道？

（1）是□　（2）否□

如果是，贵公司对解决结果是否满意？

（1）是□　（2）否□

8. 若贵公司与其他公司发生商业纠纷，您认为当地法律系统可以给本公司公平、公正判决的概率有多大？＿＿＿＿＿%

9. 在贵公司所发生的商业或其他纠纷中，贵公司的合法合同或财产权得到保护（判决下达并执行）的比例有多大？＿＿＿＿＿%

10. 您认为当地的法律监督体系：

（1）很完善　□　（2）比较完善　□　（3）一般　□

（4）不完善　□　（5）很不完善　□

11. 您认为当地政府机关的非规范收费：

（1）很严重□ （2）比较严重□ （3）一般□

（4）较少□ （5）不存在□

12. 您认为当地的盗版知识产品：

（1）很多□ （2）较多□ （3）一般□ （4）较少□ （5）很少□

13. 贵公司享受到下列哪些优惠政策和支持（可多选）？

（1）专项资金支持或财政补贴□ （2）优先照顾建设用地□

（3）减免部分税费□ （4）政府帮助攻克技术难题□

（5）帮助引进企业急需人才□ （6）银行放宽贷款条件□

（7）没有享受什么重要支持□

14. 您认为当地政府现行的投资政策的优惠程度：

（1）很大□ （2）较大□ （3）一般□ （4）较小□ （5）很小□

15. 您认为当地政府的优惠政策落实程度：

（1）很好□ （2）较好□ （3）一般□ （4）较差□ （5）很差□

16. 您认为近几年中，当地政府的有关投资政策：

（1）有明显改善□ （2）有一些改善□ （3）没有改善□

（4）有所恶化□ （5）严重恶化□

17. 您认为当地政府对投资者的无歧视待遇方面执行情况如何：

（1）很好□ （2）较好□ （3）一般□ （4）较差□ （5）很差□

四、政务环境

1. 您对当地政府的整体印象：

（1）很好□ （2）较好□ （3）一般□ （4）较差□ （5）很差□

2. 您认为当地政府的服务意识：

（1）很好□ （2）较好□ （3）一般□ （4）较差□ （5）很差□

3. 贵公司在同当地政府有关部门打交道中，其工作人员总体态度：

（1）很好□　（2）较好□　（3）一般□　（4）较差□　（5）很差□

4. 您认为当地政府工作人员的整体素质：

（1）很好□　（2）较好□　（3）一般□　（4）较差□　（5）很差□

5. 您认为当地政府工作人员的工作主动性：

（1）很好□　（2）较好□　（3）一般□　（4）较差□　（5）很差□

6. 您认为当地政府在廉洁方面：

（1）很好□　（2）较好□　（3）一般□　（4）较差□　（5）很差□

7. 您认为当地行政机关办事程序公开程度：

（1）很好□　（2）较好□　（3）一般□　（4）较差□　（5）很差□

8. 贵公司投资项目审批平均所用时间为：

（1）1~5 天□　　（2）6~10 天□　　　（3）11~15 天□

（4）16~20 天□　（5）21 天及以上□

9. 您与当地政府部门交往中，遇到下列哪种情况较多（多选）？

（1）政务不公开，暗箱操作□　（2）推诿扯皮，效率低下□

（3）以部门名义要求赞助□　　（4）工作人员以权谋私□

（5）只有收费、检查、处罚时才见到人，企业有困难却坐视不管□

（6）执法粗暴生硬□

10. 您对各级管理部门工作效率、工作流程、服务管理、照章办事等总体评价如何？

管理部门	很满意	满意	一般	不满意	很不满意	不常打交道
发展与改革部门						
物价管理部门						
土地规划部门						
环保管理部门						

续表

管理部门	很满意	满意	一般	不满意	很不满意	不常打交道
交通管理部门						
财政部门						
商务部门						
科技部门						
社会保障部门						
技术监督部门						
卫生管理部门						
工商管理部门						
税务部门						
检察院、法院						
公安、消防部门						
海关						
城管						

五、经营环境

1. 请确认下列因素妨碍贵公司经营和发展的程度。

因素	妨碍的程度					
	无	很小	较小	一般	较大	很大
1. 通信						
2. 供电						
3. 供水						
4. 交通						
5. 税务						
6. 海关						

续表

因素	妨碍的程度					
	无	很小	较小	一般	较大	很大
7. 工人的劳动技能和受教育水平						
8. 融资						
9. 地方保护主义						
10. 经济和管理政策不稳定						
11. 社会治安						
12. 其他企业的不正当竞争活动						
13. 法律法规方面的信息获得						

2. 您认为贵公司从当地银行获得贷款：

（1）很难□ （2）比较难□ （3）一般□ （4）较易□ （5）很容易□

在获得贷款方面政府是否能提供帮助？

（1）是□ （2）否□

3. 您认为贵公司在当地通过资本市场进行融资：

（1）很难□ （2）比较难□ （3）一般□ （4）较易□ （5）很容易□

4. 您认为贵公司在当地获得民间及风险资本的支持：

（1）很难□ （2）比较难□ （3）一般□ （4）较易□ （5）很容易□

5. 2020年不合理收费占贵公司营业收入的比重为：_____％

6. 2020年行政性收费占贵公司营业收入的比重为：_____％

7. 2020年事业性收费占贵公司营业收入的比重为：_____％

8. 您认为当地的不合理收费现象：

（1）很严重□ （2）较严重□ （3）一般□

（4）较少□ （5）不存在□

9. 您认为贵公司承担的行政性收费负担：

（1）很大□ （2）较大□ （3）一般□

（4）较合理□ （5）很合理□

10. 您认为贵公司承担的事业性收费负担：

（1）很大□ （2）较大□ （3）一般□

（4）较合理□ （5）很合理□

11. 您认为在各项收费方面当地政府对企业的歧视性：

（1）很严重□ （2）较严重□ （3）一般□ （4）较少□ （5）不存在□

12. 您认为当地政府在各项收费监督方面：

（1）很完善□ （2）较完善□ （3）一般□

（4）较不完善□ （5）很不完善□

13. 您认为当地政府有关部门越权管理现象：

（1）很严重□ （2）较严重□ （3）一般□ （4）较少□ （5）不存在□

14. 贵公司管理者每月平均需要多少天与政府有关部门打交道或完成其布置的工作（政府有关部门指税收、关税、劳动力管理、登记注册等部门；布置的工作包括处理与政府工作人员的关系、报送各类报表等）？

（1）1~5天□ （2）6~10天□ （3）11~15天□

（4）16~20天□ （5）21天及以上□

15. 您认为贵公司要想从当地获得需要的熟练工人：

（1）很难□ （2）比较难□ （3）一般□ （4）较易□ （5）很容易□

16. 您认为贵公司要想从当地获得需要的高级人才：

（1）很难□ （2）比较难□ （3）一般□ （4）较易□ （5）很容易□

17. 贵公司是否与有关科研机构进行过联合研发？

（1）是□ （2）否□

六、市场环境

1. 您认为贵公司所投资行业在当地的进入壁垒：

（1）很高□ （2）较高□ （3）一般□ （4）较低□ （5）不存在□

2. 您认为当地的地方保护主义：

（1）很严重□ （2）较严重□ （3）一般□ （4）较少□ （5）不存在□

3. 您认为在行业投资开放方面，当地政府对待内外资的歧视性：

（1）很严重□ （2）较严重□ （3）一般□

（4）较少□ （5）不存在□

4. 您认为当地市场管理机构的协调能力：

（1）很强□ （2）较强□ （3）一般□ （4）较差□ （5）很差□

5. 您认为当地市场管理部门管理人员的素质：

（1）很高□ （2）较高□ （3）一般□ （4）较差□ （5）很差□

6. 您认为当地市场经济法律法规：

（1）很完善□ （2）较完善□ （3）一般□

（4）较不完善□ （5）很不完善□

7. 您认为当地市场不合理现象：

（1）很严重□ （2）比较严重□ （3）一般□

（4）很少□ （5）不存在□

8. 您认为当地假冒伪劣商品情况：

（1）很严重□ （2）比较严重□ （3）一般□

（4）很少□ （5）不存在□

9. 您认为假冒伪劣商品对贵公司的产品影响：

（1）很大□ （2）较大□ （3）一般□ （4）较小□ （5）很小□

10. 您认为当地企业间的不正当竞争：

（1）很严重□ （2）较严重□ （3）一般□

（4）较少□ （5）不存在□

11. 您认为当地反不正当竞争的力度：

（1）很大□ （2）较大□ （3）一般□ （4）较小□ （5）很小□

七、社会综合环境

1.您认为当地的社会治安状况:
（1）很好□　（2）较好□　（3）一般□　（4）较差□　（5）很差□

2.您认为当地的社会稳定状况:
（1）很好□　（2）较好□　（3）一般□　（4）较差□　（5）很差□

3.您认为贵公司的客户拖欠货款问题:
（1）很严重□　（2）比较严重□　（3）一般□
（4）很少□　　（5）不存在□

4.2020年贵公司应收账款占收入的比重是多少？_____%

5.您认为与贵公司合作的当地企业信用水平:
（1）很高□　（2）较高□　（3）一般□　（4）较差□　（5）很差□

6.您认为当地金融机构的信用水平:
（1）很高□　（2）较高□　（3）一般□　（4）较差□　（5）很差□

7.您认为当地政府的信用水平:
（1）很高□　（2）较高□　（3）一般□　（4）较差□　（5）很差□

附录二 ××市营商环境问题调查问卷

为贯彻落实党中央、国务院及山东省、××市人民政府关于优化营商环境的决策部署，切实做好××市优化营商环境建设工作，广泛征求优化营商环境的意见建议，了解群众和企业在从事营商活动中遇到的困难、问题以及对改善和优化营商环境的诉求、期盼等，特开展本次营商环境问题调查，现就有关事项说明如下。

一、请在□内打"√"。
二、请在输入文本框填写相关内容。
三、本调查采用无记名方式。对自愿署名的企业，将严格予以保密。

1. 贵公司企业性质：
□国有企业　　　　　□民营企业
□外商投资企业　　　□混合所有制企业

2. 企业发展面临的主要问题是（可多选）：
□融资门槛高　　□融资成本高　　□流动资金不足
□税费负担重　　□缺乏配套企业　□成本上升过快
□市场需求低迷　□市场竞争不规范　□企业发展信心不足
□获取政策信息难　□与政府部门打交道难　□政策不合理
□其他
与政府部门打交道难主要体现在：_____

3. 政府行政审批工作存在哪些突出问题（可多选）？

□审批环节多、要件多、时间长

□前置审批手续烦琐

□服务态度差，门难进、脸难看、话难听、事难办

□不作为、慢作为、乱作为，吃拿卡要，故意拖延刁难

□指定、推荐或暗示特定中介组织、行业协会等提供有偿服务

□权力下放后，由于基层对政策不够熟悉，审批反而更难

□其他

问题突出的部门有哪些？_____

4. 执法检查工作存在哪些突出问题（可多选）？

□检查不公开，不透明

□执法不公，自由裁量权过大

□乱检查，多头检查，重复检查，影响企业生产经营

□以罚代管、只罚不管、重罚款轻监管，只罚款不根本解决问题

□执法简单粗暴，态度生硬

□借执法检查吃拿卡要、以权谋私

□其他

问题突出的部门有哪些？_____

5. 涉企收费工作存在哪些突出问题（可多选）？

□收费项目、收费标准等不公开、不透明

□多头收费，重复收费，超标准收费

□强制摊派，拉赞助，拉捐助，订购报刊、刊登广告等

□强制参加各类无依据、不必要的收费会议、培训等

□指定中介机构，强制代理收费

□强制参加各类学会、协会，并收取会费

□税务部门滥收税

□水、电、煤气等垄断部门滥收费

□对已取消的收费项目，仍然收费

□罚款等收费后不出具正式收据

□借各种检查乱开罚款，随意收费

□将自愿接受的咨询、检测等服务变为强制性服务，并收取费用

□强制企业支付本应由政府承担的费用

□其他

问题突出的部门有哪些？_____

6. 项目招投标中存在哪些突出问题（可多选）？

□政府人员违规插手企业项目建设，从事营利等活动

□企业项目建设中存在政府人员影响招标，以及围标串标等问题

□政府投资项目无立项报建手续，擅自动工修建，项目竣工后，无质检、竣工验收等就交付或投入使用

□政府投资项目先施工后招标，招投标走过场、流于形式

□政府投资项目应该公开招标的项目不公开招标

□其他

问题突出的部门有哪些？_____

7. 你认为当前××市公共资源配置领域存在哪些突出问题（多选）？

□以化整为零或者其他方式规避公开招标

□监督管理的部门职能交叉重叠，监管混乱

□编制招标文件质量不高

□评标办法不合理

□评标（评审）专家业务水平不够高、职业道德欠缺

□公共资源交易活动中存在围标、串标现象

□招标代理机构整体服务水平不够高

□政府人员违规插手公共资源交易项目

□其他

8. 政府政务服务中还存在哪些突出问题（可多选）？

□不讲诚信，不兑现招商承诺

□存在"开门招商、关门打狗"现象

□政府部门在招商中存在"无序竞争"问题

□政务不公开，搞暗箱操作

□在政策咨询、信息交流、企业合作、产品推广等方面，缺少为企业搭建的公共服务平台

□企业反映问题或投诉时，找不到受理部门或部门推诿扯皮，不及时解决

□强制企业加入各种协会、学会、研究会等社团组织

□其他

问题突出的部门有哪些？_____

9. 政务服务问题在哪级政府部门比较严重（可多选）？

□地级市部门

□县级市部门

□乡镇街道部门

10. 给企业造成较大负担的收费项目是（可多选）：

□行政事业性收费

□政府性基金

□行业协会收费

□与行政审批相关的中介服务收费、擅自立项收费

□无明确依据的罚款、水电等垄断机构收费

□强制摊派、赞助、捐赠等收费，参加会议和培训等收费

□其他

11. 企业最希望政府制定哪些减负政策措施或解决哪些问题（可多选）？

□减免税费进一步完善基础设施

☐加大政府有效投资补贴水电等垄断收费

☐补贴研发和创新补贴节能减排

☐降低融资成本，拓展融资渠道，提供信用担保，解决融资瓶颈

☐提供技能娴熟、适应力强的劳动人员

☐ 取消不必要的审批手续

☐取消不合理的收费和摊派

☐抓紧落实已制定的各项政策措施

☐加快政府职能转变，提高政府办事效率

☐减少不必要的检查等对企业的各种干预

☐明确招商承诺，保障招商企业利益

☐其他

12. 请确认下列因素妨碍贵公司经营和发展的程度。

因素	妨碍的程度					
	无	很小	较小	一般	较大	很大
1. 通信						
2. 供电						
3. 供水						
4. 交通						
5. 税务						
6. 海关						
7. 工人的劳动技能和受教育水平						
8. 融资						
9. 地方保护主义						
10. 经济和管理政策不稳定						
11. 社会治安						

续表

因素	妨碍的程度					
	无	很小	较小	一般	较大	很大
12. 其他企业的不正当竞争活动						
13. 法律法规方面的信息获得						

13. 您对各级管理部门工作效率、工作流程、服务管理、照章办事等总体评价如何?

管理部门	很满意	满意	一般	不满意	很不满意	不常打交道
发展与改革部门						
物价管理部门						
土地规划部门						
环保管理部门						
交通管理部门						
财政部门						
商务部门						
科技部门						
社会保障部门						
技术监督部门						
卫生管理部门						
工商管理部门						
税务部门						
检察院、法院						
公安、消防部门						
海关						
城管						

14. 企业在投资、建设、经营、发展，办理有关手续或事项过程中，遇到的主要困难是什么？具体原因有哪些？有什么解决措施或建议？

15. 对××市优化经济发展、政务服务环境，为企业做好服务等方面还有哪些意见和建议？

16. 企业最希望政府公开什么信息？最需要了解什么信息？

（以下选填）

企业名称：

联 系 人：　　　　　　　联系方式：

附录三　潍坊市产业转型发展重点

表1　农业产业转型发展重点

重点园区	中国食品谷、潍坊（寿光）国家级高新技术开发区、寿光市国家级现代蔬菜种业创新创业基地、峡山华以高科技农业孵化园、临朐全国区域性良种繁育基地、山东半岛果树组培育苗基地、安丘全国食品（农产品）质量安全示范区、全国有机农业生产试验基地、昌乐省级农业科技园区、寒亭嘉实高端食品产业园、安丘农谷产业园、青州市花卉大学生创业园
龙头企业	山东寿光蔬菜产业集团、山东寿光天成食品集团有限公司、山东东方誉源现代农业集团有限责任公司、山东苏伯食品股份有限公司、山东泰华食品股份有限公司、山东沃华农业科技股份有限公司、潍坊万鑫食品有限公司、山东中慧牧业有限公司、潍坊瑞福油脂股份有限公司、山东宋香园现代农业有限公司、山东省华盛农业股份有限公司、潍坊蓝色畅想休闲渔业有限公司、山东潍坊龙威实业有限公司、山东贝隆杜仲生物工程有限公司、青州市亚泰农业科技有限公司
创新平台	北京大学现代农业研究院、中国食品谷协同创新中心、中美食品与农业创新中心、兴旺种业育种研发基地、中韩育种育苗技术研究中心、中荷现代农业合作交流中心、寿光蔬菜种业研发中心、潍坊华以高科技现代农业孵化器、山东省蔬菜花卉生物育种工程研究中心、昌邑林业科技创新应用示范基地、诸城国家级农林科技孵化器、中国（国际）花卉苗木技术转移中心、山东省亚泰农业科学研究院

续表

重点项目
农业新六产，有中国食品谷食品小镇项目、渠风食品小麦高值化深加工及绿色循环经济产业基地项目、合力牧场乡间牧场项目、润竹山生态谷项目、双雀山现代农业产业融合示范基地项目、泛常山农村三产融合试验区、伟圣田园综合体项目、桃花源休闲农业生态园项目、百纳城酒庄葡萄种植产业融合项目、中国第一莫沙夫项目、乐高农场项目、博纳庄园综合体项目、昌邑潍水田园综合体项目、高密五龙河农场田园综合体项目、盈丰田园综合体项目、寿光大自然锦鲤生态休闲基地项目、高新开发区新钢生态观光农业园项目、昌乐庵上湖田园综合体项目、金丝达实业生态经济林三产融合产业园项目、青州花卉小镇、中国花卉电子商务交易中心项目、蓝色畅想海洋牧场建设项目、龙威实业海洋牧场建设项目、恒益农业生态农庄项目、盛伟牧业中澳畜牧产业园、地主网农产品电商平台、高密宏基"互联网+"现代农业示范项目。特色高效农业，有寿光现代农业高新技术集成示范项目、七叶树生物科技项目、台湾特色农业创意园、潍坊神元铁皮石斛科技文化产业园、诸城万亩平欧榛子示范项目、寿光市羊口镇万亩高效农业示范项目、雅拉生态食品科技园项目、山东奥友生物科技海洋药用生物资源柽柳产业开发项目、高密阚家鲜食葡萄示范项目、现代成田食品深加工项目、大北农生态养猪一体化项目、青州杜仲万亩中药材种植基地。智慧农业，有寿光设施蔬菜产业智慧化项目、铭基中慧中央厨房项目、寿光金迈农业科技现农业智慧化项目、中国花卉电子商务交易中心、孟津河智慧农业项目、青州市恒美花卉产业智慧化项目

表 2　化工产业转型发展重点

重点园区
滨海临港化工园、寿光羊口渤海化工园、寿光侯镇海洋化工园、寿光田柳精细化工园、昌邑下营工业园、昌邑龙池工业园

龙头企业
中化弘润石油化工有限公司、山东昌邑石化有限公司、寿光鲁清石化有限公司、山东海化集团、山东大地盐化集团有限公司、山东默锐化学有限公司、山东联盟化工股份有限公司、山东寿光新龙电化集团、潍坊天瑞化工有限公司、潍坊泽宇化工有限公司、山东成泰化工有限公司、潍坊石大昌盛能源科技有限公司、山东昌邑灶户盐化有限公司

续表

创新平台
山东省海洋化工科学研究院、山东省海洋精细化工实验室、山东海化集团技术中心、山东省海洋化工生产力促进中心、山东省海洋精细化工中试基地、潍坊市聚丙烯新材料工程研究中心、潍坊市溴化工行业技术中心、潍坊市聚烯烃材料功能化及改性工程实验室、中德绿色化工经济技术交流中心、潍坊市染料中间体工程技术研究中心、潍坊市异戊烯醇合成工程技术研究中心
重点项目
高端石化，有中化弘润石化60万吨/年重芳烃项目、80万吨/年间二甲苯中间体原料加工配套项目、100万吨/年乙烯项目、成品油质量升级项目、保税原油超市项目，山东昌邑石化有限公司中国化工集团山东化工原料基地升级改造项目、成品油（国VI）质量升级项目，鲁清石化120万吨轻烃综合利用及配套工程项目、乙烯一体化项目、成品油深度精制升级国VI标准项目、10万吨/年甲基丙烯酸甲酯项目、祥生科技绿色新材料产业化项目、万成科技石油储备库和炼化一体化项目、石大昌盛能源科技基础油项目、天安化工40万吨/年碳四综合利用项目、昌邑成泰化工丁烷脱氢项目、新绿化工山东总部基地、成泰化工甲基丙烯酸甲酯项目、新茂化工碳九项目。精细盐化工，有中海油山东海化集团石化盐化一体化升级改造项目、新澳化工染料中间体二期项目、昌邑永宁化工溴碳酸钠盐及溴氨蓝项目、山东海化集团纳滤精制卤水项目、海王化工新材料项目、联盟化工合成氨项目

表3 汽车制造产业转型发展重点

重点园区
福田诸城汽车及零部件产业园、寿光凯马汽车工业园、青州轻型载货汽车工业园、高密汽车零部件加工生产基地、昌邑浩信工业园、潍柴新能源动力产业园、北汽福田互联网汽车产业基地、高新开发区盛瑞传动自动变速器配套产业园
龙头企业
盛瑞传动股份有限公司、北汽福田诸城汽车厂、山东泰汽控股集团、山东凯马汽车制造公司、诸城义和车桥有限公司、潍坊富源增压器有限公司、寿光昊华轮胎有限公司、山东银宝轮胎集团有限公司、山东浩信集团有限公司、金永和精工制造股份有限公司、山东力创橡塑有限公司、昌邑康洁环卫有限公司、山东汇强重工科技有限公司、潍柴动力股份有限公司、北汽福田多功能汽车厂、江淮汽车山东分公司、瑞驰汽车有限公司、比德文控股集团、汉唐新能源汽车科技有限公司、喜威电驱车有限公司、山东威能环保电源科技股份有限公司

续表

创新平台
诸城义和车桥疲劳应用工程试验研究中心、山东汽车制动件精密铸造技术工程实验室、山东省热交换工程技术研究中心、福田汽车山东工程研究院、潍柴新能源创新测试中心、福田汽车山东省汽车模具工程技术中心、盛瑞传动乘用车自动变速器工程技术研究中心

重点项目
中高档商用车和乘用车，有北汽福田卡车优化升级技术改造项目、40万辆整车项目、潍坊发动机工厂建设项目，潍柴控股集团新能源轻型商用车项目、江淮汽车中高档乘用车项目。特种汽车，有泽源汽车多功能环境作业车项目、荣昊专用车项目、正泰希尔专用车项目、山东满国康洁环卫新型智能扫路车建设项目、青州市汇强重工智能环卫和除雪车项目、街景店车项目
汽车关键零部件，有北汽福田汽车零部件装备项目、豪迈科技轮胎模具绿色智能制造项目、豪沃机械汽车覆盖件模具及冲压件扩产项目、浩信集团轮端总成和涡轮增压器壳体项目、航天威能新能源汽车动力系统项目、恒华实业高端轮胎模具及胎圈钢丝项目、昊华轮胎全钢子午胎项目、康迈信机械高质量卡车部件生产项目、诸城大业胎圈钢丝及子午胎钢帘线项目、华丰动力发动机关键零部件生产项目、诸城雁三希汽车电线电缆项目、美晨科技高端汽车配件项目、金永和汽车涡轮增压器关键配件项目、青特车桥汽车车桥项目
新能源汽车，有比德文年产20万台新能源电动汽车车身及1万台新能源电动物流汽车整车项目、汉唐新能源旅游观光车项目、梅拉德雷丁高速汽车生产项目、喜威电驱车新能源电动汽车车身及新能源电动物流汽车项目、江淮新能源汽车项目、华保利新能源云度汽车项目、宇通汽车新能源重卡项目
新能源动力，有潍柴氢燃料电池项目、潍柴新能源驱动电机制造基地、燃料电池制造基地智能网联汽车，有北汽福田山东省互联网汽车产业基地项目
动力电池及充电设施，有威能环保新能源汽车动力电池组生产项目、兴跃电子电容型镍氢动力电池、东虹工贸新能源汽车电池、北方华创新能源磷酸铁锂电池生产项目

附录三 潍坊市产业转型发展重点

表 4 物流产业转型发展重点

重点园区

滨海临港物流园、潍坊东港（下营港）及临港物流园、寒亭高铁物流园、青岛保税港区诸城功能区、山东半岛国际采购中心、鲁东物流中心、寿光传化公路港、高新开发区海王医药物流园、晨鸣国际物流中心、山东中沃优达中俄农副产品出口示范基地、山东诺吉雅力医药仓储物流园、山东晟绮港储国际物流园、山东港天物流园、潍坊泓德物流园、诸城杨春国际水产品冷链物流园、诸城保税物流中心

龙头企业

潍坊港集团有限公司、渤海湾港口投资控股集团有限公司、山东晟绮港储国际物流有限公司、潍坊顺丰速运有限公司、联合包裹速递服务公司、联邦快递(中国)有限公司潍坊分公司、潍坊圆通快递公司、潍坊申易物流有限公司、山东胜星铁路物流有限公司、寿光市港投集团有限公司、山东港天物流有限公司、青州市泓德物流有限公司

创新平台

山东半岛现代物流总部基地、潍坊综合保税区大宗原材料商品展示交易中心

重点项目

公路物流，有潍柴德马泰克智能物流项目、高新开发区全球配件分销中心项目、潍坊泰华车港项目、恒安集团智能一体化仓储项目、山东中凯兴业智慧冷链物流项目、中农联·寿光农特产品电商批发城项目、国药控股集团健康产业智慧物流项目、安丘农产品冷链物流仓储项目、申易现代物流园项目、北江·鲁中农副产品批发交易市场项目、浙江传化临朐物流中心项目、山东桑莎检通高端出口检品物流中心项目。港口物流，有潍坊港扩能提升工程、潍坊港集中查验中心及 H986 系统工程项目、潍坊申易物流海关监管区扩建项目、进出口鲜活类产品交易中心、森达美港液化品库项目。空港物流，有寿光空港新城项目、空港物流小镇、潍坊申通电商仓储物流项目、潍坊德霖物流电商综合体项目。高铁物流，有寒亭高铁物流园、山东半岛通用物流园、胜星铁路物流项目。多式联运，有潍青欧国际多式联运大通道、鲁新欧国际多式联运大通道、鲁辽陆海货运甩挂大通道、山东胜星铁路物流中欧（亚）集装箱国际联运集散中心项目、青州国际陆港项目、山东淄矿集团青州物流项目

表 5　文化旅游产业转型发展重点

重点园区
锦绣潍坊文化园、国家版权示范园、山东数字出版基地、山东云计算版权交易园、潍坊文化创意产业园、齐鲁酒地文化创意产业园、新影华安峡山创意文化产业园、青州古城、中晨（青州）国际文化艺术小镇、齐鲁书画艺术品总部、龙韵文化城、惠影科技36°微电影主题园、红高粱特色文化影视区、寒亭杨家埠民间艺术大观园、诺贝尔主题雕塑园、红高粱钢雕文化创意园、潍县风情小镇、坊茨小镇
龙头企业
潍坊广电传媒集团、山东金宝集团有限公司、山东京广传媒股份有限公司、潍坊中晨集团有限公司、山东中动文化传媒有限公司、山东惠影科技传媒股份有限公司、山东新方集团德乐堡文化旅游公司、潍坊华安水之梦乐园有限公司、山东泰岳兄弟影视有限公司、潍坊全影网络有限公司、齐鲁酒地文化发展股份有限公司、高密红高粱集团有限公司、山东临朐华艺雕塑艺术有限公司
创新平台
中日韩产业博览会、潍坊国际风筝会、鲁台会、中国画节·文展会、大舜节、宝博会、奇石节、菜博会、花博会、绿博会、中国（高密）红高粱文化节、翰墨青州·中国书画年会、潍坊国际创意港、潍坊3D打印技术创新中心、潍坊文化产权交易中心平台、八喜旅游网电商平台
重点项目
创意设计，有杨家埠文化创意梦想小镇项目、潍坊广告创意小镇项目、奎文爱迪尔小镇项目。艺术品交易，有中国画都基地项目、中晨（青州）国际文化艺术项目、十笏园文化小镇项目、临朐红木奇石文化艺术中心。动漫影视，有中动传媒动漫基地、安丘齐鲁酒地华谊星剧场项目、寿光中国电影北方影视城项目。文化旅游，有印象·老潍县文化传承项目、安丘留山古火山森林公园项目、昌乐远古火山口群项目、诸城白垩纪恐龙地质公园及恐龙小镇项目、安丘景芝酒之城项目、高密"莫言文学"文化旅游项目、诸城迈赫机器人大世界项目、临朐华艺雕塑项目、坊子炭矿遗址项目、大英烟草1532文化园项目、九龙峪文化旅游度假区、樱花谷旅游项目、峡山生态开发区国际微电影项目。休闲度假，有青州云门山生态文化旅游度假区、诸城竹山生态谷、安丘留山康养栖居小镇项目、安丘齐鲁酒地、安丘合力牧生态小镇、昌邑青山秀水旅游度假区、临朐九山薰衣草小镇、滨海欢乐海旅游度假区项目、

续表

峡山迪梦温泉小镇项目、潍坊白浪河露营地项目、潍城"两山一湖"文旅体小镇、德乐堡温泉·水城项目、弘润迪士尼温泉小镇项目。乡村旅游,有昌邑潍水现代农业田园综合体项目、山东宋香园乡村旅游综合体项目、安丘柘山乡情乡村旅游综合体项目、青州花卉乡村旅游综合体项目、高密东北乡旅游区、昌邑龙乡水韵·千年古村、金宝莲花山农庄小镇、坊子桃花源休闲农业生态园

表6 信息技术产业转型发展重点

重点园区 歌尔智慧城、潍坊光电产业园、歌尔电子产品精密制造产业园、潍坊软件产业园、山东测绘地理信息产业园、富锐激光雷达产业园、寿光软件产业园
龙头企业 歌尔股份有限公司、山东共达电声股份有限公司、山东浪潮华光光电子股份有限公司、中微光电子有限公司、山东测绘地理信息产业园发展有限公司、富锐光学科技有限公司、山东新海软件股份有限公司、山东欣立得光电科技有限公司、楼氏电子公司、潍坊三田科技有限公司、山东鼎诺自动化控制技术有限公司、高密星合电子有限公司、山东银澎云计算有限公司
创新平台 北航歌尔机器人与智能制造研究院、VR产业公共服务平台、可穿戴产品浅绿色设计平台,中科院(潍坊)激光雷达研究院、山东省通信技术研究院潍坊分院、华为物联网应用创新中心、潍坊市大数据交易中心、中国移动潍坊分公司云计算中心

续表

重点项目

虚拟现实产业,有歌尔 VR 及电子智能硬件项目、歌尔智能硬件产业园项目、歌尔可穿戴产品智慧工厂项目。激光雷达产业,有富锐光学激光雷达项目、浪潮华光高能激光装备及激光显示用核心器件项目。地理信息产业,有山东测绘地理信息产业基地、苍穹农业信息化项目、苍穹软件国土资源调查监测及综合监管系统开发项目。光电及集成电路产业,有歌尔电子产品精密制造项目、歌尔精密制造(昌安)配套产业园项目、青岛方舟机电 SMT 项目、天水华芯集成电路项目、高密星合电子整流器件产业化项目、纽泰克斯电子产品项目、贞明半导体集成电路项目。大数据产业,有大数据交易中心和大数据交易平台、潍坊市云计算中心、环渤海中国书画艺术大数据应用中心。高端软件及物联网,有共达电声人机交互智能终端控制系统项目、歌尔复合型智能传感器系统研发及产业化项目、丹香产业物联网项目、惠发食品速冻食品互联网应用基础平台项目

表 7　高端装备产业转型发展重点

重点园区

高新开发区潍柴动力工业园、潍柴海洋动力装备产业园、坊子雷沃智能农业装备产业聚集区、坊子山东智能造纸装备产业园、坊子山东智能造纸装备产业园、高密市豪迈装备产业园、昌乐县山东矿机智能制造产业园、安丘智能装备产业聚集区、潍城区智能泊车产业园、潍坊智能制造 2025 产业园、经济区高端教育装备产业园、昌邑先进装备制造产业园、诸城迈赫智能机器人产业园、青州千人计划产业园、青州海洋装备制造产业园

龙头企业

潍柴动力股份有限公司、歌尔股份有限公司、潍柴重机股份有限公司、山东豪迈机械制造有限公司、山东晨宇电气股份有限公司、卡特彼勒(青州)有限公司、山东天瑞重工有限公司、耐威科技股份有限公司、山东康弘机械有限公司、山东瑞其能电气有限公司、雷沃重工股份有限公司、潍坊谷合传动技术有限公司、山东科乐收金亿农业机械有限公司、山东矿机集团、潍坊西水机器人科技有限公司、华创机器人制造有限公司、山东帅克机械有限责任公司、迈赫机器人自动化股份有限公司、大洋泊车股份有限公司、山东寿光巨能特

续表

钢有限公司、山东亚泰机械有限公司、天联通用航空有限公司、山东磐金钢管制造有限公司、高密高锻机械有限公司、山东亚盛重工股份有限公司、潍坊一立精密铸造有限公司、山东华建铝业集团有限公司、山东亿嘉现代农业装备有限公司、山东立辉重工制造有限公司、山东精诺机械股份有限公司、山东恒涛节能环保有限公司

创新平台

潍坊市工业研究院、潍柴动力内燃机可靠性国家重点实验室、潍柴高速柴油机研发试验中心、潍柴重机国家大缸径天然气发动机研发试验平台、潍柴基于产品全周期大数据的工业云服务支撑平台、雷沃重工智能农机创新中心、豪迈科技轮胎模具国家地方联合工程实验室、滨海海洋动力装备创新中心、国家内燃机质检中心、潍坊（美国）硅谷高科技孵化器、大洋泊车立体停车设备研发平台、机械科学研究总院高密分院、山东省拉削机床工程技术研究中心、潍坊市风力发电设备工程研究中心

重点项目

高端动力装备，有潍柴控股集团170系列柴油机智能化改造项目、高性能发动机关键零部件项目、潍柴动力商用车新能源动力总成系统项目、210产品船舶推进系统动力总成研发集成和制造基地项目、260系列船用柴油机开发及综合服务基地项目、林德液压新工厂项目、山东豪迈机械制造动力装备关键零部件项目、云内动力柴油发动机提升项目、北汽福田潍坊发动机工厂建设项目、孚润机械涡轮增压器叶轮项目、晨宇电气高铁牵引变压器项目、富源增压器燃气轮机项目、瑞其能电气风机生产项目、昌邑莱州湾海上风电配套生产项目、金沙江智能装备制造项目、德骏电磁驱动超高效节能电机项目、青州新型疏浚装备研发制造项目。智能农机装备，有雷沃重工智能农业装备产业项目、雷沃重工精量播种机项目、谷合传动大马力拖拉机电液提升器项目、科乐收金亿高端农业机械装备项目、百利智能化大型拖拉机项目、速博世达农业装备项目、科乐收联合收割机项目、英轩重工农机装备项目、康弘高端农业装备生产项目。高端数控机床，有高创集团智能模切装备项目、立辉重工1800台高速数控拉削机床项目、天瑞重工水压传动凿岩机项目、天瑞重工磁悬浮离心式鼓风机项目。人工智能，有迈赫机器人智能机器人制造项目、帅克机械机器人高精密减速器产业化项目、山东矿机智能机器人制造项目、西川智能机器人本体项目。通用航空装备，有青州通用航空产业项目、诸城飞龙航空通用飞机制造项目、航创电子无人机项目、豪迈机械航空锻件项目、山东矿机集团无人机及涡喷发动机零部件项目、耐威航电航空装备项目

表 8 新能源新材料产业转型发展重点

重点园区
寒亭生物基新材料产业园、寿光生物基新材料基地、高新开发区先进钢铁材料产业园、寿光巨能生物科技产业园、安丘高端复合材料生产基地、昌乐新型 PVC 抗冲改性剂产业聚集区、寿光 EVE 高分子新材料产业聚集区、诸城先进高分子材料制品产业聚集区、临朐高端铝材基地、坊子区碳化硅新材料产业基地、中国超纤产业基地、青州经济开发区生物产业园、佳诚数码新材料产业园
龙头企业
潍坊特钢集团有限公司、山东寿光巨能金玉米开发有限公司、山东兰典生物科技股份有限公司、潍坊英轩实业有限公司、山东柠檬生化有限公司、恒天海龙股份有限公司、恒联集团有限公司、山东吉青化工有限公司、山东鑫珂海洋生物科技有限公司、山东日科化学有限公司、潍坊振兴日升化工有限公司、潍坊佳诚数码材料股份有限公司、山东同大海岛新材料股份有限公司、山东东方宏业化工有限公司、山东绿特空调系统有限公司、美晨科技股份有限公司、华建铝业有限公司、山东宝龙达集团、山东碳为石墨烯科技有限公司、中科雅丽股份有限公司、山东宝润硼业科技有限公司、山东圣和塑胶发展有限公司、金鸿集团、山东新方集团有限公司、潍坊华美精细技术陶瓷股份有限公司、山东领潮新材料有限公司
创新平台
全国工业生物材料产业技术创新战略联盟、山东生物制造技术创新中心、山东工业生物工程实验室、高新开发区生物基材料产业孵化器、中科院（恒联）生物纤维新材料研究中心、兰典生物分子实验室、中科院（雅丽）油气开采与节能环保新材料联合研发中心、高密华东硼稳定同位素研发中心、山东海岛新材料工程技术研究中心、潍坊市生物质纤维仿羊绒生态家纺面料工程实验室

续表

重点项目
新能源，有临朐抽水蓄能电站项目、国华能源九山风电项目、寿光市光伏领跑者基地项目、安丘天恩新能源光伏发电项目、昌乐爱特200兆瓦分布式光伏发电项目、天恩渔光互补100兆瓦光伏发电项目、晶盛光伏发电项目、滨海地源热泵及太阳能热泵光电产业园项目、三峡新能源昌邑海上风电基地项目、滨海海上风电项目、安丘山区风力发电项目、寿光市泛能网示范化项目、中圣科技昌乐生物质发电项目、寿光市晨鸣生物质能资源综合利用发电项目、青州市生物质热电联产项目、诸城千亿达生物质发电项目、中国神华国华诸城风力发电项目、山东高申新能源高密光伏发电项目、中环聚生物质发电项目、泓晟新能源生物质热电联产项目、寿光美伦纸业生物质能资源综合利用发电项目、潍坊亿燃天然气分布式能源站项目
先进基础材料，有特钢集团年产80万吨子午轮胎用胎圈钢丝钢帘线项目、山东高速轨道设备材料高铁配套产品研发生产项目、美晨先进高分子材料制品项目、高端铝材加工项目、阳光纸业集束包装纸板项目、孚日新型纤维智能织造业化项目、日科化学高分子复合新材料项目、蓝帆新材料二期项目、山东恒昌新材料科技有限公司非晶软磁薄带项目、盾立特种钢材超高强钢板项目、星宇手套超高分子量聚乙烯纤维项目、东方钢管海洋新材料项目、金卓建材高端釉料项目、格物新材料智能纳米自修复项目、鑫珂海洋生物医用敷料项目、昊达新型防火保温材料项目、信诺纺织数码影像新材料项目、海龙博莱特高强高模合成纤维长丝项目、国桥建材特种陶瓷制品项目、世纪阳光高级包装纸项目、孚日家纺面料项目生物基新材料，有恒联6万吨绿色纤维素膜项目、潍焦集团可降解塑料项目、恒天海龙莫代尔生产项目、东方宏业高性能绿色新材料循环经济一体化项目、巨能金玉米6万吨生物质热塑复合材料及10万吨乳酸、5万吨聚乳酸项目、兰典生物12万吨琥珀酸及生物基产品PBS项目、柠檬生化10万吨乳酸项目、吉青化工生物基增塑剂项目、领潮海洋生植物纤维研究及产业化项目、斯达克生物降解科技可降解塑料制品生产项目、山东云科年产20万吨植物纤维基增强高分子复合材料项目、润德生态纤维公司秸秆综合利用项目、美晨科技晨立克除醛植物蛋白项目、欣龙生物纤维素纤维项目、圣和塑胶1.3万吨生物降解PLA薄膜项目。前沿新材料，有宝润硼业科技硼稳定同位素新材料项目、华美精陶多元化高性能工程陶瓷项目、金鸿碳化硅新材料扩产项目、科雅丽高性能空心玻璃微珠项目、佳诚数码铸造级PVC汽车色膜项目和涂层纺织品项目

表 9 医养健康产业转型发展重点

重点园区
潍坊生物医药科技产业园、青州健康产业园、诸城生物医药产业园、阳光融和生态健康城、安丘健康产业创新发展试验区
龙头企业
沃华医药、富康制药、新和成制药、特珐曼药业、尧王制药、诸城信得科技、东晓生物、高密市兴瑞生物科技有限公司、高密康地恩生物科技有限公司、山东汉兴医药科技有限公司、中国基药有限公司、潍坊微医城市互联网医院管理有限公司、青州桃花源里养老产业有限公司、潍坊市华都集团、北京颐盛德养老服务有限公司
创新平台
呼吸病院士专家工作站
重点项目
健康医疗，有潍坊市人民医院潍城院区项目、潍坊市中医院东院区项目、潍坊市妇女儿童健康中心项目、安丘市医疗提升工程项目、诸城市中西医结合医院项目、寿光市妇幼健康城项目、高密城乡医疗综合体项目、潍坊市益都中心医院新院项目、青州市妇幼保健院新院项目、临朐县医疗提升工程项目。医养结合，有潍坊市人民医院北辰医养结合中心、潍坊市中医院中医医养结合中心、潍坊市精神卫生中心医养结合中心、昌乐康乐园康复养老中心、寿光全福元温泉医养中心、潍城颐盛德医养综合体、青州桃花源里养生养老项目、沂山养生养老休闲度假基地项目、昌邑康生特色小镇、安丘康养小镇项目、寿光太阳城健康养老中心、寿光圣湖新天地养老城、寿光陶然庭颐养中心、安丘齐鲁酒地健康活力城、高新鹤祥健康城、滨城健康社区、潍城华都颐康城项目、昌邑济贤养老中心、诸城颐安红星老年社区、神州长城滨海康健城项目。生物医药，有药明康德高端药物研发中心和制造基地项目、新和成药业年产 10 万吨蛋氨酸项目、富康制药生物医药制剂国际化项目、潍坊医药服务示范园项目、安丘特珐曼医药产业园项目、滨海高新产业园项目。体育健身，有万声运动工场项目、潍坊市体育馆项目、潍坊全民健身活动中心项目

表 10 金融产业转型发展重点

重点园区	
奎文区总部金融集聚区、高新开发区金融小镇、金融服务外包产业园、峡山生态开发区金融创新小镇	
龙头企业	
潍坊银行、潍坊农商行、潍坊金控集团、晨鸣融资租赁公司、山东高创建设投资集团有限公司、峡山金融控股集团有限公司	
创新平台	
齐鲁农村产权交易中心、东亚畜牧产品交易所、文化金融融合大数据库、中国艺术金融研究院	
重点项目	
农村金融,有齐鲁农村产权交易中心升级项目、东亚畜牧产品交易所升级项目 科技金融,有奎文金融创新小镇项目、奎文互联网金融中心项目、峡山生态开发区金融创新小镇项目、寿光创新城市社区项目。 文化艺术金融,有潍坊银行文化艺术金融交易平台项目、潍坊城投国际金融创新中心项目	

附录四　潍坊市科技创新重点任务表

潍坊市科技创新重点任务表

序号	重点任务	任务内容	主要措施	牵头单位	责任单位
1	政产学研深度合作	科技精准对接活动	充实完善企业高质量发展技术、人才需求和高校院所专家信息、科技成果信息库	市科技局	各县市区政府 市属各开发区管委会
2		科技精准对接活动	每年组织举办6次以上专业精准对接活动，推动我市1000家企业对接100家科研院所和高校，吸引更多先进成熟的应用技术成果来潍落地转化	市科技局	各县市区政府 市属各开发区管委会
3		大院大所引进	深入对接京津冀、长三角经济圈，进一步拓宽企业、高校、科研院所精准合作渠道	市科技局	市财政局 市人社局 各县市区政府 市属各开发区管委会
4		大院大所引进	推动中科院化学所潍坊化工新材料产业技术研究院、中科院沈阳应用生态所潍坊现代农业与生态环境研究院、清华大学潍坊人工智能研究院等引进共建工作	市科技局	市财政局 市人社局 各县市区政府 市属各开发区管委会
5		大院大所引进	每年新引进5家以上研究院或分支机构	市科技局	市财政局 市人社局 各县市区政府 市属各开发区管委会
6		国际科技交流合作	发挥潍坊硅谷高科技孵化器、中以科技转移平台等高端国际科技合作平台作用，与欧美、日韩等国家深入开展国际科技合作与交流	市科技局	市商务局 各县市区政府 市属各开发区管委会
7		国际科技交流合作	建设国际科技合作基地，引进外国高端专家和先进成熟技术，支持兴瑞生物、天瑞重工等企业在海外建立研发中心	市科技局	市商务局 各县市区政府 市属各开发区管委会
8		国际科技交流合作	每年新建海外研发中心、国际科技合作基地等高端国际科技合作平台4家以上	市科技局	市商务局 各县市区政府 市属各开发区管委会

续表

序号	重点任务	任务内容	主要措施	牵头单位	责任单位
9		打造一批创新创业共同体	到 2021 年年底，建设 10 家以上市级创新创业共同体，培育 1 家以上省级创新创业共同体	市科技局	各县市区、市属各开发区科技局
10			2019 年，重点建设"潍坊先进光电芯片研究院"等 4 家市级创新创业共同体；2020 年，建设 3 家以上市级创新创业共同体；2021 年，争取建设 3 家以上市级创新创业共同体	市科技局	各县市区、市属各开发区科技局
11			每年推出 100 项创新成果	市科技局	各县市区、市属各开发区科技局
12	高端创新平台建设	企业技术创新平台建设	每年新建 10 家省级以上工程技术研究中心、重点实验室、院士工作站等创新平台	市科技局	市发改委、市工信局
13			2019 年重点推动豪迈机械、新力超导、寿光蔬菜产业集团等 10 家省级创新平台建设	市科技局	市发改委、市工信局
14			2020 年重点推动共达电声、迈赫机器人、亚泰农业等 10 家省级创新平台建设	市科技局	市发改委、市工信局
15			2021 年重点推动龙港无机硅、兴瑞生物、泰诺药业等 10 家省级创新平台建设	市科技局	市发改委、市工信局
16			力争每年有 50 个项目列入国家、省计划盘子，争取上级资金 2 亿元以上	市科技局	市发改委、市工信局
17		打造科技创新示范园区	支持高新区开展关键核心技术研发、重大科技创新载体建设，完善科技服务体系，培育发展主导产业	市科技局	高新区管委会
18			积极争创寿光国家级高新区	市科技局	寿光市政府
19			助推潍坊国家农业开放发展综合试验区建设	市科技局	综试区管委会（筹）市农业农村局 寒亭区政府 经济开发区管委会

附录四 潍坊市科技创新重点任务表

续表

序号	重点任务	任务内容	主要措施	牵头单位	责任单位
20		科技孵化载体建设	提升孵化载体在科技研发、科技金融、创业辅导、技术转移等方面的专业化服务水平	市科技局	各县市区政府 市属各开发区管委会
21		科技孵化载体建设	在先进制造、电子信息等领域,孵化培育一批具有行业核心竞争力的科技型企业	市科技局	各县市区政府 市属各开发区管委会
22			2019年年底,市级以上科技企业孵化器和众创空间总量达到100家;2020年年底,发展到110家;2021年年底,力争突破120家	市科技局	各县市区政府 市属各开发区管委会
23	加大高新技术企业培育	培植一批引领发展型科技企业	实施高新技术企业"育苗造林"工程和"小升高"计划	市科技局 市税务局	市财政局 各县市区政府 市属各开发区管委会
24			2019年年底,全市高新技术企业总数达到780家;2020年,发展到850家;2021年,力争达到1000家	市科技局	市财政局 各县市区政府 市属各开发区管委会
25		推进高新技术产业集群建设	提升潍坊半导体发光创新型产业集群、潍坊高端动力装备产业集群等现有国家级创新型产业集群(试点)发展水平	高新区管委会	市科技局 市发改委 市工信局 市市场监管局 市地方金融监管局
26			推动集群内科技型大中小企业形成完善的生产配套或协作体系,支持与集群产业链相关联的研发设计、创业孵化等创新服务机构建设	高新区管委会	市科技局 市发改委 市工信局 市市场监管局 市地方金融监管局

251

续表

序号	重点任务	任务内容	主要措施	牵头单位	责任单位
27	拓宽科技成果转移转化渠道	搭建高水平技术转移平台	搭建高水平科技成果技术转移平台，引进建设中科院山东综合技术转化中心潍坊中心等技术转移机构	市科技局	各县市区政府 市属各开发区管委会
28			每年技术市场交易额达到60亿元	市科技局	各县市区政府 市属各开发区管委会
29		健全科技成果转移转化机制	制定修订《潍坊市支持培育技术转移服务机构补助资金管理办法》《潍坊市科学技术奖励办法》	市科技局	各县市区政府 市属各开发区管委会
30			落实国家和省促进科技成果转化的政策措施	市科技局	各县市区政府 市属各开发区管委会
31		加大优秀科技成果奖励力度	做好国家和省科技奖励申报组织推荐工作	市科技局	各县市区政府 市属各开发区管委会
32			每年转化50项重大科技成果	市科技局	各县市区政府 市属各开发区管委会
33	加强科技人才队伍建设	更大力度引育高端人才	突出"高精尖缺"，重点引进培育国家级重点人才、泰山产业领军人才、泰山学者、鸢都产业领军人才等市级以上重点工程人选	市委组织部	市发改委 市教育局 市科技局 市工信局 市人社局 市卫健委 各县市区政府 市属各开发区管委会
34			突出人才强企，最大限度降低企业引才成本，放大"人才潍坊伯乐"效应，激发企业家引育人才创造力	市委组织部	市科技局 市财政局 市人社局 市住建局 各县市区政府 市属各开发区管委会

附录四　潍坊市科技创新重点任务表

续表

序号	重点任务	任务内容	主要措施	牵头单位	责任单位
35		更大力度引育高端人才	充分发挥引进外国人才和智力工作优势，每年引进外国人才400人次以上。组织实施好"鸢都友谊奖"评选。推进"走进大院大所"常态化	市科技局	各县市区政府 市属各开发区管委会
36			更好发挥省级留学人员创业园优势，加大海外留学人员引进力度。深入推进大学生集聚工程，推进"潍坊名校直通车"常态化，每年引进大学本科以上高校毕业生1.2万人以上	市人社局	各县市区政府 市属各开发区管委会
37	加强科技人才队伍建设	更大力度组织举办创新创业大赛	坚持"以赛代评"，常态化举办国际人才创新创业大赛，广泛吸引海内外高层次人才带技术、带项目、带创意、带资金来潍创新创业	市委组织部	市科技局 各县市区政府 市属各开发区管委会
38			择优推荐优秀人才参加省"创业齐鲁·共赢未来"高层次人才创业大赛，力争更多人才纳入省支持范围	市科技局	市委组织部 各县市区政府 市属各开发区管委会
39			积极举办大学生创新创业大赛	市人社局	各县市区政府 市属各开发区管委会
40			积极举办山东省中小微企业创新竞技行动计划分领域赛事	市科技局	各县市区政府 市属各开发区管委会
41		更大力度优化人才发展环境	以"一次办好"改革为契机，编制人才专员服务清单，畅通人才服务绿色通道，提升人才服务信息化水平，实现人才服务流程再造	市人社局	各县市区政府 市属各开发区管委会

续表

序号	重点任务	任务内容	主要措施	牵头单位	责任单位
42	加强科技人才队伍建设	更大力度优化人才发展环境	着力建设一批国际学校	市教育局	各县市区政府 市属各开发区管委会
43			依托市内三甲医院，加快国际门诊建设	市卫健委	各县市区政府 市属各开发区管委会
44			多渠道、多层次规划建设一批人才公寓	市住建局	市委组织部 市人社局 市财政局 市自然资源和规划局 各县市区政府 市属各开发区管委会
45			加强科技人才金融服务创新，探索设立市级人才创新创业基金，优化"人才投""人才贷""人才保"等扶持方式	市地方金融监管局	市财政局 市金融控股集团 市再担保集团 各县市区政府 市属各开发区管委会
46			建设人力资源服务产业园，加大各类人才中介服务机构引进培育力度。发挥各类招才引智工作站的引才作用	市人社局	各县市区政府 市属各开发区管委会
47			深化党委联系服务专家制度，经常性开展人才慰问、休假、研修等活动，强化对人才的政治引领和团结凝聚	市委组织部	各县市区政府 市属各开发区管委会

致　谢

本书在写作过程中，得到潍坊市科技局刘相信科长、庞兴鹏科长及相关工作人员的大力支持，提供了关于山东省及潍坊市高质量发展的大量具体的一手资料；得到山东省发展改革委、潍坊市发展改革委领导及工作人员的大力支持，提供了关于山东省营商环境调查及国家农业开放发展综合试验区的大量翔实的资料。

在此，特向以上领导和专家表示衷心的感谢！

周志霞
2021 年 6 月